코로나 대전환

CORONA SHiFT

코로나 대전환

노무라종합연구소 지음

RHK
알에이치코리아

서문

2020년 가을, 전 세계는 코로나19 감염 확산의 소용돌이 속에 있다. 이미 세계 경제는 큰 타격을 입었으며 감염 확산의 부작용으로 인해 우리들의 생활과 일하는 방식은 계속 바뀌고 있다. 이러한 변화는 기업 경영에 있어서도 비즈니스모델의 혁신 및 업무 과정 개혁 등을 요구하고 있다.

효과가 있는 백신, 치료제 개발과 보급까지 수년이 걸릴 것으로 예상되고, 사회적 거리의 확보, 이동 제한, 밀폐, 밀집, 밀접 환경(3밀 환경) 피하기 등의 행동 변화는 뉴노멀로서 사람들의 의식과 행동에 정착되고 있다. 여기에 더해 또 다른 하나의 불가역적 변화는 경제·사회의 디지털화이다. 경제 활동을 과도하게 억제하지 않고 감염 방지대책을 실행하기 위해서라도 텔레워크나 온라인회의, 전자결제, e커머스 등의 확대가 반드시 필요해졌고, 이들은 모두 디지털기술 없이는 실현이 불가능하다.

《코로나 대전환》은 이러한 코로나19의 영향으로 인해 급속도로 변화하게 된 사람들의 생활과 기업 활동의 변화에 대해 그 시작과 뉴노멀의 전망을 통찰하였다. 또한 이러한 불가역적인 변화에 대해 개인은 물론 기업과 경영진, 리더들은 어떻게 맞서야 할 것인가를 제언하고 있다.

감염 확산 방지를 위한 강제적인 이동 제한 및 대인 접촉 환경을 피하기 위해서, 디지털을 활용한 업무방식과 라이프스타일은 필수가 되었다. 이는 사람들을 공간과 시간의 제약에서 해방시켜 지금까지 볼 수 없었던 라이프스타일 및 일하는 방식에 대한 가치관이 생겨나게 되었다. 시간의 제약에서 해방된 사람들은 새롭게 발생된 여유시간을 자기만족, 자아실현과 보다 풍족한 생활을 실현시키기 위해 사용하기 시작했다. 이런 흐름은 앞으로도 더욱 강화될 것이다.

또한 비즈니스맨의 업무방식 혁신 및 고객과의 비대면 채널 구축 등의 분야에서 디지털 투자는 더욱 활발해질 것이다. 특히 전 직원을 대상으로 한 재택근무 도입은 단순히 시스템의 도입뿐만 아니라 회사 내의 업무과정의 대폭적인 혁신을 요구하기 때문에 페이퍼리스 솔루션부터 회의체제의 재검토가 이루어지고, 지금까지와는 다른 포맷이 등장할 것이다.

비즈니스모델에 있어서도 이전까지 운영되어 오던 접촉 및 오프라인 기반의 모델이 무너지고 이를 대체하는 새로운 서비스가 가치사슬의 핵심으로 부상하고 있다. 이는 여러 산업 분야에서 이미 일어나기 시작했으며, 이러한 물결이 기업에 미치는 영향을 분석하여 사업 기회를 포착하는 능동적이고 적극적인 자세가 필요하다. 대면 업무에서 비대면 업무로의 이동, e커머스의 급성장으로 인한 제조사들의 직접판매D2C, Direct to Customer 플랫폼의 급격한 확대와 다변화, 서비스형 구독 모델의 대두 등 많은 기업들은 포스트 코로나를 위한 새로운 사업 기회 및 생존 방식을 모색하고 있다.

이 책은 코로나 이후의 미래 시나리오를 제시하고 향후 개인 및 기업 앞에 열릴 기회를 제시한다. 나아가 이 변화의 파도를 올라타기 위해, 새롭게 다가올 기회를 놓치지 않기 위해 준비해야 할 것이 무엇인지, 어떤 시스템을 구축해야 하는지를 제언하고 있다.

이 책이 코로나19라는 전대미문의 상황을 헤쳐 나가고, 뉴노멀을 주도하는 데 도움이 되기를 바란다.

2020년 10월

노무라종합연구소 컨설팅 사업담당 본부장

다테마츠 히로시(立松博史)

차례

PART 1

코로나 시프트 시대의 경제 전망

: 위기와 기회가 공존하는 대전환의 시그널 :

1장
팬데믹이 불러온 세계 경제의 지각 변동

CORONA SHiFT

PART 2

코로나 시프트 시대의 미래 전략

: 비상식이 상식이 되는 미래 시나리오 :

4장
일상의 모든 것이 달라지는 라이프스타일 시프트

5장
일하는 방식의 대전환, 워크스타일 시프트

6장
뉴노멀과 비즈니스모델 시프트

위기와 기회가 공존하는 대전환의 시그널

CORONA
SHiFT

코로나 시프트 시대의 경제 전망

1장

팬데믹이 불러온
세계 경제의 지각 변동

01

대공황 이후 최대의 난관에
봉착한 세계 경제*

 인류는 현재 코로나19COVID-19로 인한 팬데믹pandemic(세계적인 대유행)이라는, 21세기 이래 가장 험난한 난관에 직면해 있다. 이번 사태의 발단은 2019년 말로 거슬러 올라간다. 중국 후베이성 우한시 위생건강위원회는 2019년 12월 31일, 바이러스성 폐렴 환자 27명이 발생했다고 밝혔다.** 이듬해인 2020년에 세계가 미국과 이란의 분쟁에

- 이 파트는 2020년 8월 초순까지 수집된 정보를 토대로 집필하였다. 이 책은 노무라종합연구소의 의견을 대표하는 것은 아니며, 독자에게 특정 투자 행동을 추천하기 위함도 아니다. 이 책은 편집 시점에서 내용을 변경할 필요가 있을 경우 필요에 따라 가필 및 수정을 더할 수 있다. 필자는 앞으로의 정치 경제 등의 정세에 맞추어 수시로 그 의견을 예고 없이 변경할 수 있다.
- 우한시 위생건강위원회, '우리 시의 폐렴 현황에 대한 우한시 위생건강위원회 고시', 2019. 12. 31. http://wjw.wuhan.gov.cn/xwzx_28/gsgg/202004/t20200430_1199576.shtml

주목하는 동안 우한시를 중심으로 한 바이러스 감염이 급속도로 확산되었다. 그리고 춘절을 코앞에 둔 2020년 1월 23일, 우한시 정부가 감염 확산을 억제하기 위해 공공교통기관 운행 정지를 돌연 발표하면서 이번 팬데믹 사태 최초의 도시봉쇄lockdown가 시작되었다.

그러나 이러한 노력에도 불구하고 감염의 지리적 확산을 막을 수 없었고, 2020년 2월 3일 코로나19의 대규모 집단감염이 발생한 대형 크루즈선 다이아몬드 프린세스호가 일본 요코하마항에 정박하며 일본에서도 본격적인 바이러스 전쟁이 시작되었다.° 한국에서도 대구를 기점으로 거의 같은 시기에 확진자 수가 급속도로 증가하였다.

그 후 감염은 미국과 유럽 등을 거쳐 전 세계로 퍼졌다. 미국 존스 홉킨스 대학의 집계에 따르면°° 감염자 누계는 2020년 8월 11일 13시 기준, 2,002만 명에 이른다고 한다. 이 중 미국의 확진자 수가 약 509만 명으로 전체의 4분의 1에 이르고, 브라질 305만 명, 인도 221만 명으로 그 뒤를 잇고 있다. 이 시점에서 사실상 상위 3개국이 전체 확진자의 절반 이상을 차지하고 있다.

돌이켜보면 2019년 12월 31일 코로나19가 처음 전 세계로 알려졌을 당시에는 아주 일부의 현상으로 다루는 데 그쳤다. 그리고 바이러스가 우한에서 홍콩, 한국, 일본으로 퍼졌을 때조차도 전 세계 대부

• 일본에서 처음 감염자의 존재가 공표된 것은 2020년 1월 16일이었다. 이 감염자는 우한시에서 체류 중이던 1월 3일에 발열 증세를 보였고 6일에 일본으로 귀국하였다고 보고되었다.
•• https://coronavirus.jhu.edu/map.html

분의 사람들은 미디어에서 방송되는 이러한 광경이 아직까지 남의 일이라고만 생각했었다. 하지만 단기간에 걸쳐 바이러스가 전 세계로 확산되면서 코로나19와의 전쟁이 장기전이 될 것이라는 공식 발표가 쏟아졌고, 그 여파는 지금까지 상상을 초월한 수준으로 위세를 떨치고 있다.

패닉 상태에 빠진 세계 금융시장

이러한 코로나19 사태는 지금까지 우리가 상상할 수 있었던 범위를 초월하는 세계 금융시장의 급변을 불러왔다.

세계 2위 규모의 경제 대국 중국에서 미지의 바이러스가 확산되어 중국을 중심으로 하는 정상적인 경제 활동에 제동이 걸렸다면, 설사 이후 다행히 감염이 확산되지 않았다고 해도 공급사슬supply chain의 혼란을 비롯해 글로벌 경제 전체에 어느 정도는 악영향이 미칠 수밖에 없을 것이 명백했다. 통상적으로 보면 이런 상황에서는 우한에서 바이러스가 순식간에 확산되었던 시점에 상하이, 홍콩, 도쿄, 뉴욕, 런던 등 주요 주식시장에서 어느 정도 주가 조정이 발생했어야 한다. 그러나 글로벌 주식시장은 [도표 1-1]에서 보여지듯 뉴욕 다우존스30산업평균지수(다우지수)와 나스닥종합지수가 2020년 2월 중순까지는 이상할 정도로 안정세를 유지하였다. 시장이 단숨에 대혼란

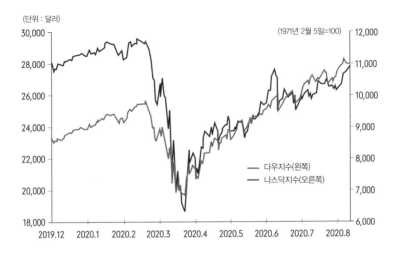

● 도표 1-1 다우지수와 나스닥지수 추이

(단위 : 달러)

(1971년 2월 5일=100)

- 다우지수(왼쪽)
- 나스닥지수(오른쪽)

출처 : Dow Jones, NASDAQ 2020년 8월 10일 시점.

에 빠진 것은 2월 하순의 일이다.

　이 시기는 코로나19가 이탈리아와 독일, 스페인 등으로 급속도로 확산되기 시작하면서 금융시장에서는 지금까지 아득히 먼 동북아시아에서 일어난 일로만 생각했던 재난이 자신들에게 닥친 대참사로 다가오기 시작한 시점이다. 당시 다수의 일반 기업들의 경제 활동이 정지되면서 일제히 자금 조달로 분주했는데 이런 상황은 금융기관 및 헤지펀드에게도 예외가 아니었다. 이들이 여러 리스크 자산을 매각하여 현금 확보를 서두르면서 시장조성기능을 상실했기 때문이었다.

　그 결과 세계에서 가장 대표적인 주가지수 중 하나인 뉴욕 다우지수는 2020년 2월 19일 종가가 2만 9,348달러였으나 약 한 달 후인 3월 23일에는 종가가 1만 8,591달러로 37% 가까이 폭락했다.

세계 경제를 멈춰 세운 도시봉쇄

실제로 전 세계적으로도 이 무렵부터 코로나19 확산세가 미국, 유럽 등을 경유해 세계 각국으로 급속하게 퍼지기 시작하여 미국과 영국, 이탈리아 등을 비롯하여 많은 나라와 지역에서 도시봉쇄 및 이에 준하는 조치를 취하기 시작했다. 이때까지 세계는 코로나19에 관한 공통적인 지식이 거의 없었다. 때문에 우선은 사람과 사람 간의 접촉을 줄이는 것 이외에 감염 확산을 억제할 방도가 없었다.[*]

각국 및 지역 정부들이 어느 정도 행동에 제약을 가했는지에 대해서 영국의 옥스퍼드 대학교가 각국 정부들의 감염 확대에 관한 대응을 추적하여 수치화OxCGRT, The Oxford Covid-19 Government Response Tracker

---

[*] 학술적으로도 학교 폐쇄와 외출 제한과 같은 확산 방지 대책이 어느 정도 효과를 보았는지에 대한 고찰이 이루어지고 있다. Hsiang, S., Allen, D., Annan-Phan, S. 등(2020)은 중국, 한국, 이탈리아, 이란, 프랑스, 미국의 6개국에서 실시한 학교 폐쇄 및 외출 제한 등의 효과에 대해 검증하였다. 그 결과 이러한 정책이 실시되지 않았던 때에는 코로나19의 초기 감염이 매일 38% 증가하는 것으로 추산되었다. https://www.nature.com/articles/s41586-020-2404-8

Flaxman, S., Mishra, S., Gandy, A. 등(2020)은 프랑스와 독일, 영국 등 유럽 11개국에서 2020년 2월부터 5월 4일 사이에 시행된 도시봉쇄 등의 비의약품적 개입의 효과에 대해 검증했는데, 이런 조치들이 감염의 확산을 제어하는 데 충분한 효과가 있었다고 결론 내렸다. https://doi.org/10.1038/s41586-020-2405-7

하였는데 이는 국가별 대응을 시각적으로 파악하기 용이하도록 돕는다.[*]

이 중 각국의 도시봉쇄 정도를 측정하기 위해 8가지 정책[**]의 엄격도와 코로나19에 관한 정보의 인지 정도에 관한 지표를 한데 묶은 정부대응 엄격성지수Government Response Stringency Index의 추이를 살펴보면([도표 1-2]), 감염이 조기에 인지되었던 동북아시아 및 베트남에서는 늦어도 2020년 2월 하순부터 정책적 대응이 이루어지기 시작했다. 이에 비해 미국과 유럽 지역은 최초로 감염이 확산된 이탈리아를 제외한 다른 국가에서 엄격한 정책적 접근이 실시된 것은 3월 이후이다. 서구에서는 코로나19에 대한 대응이 늦어졌고, 실제로 확산세가 심해지면서 다소 혼란스러운 상황에서 급하게 도시봉쇄를 취했다. 또한 이 시기의 감염 확산 방지에 성공한 뉴질랜드와 베트남에서도 중국과 그 외 미국, 유럽과 마찬가지로 매우 엄격한 행동 제한 조치를 취했다.[***]

이처럼 코로나19의 확산에 대응하는 형태로 세계 각국과 지역이 거의 동시에 행동 제한, 활동 자제 정책을 도입하면서 가계의 소비 행

- [*] Hale, Thomas, Sam Webster, Anna Petherick, Toby Phillips, and Beatriz Kira (2020). Oxford COVID-19 Government Response Tracker, Blavatnik School of Government. https://www.bsg.ox.ac.uk/research/research-projects/coronavirus-government-response-tracker
- [**] 국제 도항 제한, 공공행사 취소, 학교 폐쇄, 집회 제한, 국내 여행 제한, 사무 공간 폐쇄, 외출 제한, 공공교통기관 폐쇄.

● 도표 1-2 **각국 및 지역의 코로나19 관련 정책 엄격도 추이**

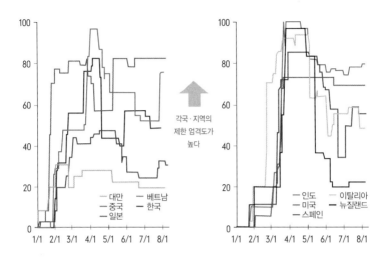

주 : 도표 작성 시점인 8월 9일까지의 지수는 취득 가능했으나, 일부 국가와 지역은 그 이전까지의 지수로 나타
　　나 있음.
출처 : Hale, Thomas, Sam Webster, Anna Petheri ck, Toby Phillips, and Beatriz Kira(2020). Oxford COVID-19
　　Government Response Tracker, Blavatnik School of Government. Data use policy: Creative Commons
　　Attribution CC BY standard의 데이터를 토대로 노무라종합연구소 작성.

동과 기업의 생산 활동도 전 세계적으로 동시에 크게 변화했다.

　그 일례로 미국의 실질 개인소비지출이 각 분야별로 어떻게 변화
되었는지를 살펴보자([도표 1-3-1]). 여기에서는 상황을 좀 더 비교하

●●● 베트남에서는 중부 도시 다낭에서 7월 말 집단감염 발생 이후, 8월 기준 신규 감염자 수가 증가 추
　　세에 있으며, 이를 반영하여 베트남 정부가 다시 경계 단계를 높여 [도표 1-2]에서 보여지듯 정책의
　　엄격도 지수도 급상승하였다. 뉴질랜드에서도 8월 11일 최대 도시인 오클랜드에서 102일 만에 감
　　염자가 4명 발생하면서 즉시 경계 단계를 높여 8월 12일 정오부터 3일간 오클랜드에 대한 도시봉
　　쇄정책이 시행되었으며, 그 후 감염자 증가에 따라 정책을 연장하였다.

기 쉽도록 미국의 경기침체가 시작되었던 2008년 1월과 팬데믹 직전인 2020년 1월을 기준으로 하였다.

2008년부터 시작된 경기침체기에 따라 미국의 실질 개인소비지출은 2008년 9월 리먼쇼크 발생 이후 완만하게 떨어졌다. 주요 원인은 비내구재와 내구재 등의 제품에 대한 소비 감소였다. 그중에서도 신차 구입은 리먼쇼크와 그 원인이 된 주택버블 붕괴로 금융기관의 대출 기준이 까다로워지면서 예전 수준을 회복하는 데까지 4년 정도 걸렸다.

반면 이번 팬데믹으로 인한 경제 악화는 리먼쇼크 때와는 전혀 다른 양상을 보이고 있다. 이는 감염 확산을 억제하기 위해 사람 간 접촉 기회를 막았던 것이 요인으로 작용하였기 때문이다. 감염이 확산된 초기에는 도시봉쇄로 인해 사람들이 매장까지 나가서 물건을 구입하거나, 서비스를 받는 행위 자체가 제한되었다. 때문에 [도표 1-3-1]에서 보여지는 것처럼 사람들의 소비 행동 전체가 일시에 급격하게 떨어졌다. 특히 도시봉쇄가 가장 엄격하게 시행되었던 2020년 4월에는 생활 유지를 위해 반드시 필요한 생필품인 식료품 이외의 거의 모든 항목에 대한 지출이 감소하였고, 전체 가계소비지출도 2020년 1월 대비 18.2%나 떨어졌다.

그 후 주지사가 공화당 출신인 주를 중심으로 경제 활동을 중시하는 방향으로 정책을 유도하는 흐름이 강해지면서* 미국의 개인소비는 감염이 진정될 기미가 보이지 않는 상황에서도 회복세를 보이기 시작했다. 그 결과 2020년 6월 기준 2020년 1월 대비 6.7% 하락한

(2008년 1월, 2020년 1월＝100, 계절조정 수치)

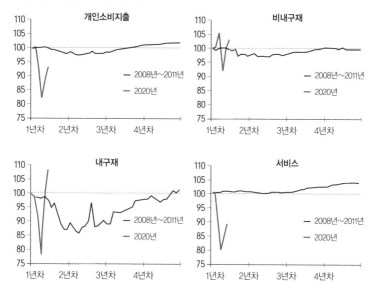

출처 : Bureau of Economic Analysis, US, 'Personal Income and Outlays'의 데이터를 토대로 노무라종합연구소 작성.

수준까지 회복했다. 특히 비내구재와 내구재 등 제품 소비는 사람들이 경제 활동을 재개한 5월 이후 급속도로 회복되었고, 6월에는 모두 2020년 1월 수준을 넘어섰다. 세부 품목을 살펴봐도 신차 및 의류, 신

● 한편 2020년 4월 당시 감염 확산세가 가장 심각했던 뉴욕시에서는 엄격한 도시봉쇄정책이 지속되어 이의 단계적인 해제에도 신중한 태도를 보였다. 덕분에 미국 전체의 코로나 감염 확산 경향과는 달리 뉴욕에서의 감염 확산은 억제되었다.

● 도표 1-3-2 **미국의 실질 개인소비지출 비교(제품 소비)**

(2008년 1월, 2020년 1월＝100, 계절조정 수치)

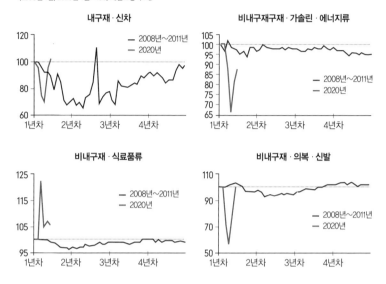

출처 : Bureau of Economic Analysis, US, 'Personal Income and Outlays'의 데이터를 토대로
　　　노무라종합연구소 작성.

발 소비까지 6월에는 2020년 1월, 즉 팬데믹 발생 이전 수준까지 회
복되었다([도표 1-3-2]).

　반면 팬데믹 발생 전 개인소비지출의 약 64%를 차지하던 서비스
소비는 다양한 상황에서 회복세가 더딘 편이다. 이는 서비스 소비가
접객이 기본이 되는 경우가 대부분이기 때문인데, 실제 서비스 소비
추이를 살펴보면 2020년 4월에는 같은 해 1월에 비해 20.3% 하락한

(2008년 1월, 2020년 1월＝100, 계절조정 수치)

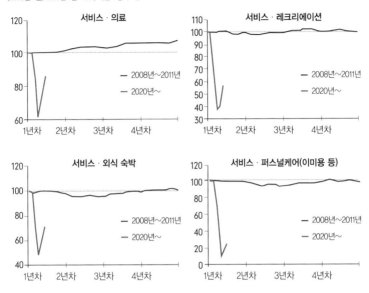

출처 : Bureau of Economic Analysis, US, 'Personal Income and Outlays'의 데이터를 토대로
　　　노무라종합연구소 작성.

뒤, 제품에 대한 지출과 마찬가지로 회복세를 보이기 시작했지만, 6월
기준 2020년 1월 대비 11.6%나 낮다. 세부적으로 살펴보면 휴양과 숙
박, 외식, 이미용 등의 퍼스널 케어와 같은 분야에서 4월 이후 회복세
가 매우 더뎠고, 6월에도 외식 숙박은 1월에 비해 28.7% 감소한 수치
를 나타냈다. 그 외 휴양 43.3% 감소, 이미용 등 퍼스널케어는 75%나
감소하였다([도표 1-3-3]).

이런 팬데믹으로 인한 소비 행태의 변화는 세계 최대의 경제 규모를 가진 미국뿐 아니라 코로나19 피해에 직면한 국가 및 지역에서 대체로 비슷한 추이를 나타내고 있다.

블랙 먼데이 이후 가장 거대한 마이너스 성장

그렇다고 각국 및 지역의 제조업에 대한 데미지가 적었냐고 한다면 결코 그렇지 않다. [도표 1-4]와 [도표 1-5]는 각각 미국, 일본, 한국과 중국, 독일의 제조업 설비가동률의 추이를 나타낸다. 이를 살펴보면 해당 국가의 제조업 설비가동률은 모두 팬데믹이 발생 시작 시점인 4월부터 5월에 걸쳐 리먼쇼크 시기와 거의 비슷한 수준으로 떨어졌다. 2020년 8월 초 기준 미국과 한국의 제조업 설비가동률은 6월 이후 완만한 회복세를 보이고 있지만 그럼에도 이렇게 큰 폭으로 설비가동률이 떨어져서 발생한 수익 감소폭은 결코 작지 않을 것으로 판단된다.

한편 중국의 제조업 설비가동률은, 우한을 중심으로 코로나19가 확산되면서 엄격한 도시봉쇄를 실시한 2020년 1분기에 67.3%였던 것에 비해 2분기에는 74.4%까지 회복하였으며, 다른 국가에 비해 한발 앞서 설비가동률이 회복되고 있는 것처럼 보인다.

감염 확산이 빨랐던 대신 이를 조기에 억제할 수 있었기 때문에

● 도표 1-4 미국 · 일본 · 한국의 제조업 설비가동률 추이

(단위 : %, 계절조정 수치)

주 : 한국의 설비가동률의 계절조정은 노무라종합연구소가 시행했음.
출처 : FRB, 일본 경제산업성, 한국은행의 데이터를 토대로 노무라종합연구소 작성.

중국 경제의 회복은 확실히 다른 국가들에 비해 한 분기 정도 선행되고 있다. 이는 전 세계를 대상으로 비즈니스를 펼치고 있는 기업들에게는 중요한 요인으로 작용할 수 있다.

하지만 2020년 2분기의 설비가동률이 74.4%인 것은 세계적인 불황을 겪던 2009년의 전체 설비가동률 73.1%와 비슷한 수준이라는 점을 주시해야 한다. 즉 중국의 제조업이 다른 국가보다 빠르게 회복세를 나타내기 시작했지만 결코 다른 국가 및 지역보다 앞서 곤경에서 벗어난 것으로 단정할 수는 없다는 의미이다. 중국의 2020년 7월 소매매출도 전년 동월 대비 -1.1%로 감소폭은 점차 줄어들고 있지만

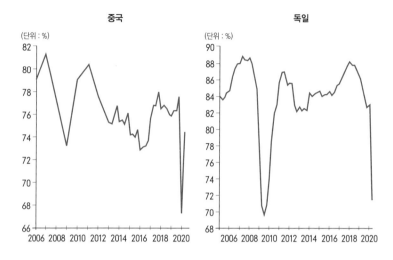

● 도표 1-5 **중국·독일 제조업의 설비가동률 추이**

중국

(단위 : %)

독일

(단위 : %)

주 : 중국의 설비가동률은 2012년까지는 연간 수치이며 2013년 이후부터 분기 수치이다.
출처 : 중국 국가통계국, OECD의 데이터를 토대로 노무라종합연구소 작성.

도시봉쇄 이후의 감소 기조는 여전히 이어지고 있다.

그뿐 아니라 2020년 중국은 코로나19에 얽힌 문제뿐만 아니라 양
쯔강을 중심으로 일어난 홍수에 대한 대응책을 마련해야 하는 등 극
복해야 할 과제가 결코 적지 않다. 실제로 7월의 중국 공산품의 도매
가격은 회복 기조에 있기는 하지만 전년 동월 대비 2.4% 감소하여 수
출을 포함한 수요 회복은 아직 완전하게 회복되지 않은 상황이다. 또
한 같은 달 소비자물가지수는 홍수로 인한 혼란까지 반영되며 전년
동월 대비 2.7% 높아졌다. 이는 그 이전 달인 2020년 6월의 전년 동

월 대비 2.5% 높아졌던 것보다 더 빠르게 상승한 것으로, 물가상승이 가속화되는 등 경제 전체의 컨트롤이 어려운 상황이 이어지고 있다.

이 때문에 2020년 8월 기준으로 봤을 때 이후에도 중국이 코로나19 관리를 능숙하게 해나가고, 반대로 미국과 유럽이 감염 억제에 계속 실패하여 경제 회복의 속도차가 점점 커지는 일이 일어나지 않는 한 중국과 다른 국가들 사이의 회복세 차이는 중장기적으로는 큰 차이가 없다고 봐야 할 것이다.

또한 지금까지 살펴본 바와 같이 제조업에서도 경제 활동이 멈춤으로서 전 세계의 무역량도 급격하게 감소하고 있다. 네덜란드 경제정책분석국CPB, Netherlands Bureau for Economic Policy Analysis의 월드트레이드모니터World Trade Monitor 데이터를 살펴보면* 전 세계의 무역량(계절조정)은 2019년 12월부터 2020년 5월까지 5개월 동안 17.1%나 감소했다([도표 1-6]). 이는 2010년 가을 수준으로 떨어진 상황이다. 특히 2020년 4월만 한정해보면 12.2%나 감소하였다. 이는 이 시기의 경제 활동 정지 상황이 얼마나 심각했는지 보여준다.

이처럼 세계 각국의 경제가 감염 방지를 위해 스스로 경제 활동을 멈춘 결과, 2020년 세계 경제는 연초의 예상치와 완전히 다르게 1929년 세계 대공황 이후 가장 거대한 마이너스 성장이 될 것이 확실시되고 있다.

---

* https://www.cpb.nl/en/worldtrademonitor

● 도표 1-6 **전 세계 무역량 추이**

(2010년 = 100, 계절조정 수치)

출처 : Netherlands Bureau for Economic Policy Analysis(CPB), 'World Trade Monitor'를 토대로 노무라종합연구소 작성.

　　국제통화기금IMF, International Monetary Fund에 따르면 2020년 세계 경제성장률은 동년 1월 기준 +3.3%로 전망되었다.[*] 그러나 코로나19가 미국과 유럽으로 번지기 시작한 4월 기준 −3.0%까지 한 번에 하향 조정되었다.[**] 이는 6월 재개정에서 −4.9%로 전망치가 다시 하향 조정되었다.[***]

---

[*]　https://www.cpb.nl/en/worldtrademonitor

[**]　IMF, 'World Economic Outlook, April 2020: The Great Lockdown', April 6, 2020. https://www.imf.org/en/Publications/WEO/Issues/2020/04/14/weo-april-2020

[***]　IMF, 'World Economic Outlook Update, June 2020', June 24, 2020. https://www.imf.org/en/Publications/WEO/Issues/2020/06/24/WEOUpdateJune2020

2020년 전반의 GDP성장률을 보아도 도시봉쇄로 인한 경제적인 영향이 심각했던 미국의 2분기 실질GDP성장률(속보치)은 계절조정 후 전기 대비 -9.5%(전기 대비 연율 환산으로는 -32.9%)였다. 같은 시기 유로존의 실질GDP성장률은 -12.1% 였다. 두 지역의 경제성장률은 2020년 1분기에도 각각 -1.3%(전기 대비 연율 환산시 -5.0%), -3.6%였으며, 경제 규모에 있어서도 2020년에 들어 6개월 만에 미국은 10.6%, 유로존은 15.3%나 축소된 것이다.

한편 한국 경제는 2020년 1분기 실질GDP성장률이 계절조정 후 전기 대비 1.3%, 2분기에는 3.3% 감소되었고, 미국, 유로존과 같이 2분기 연속으로 마이너스 성장이 이어지고 있다. 한국 경제에 있어서 이런 현상은 2003년 이후 처음 있는 일이기 때문에 심각하게 보일 수도 있다. 하지만 2020년 상반기 6개월간의 전 세계적인 경제 침체 폭과 비교해보면 상황이 조금 다르다. 한국 경제 침체 폭은 4.6%로 미국과 유럽보다 낮으며, 코로나19로 인한 팬데믹이 2020년 상반기 한국에 끼친 영향은 상대적으로는 경미하게 반영되었다고 볼 수 있다.

02

초확장적 양적완화 정책의
부작용은 없는가

　지금까지 살펴본 바와 같이 각국과 지역의 실물경제가 코로나19의 영향으로 급하강하고 있는 데 비해 세계의 주가 수준은 2020년 8월 상반기 기준으로 팬데믹 이전과 거의 변화가 없다.

　앞의 [도표 1-2]에서 보여지듯 글로벌 주가는 2020년 2월 하순부터 3월 하순에 걸쳐 코로나19가 미국과 유럽에까지 확산됨으로써 공황 상태에 가까운 급변동을 보였다. 그러나 사태가 진정된 후, 8월 초까지 거의 일관되게 상승 기조를 이어갔으며, 미국의 대표적인 주식지수인 뉴욕 다우지수는 2019년 12월 수준에 가까워지고 있다. 그리고 하이테크와 인터넷 관련 기업이 많이 포함되어 있는 나스닥종합지수는 2000년의 IT 버블기를 뛰어넘어 사상 최고치를 계속 경신 중이다.

극도로 불안정한 움직임을 보이던 주식시장의 분위기를 완전히 바꾸고 진정시킨 가장 큰 요인은 미국 중앙은행인 연방준비은행FRB, Federal Reserve Bank과 유로존 중앙은행인 유럽중앙은행ECB, European Central Bank을 비롯한 세계 각국 및 지역 중앙은행이 신속하게 대량의 자금을 투입하였기 때문이다. 특히 FRB는 민간 은행을 개입시킨 형태로 기업에 대한 대출에 전례없는 수단과 방법을 동원하는 등 금융기관뿐 아니라 일반 기업에 자금을 투입하는 데 고심한 것으로 파악된다.

미국, 유로존 중앙은행이 팬데믹 초기인 3월에 어떤 대책을 조처했는지를 [도표 1-7]의 하단에서 간략하게 확인할 수 있다. FRB는 주가 급락이 시작된 2020년 3월 3일 정책금리를 1.00~1.25%로 인하했다. 하지만 시장이 안정되지 않자 다시 3월 15일 정책금리를 0.00~0.25%까지 단번에 인하하고, 동시에 5,000억 달러 규모의 미국 국채 매입, 2,000억 달러 규모의 모기지채 매입으로 양적완화를 재개했다. 이런 노력에도 불구하고 금융시장의 불안정성은 더욱 심화되어 3월 23일에는 양적완화정책의 매입 상한선 폐지, 회사채 구입에까지 뛰어들었다. ECB도 금융시장 혼란에 맞서 3월 12일과 18일에 연달아 양적완화의 재개 및 확대에 나섰다.

뉴욕 주식시장의 혼란이 멈춘 것은 앞서 살펴본 바와 같이 FRB가 무제한 양적완화에 나선 3월 23일인데, FRB를 비롯한 각국 중앙은행이 깊숙하게 관여하여 자금 공급에 대한 의지를 보여준 후에

● 도표 1-7 FRB와 ECB의 양적완화

공표일	국가	구입 대상	공표일	국가	구입 대상
3. 17 / 4. 8	폴란드	국채	3. 25	남아프리카	국채
3. 18 / 3. 20 / 4. 23	인도	국채	3. 31 / 4. 17	터키	국채
3. 19 / 3. 22 / 4. 7	태국	국채 · 사채	4. 1	인도네시아	국채
3. 19 / 4. 8	칠레	은행채	4. 7	헝가리	국채 · 모기지채
3. 19 / 4. 9	대한민국	국채	4. 10	필리핀	국채
3. 20	루마니아	국채	4. 21	멕시코	국채
3. 23	콜롬비아	국채 · 은행채			

FRB	3. 3	• 정책금리 1.00~1.25%로 인하
	3. 15	• 정책금리 0.00~0.25%로 인하, 양적완화 재개 (국채 5,000억 달러, 모기지채 2,000억 달러 구입)
	3. 23	• 양적완화 상한액 철폐
ECB	3. 12	• 장기자금 공급(LTROs) 추가 • 조건부장기자금 공급(TLTRO-Ⅲ) 적용 금리 우대 • 1,200억 유로의 추가 자산 구입
	3. 18	• 특별 기준으로 7,500억 유로 자산 구입(국채 · CP 등)
	6. 3	• 구입 한도를 6,000억 유로 추가한 1조 3,500억 유로로 조정
	~	• 유럽과 미국의 중앙은행이 양적완화 확대 단행

출처 : Arslan, Yavuz, Mathias Drehmann and Boris Hofmann, (2020), 'Central bank bond purchases in emerging market economies', BIS Bulletin No.20, 2020. 6. 2. FRB와 ECB의 홈페이지 공시 자료를 토대로 노무라종합연구소 작성.

야 비로소 금융시장의 혼란이 진정된 것이다.

더욱이 이번은 FRB와 ECB가 극도로 단기간에 양적완화 확대에 뛰어들어 이에 대한 사회적 저항도 거의 없었기 때문에 다른 국가의 중앙은행도 대담한 금융완화책을 단행하기 쉬웠던 면이 있다. 국제결제은행BIS, Bank for International Settlements의 2020년 6월 조사에 따르면 한국을 비롯해 10개 이상의 신흥국 중앙은행이 채권 매입에 뛰어들었으며, 이를 공표한 날은 각국 모두 FRB와 ECB가 양적환화 재개 및 확대를 단행한 후였다.

재정정책은 안전한가

거시경제 정책에 관해 말하자면 이번은 금융정책뿐만 아니라 재정정책도 매우 중요한 역할을 하고 있다. 각국과 지역의 정부들은 팬데믹이 불러일으킨 경제 침체에 대한 대책으로서 기업 융자에 대해 정부가 보증하고, 기업 및 가계에 직접 현금을 지급하는가 하면, 실업급여를 추가 지급하는 등의 여러 정책을 시행하고 있다. 그리고 그 대부분의 자금을 국채를 통해 조달하고 있다. 그 결과 세계 각국 및 지역의 재정적자가 급증하였으며 2020년 6월 시점 IMF 예측에 따르면 2020년 선진국 정부의 재정적자는 2019년 GDP 대비 3.3%이던 것이 16.6%로 5배 증가할 것으로 보인다. 신흥국의 재정적자 역시 2019년 GDP 대비 4.9%이던 것이 2020년에는 10.6%로 2배로 증가할 것이라고 전망되고 있다([도표 1-8]).

실제로 연방정부 예산 편성권을 행정부가 아닌 연방의회가 가지

● 도표 1-8 **선진국과 신흥국의 정부 채무 증가 추이**

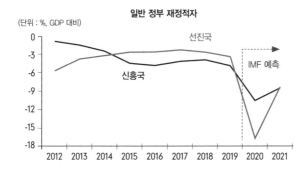

일반 정부 재정적자

(단위 : %, GDP 대비)

선진국

신흥국

IMF 예측

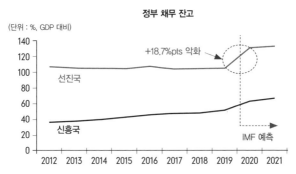

정부 채무 잔고

(단위 : %, GDP 대비)

+18.7%pts 악화

선진국

신흥국

IMF 예측

출처 : IMF, World Economic Outlook Update (June, 2020), Fiscal Monitor(April, 2020)의 데이터를 토대로
노무라종합연구소 작성.

고 있는 미국에서는, 중국 관련 정책을 제외하고 현저하게 대립 중인
공화당과 민주당이 3월부터 초당파적으로 추경예산 편성에 합의하
여 8월 초까지 네 차례에 걸쳐 재정 투입이 결정되었다.

세부적으로는 3월 6일 백신 개발을 목적으로 83억 달러, 3월 18
일 소규모 기업에 대한 유급휴가 부여 의무화 및 저소득층을 위한 의료보험 의료보조율 인상 등을 위해 1,929억 달러가 투입되었다. 이후 3월 27일 통과된 법안은 직접 현금 지급 및 실업보험의 추가 지급, 항공업계에 대한 융자 및 보조 등 매우 폭넓은 내용들로 구성되어 있으며, 총액이 2조 2,830억 달러 규모에 이른다. 4월 24일에는 중소기업을 위한 융자 증액 및 병원에 대한 지원 등을 위한 4,840억 달러의 추가재정 투입이 의결되었다. 이로써 미국의 2019년 10월부터 2020년 7월까지 10개월간의 재정적자 총액은 2조 8,060억 달러에 이르렀다. 이는 2018년 10월부터 2019년 7월까지의 미국 재정적자 총액인 8,670억 달러의 약 3.24배 규모이다.*

게다가 8월 초순에는 공화당과 민주당이 첨예하게 대립하면서 추가 실업급여의 실효와 같은 재정절벽fiscal cliff**현상을 일으키고 있다. 이러한 상태가 장기화된다면 미국의 실물경제가 큰 영향을 받게 되지만, 그래도 양당 간에 트럼프정권을 개입시킨 형태로 추가예산에 대해 논의가 이루어지고 있다. 트럼프 대통령은 이에 대해 "더 높은 숫자로 갑시다, 공화당 여러분. 이는 결국 미국으로 돌아옵니다!"라며 압박을 가하고 있다. 앞으로 이 협의가 성립되어 새로운 추가예산이 편성된다면 미국의 재정적자는 앞서 언급한 금액에서 더욱더 불

* 미국의 예산연도는 전년 10월부터 시작된다. 정확한 금액은 미국 의회예산처(CBO)의 자료에서 확인하였다. Congressional Budget Office, 'Monthly Budget Review for July 2020', 2020. 8. 10. https://www.cbo.gov/publication/56497
** 정부의 재정지출이 큰 폭으로 감소하고 세금이 인상되면서 경기가 절벽에서 떨어지듯 급락하는 현상을 말한다.

어날 것이다.

　이처럼 다소 극단적인 금융완화와 재정 투입은 팬데믹 종식 후 세계 경제에 큰 문제를 초래할 것으로 판단된다. 그럼에도 상상할 수 없을 정도의 속도로 신종 바이러스 감염이 전 세계로 확산되었고, 인류가 우선은 그 상황에서 긴급히 피난할 수밖에 없었다는 조건을 고려한다면 이 대책들은 모두 일단이기는 하지만 필수불가결한 정책 대응이었다.

　또한 팬데믹이 종식될 때까지는 이들 금융 및 재정정책은 실물경제 및 금융시스템에 쓸데없는 부담을 주지 않기 위해서라도 지속하는 것이 매우 중요하다. 이들 거시경제 정책은 경제가 팬데믹에 무너지지 않게 하기 위한 대처요법이며, 이를 팬데믹 도중에 그만둔다면 그 순간부터 경제는 악순환에 빠질 수밖에 없기 때문이다.

　한편 2020년 3월에 걸쳐 일어난 현상처럼 금융시스템에 가해진 강한 압력이 강력한 자금 공급(그리고 그에 대한 의지 표명)으로 인해 일단 진정이 되면, 금융시스템의 불안을 진정시키기 위해 매우 저가로 공급된 자금은 방향을 완전히 틀게 된다. 즉 운용수익을 얻기 위한 조달자금으로서 리스크자산으로 향하게 된다. 특히 팬데믹 상황 속에서 금융시장은 초저금리 환경이 장기간에 걸쳐 이어질 것으로 예상하기 쉽다. 때문에 이러한 요인으로 인해 경기가 후퇴하는 상황에서도 수익 기회를 추구하며 주식시장이 성황을 이루고 있는 것으로 보여진다.

이러한 움직임은 세계 각국과 지역의 기관투자가 및 헤지펀드뿐만 아니라 개인에게까지 확산되고 있다. 일본과 미국 등에서는 팬데믹에 대한 대응책으로 실업보험의 추가 지급 및 직접적인 현금 지급이 이루어졌는데, 이와 거의 동시에 미국의 신흥 온라인 주식거래 플랫폼 로빈훗Robinhood을 필두로 개인의 온라인 주식거래가 급증하고 있다는 지적이 나왔으며,* 이러한 투기 목적의 움직임이 3월 하순 이후의 주가에 영향을 주고 있을 가능성이 있다.

계속해서 일본과 미국의 가처분소득과 소비지출의 관계를 살펴보면([도표 1-9]), 두 나라에서 팬데믹이 본격화된 3월 이후에 우선 개인과 가계의 지출이 급감했다. 그 후 미국은 4월 이후, 일본은 5월 이후에 국민에게 현금 지금, 실험보험의 추가 지급이 시행되기 시작하여 양국의 가계 및 개인의 가처분소득이 급증하였다. 이는 일시적인 외적 요인이기는 하지만 지출 절약, 소득 증가라는 이중의 저축 증가 요인이 양국 가계에 발생했다는 것을 의미한다.

팬데믹으로 인한 소비 급감은 다른 여러 국가 및 지역에서도 일어나고 있는 현상이며, 이에 더해 일본이나 미국처럼 정부가 어떠한 형태로든 현금을 지급한 경우에는 양국과 비슷한 형태로 일시적으로 저축이 급증하는 것으로 보인다. 그렇다면 그 자금의 일부가 앞서 나

---

* 예를 들면 '둥지 속 투자가, 세계에서 급증, 지원금을 종자로 주식시장을 움직이다', 〈니혼게이자이신문〉 전자판, 2020. 6. 20. https://www.nikkei.com/article/DGXMZO60607480Q0A620C2EA5000/

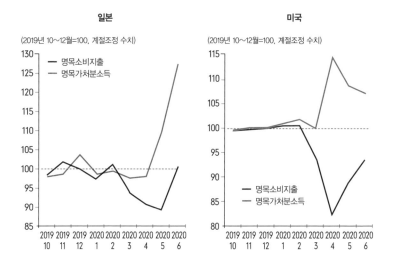

● 도표 1-9 **일본과 미국의 개인 · 가계소비지출과 가처분소득 추이**

주 : 일본의 가계소비지출은 2인 이상의 노동자 세대가 대상.
출처 : 일본 총무성 통계국, US Bureau of Economic Analysis의 데이터를 토대로 노무라종합연구소 작성.

온 지적과 같이 주식시장으로 흘러들어 주가 상승을 촉진하는 역할
을 하고 있다고 해도 전혀 이상하지 않은 것이다.

한편 이 정도로까지 중앙은행의 금융완화 및 정부의 재정 투입
정책을 시행한다고 해도 금융시스템에 대한 모든 위협 요소를 억지
로 없애는 것은 불가능하다. 예를 들면 기업이 발행하는 회사채를 거
래하는 시장에서는 기업의 신용도를 나타내는 신용등급이 높은 기
업의 채권일수록 낮은 이율로 거래되고, 등급이 낮은 기업일수록 높
은 이율로 거래된다. 때문에 그 국가에서 (원래라면) 가장 신용도가 높

은 채권인 국채이율과의 차(신용스프레드)*를 계산하면 신용도가 높은 기업의 회사채일수록 신용스프레드가 작아진다. 또한 회사채 및 국채를 거래하는 금융시스템이 불안하거나 경기 침체로 인해 기업의 신용도가 불확실해지면 신용도가 높은 기업의 회사채일지라도 신용스프레드가 통상적 수준보다 커지는 경향이 있다. 투자자들은 금융시스템이 불안하거나 경기 침체기에는 보다 안전한 국채를 구입하는 것을 선호하고, 상대적으로 리스크가 높은 회사채는 피하는 경향이 있기 때문이다.

이러한 사실을 바탕으로 [도표 1-10]의 미국 회사채 시장의 신용스프레드 움직임을 살펴보면 2월 하순부터 확대된 신용스프레드는 미국 주가와 마찬가지로 3월 23일을 기점으로 축소 방향으로 전환되기 시작했고, 기업에 대한 과도한 신용불안을 잠재우고 있다. 하지만 신용등급이 높은 기업이라도 2월의 신용스프레드 수준까지는 좁혀지지 않았고, BB급 이하의 정크본드junk bond**의 경우 이율격차 회복과는 거리가 멀어 보인다.

---

* 국고채와 회사채 간 금리 차이를 뜻한다. 신용스프레드가 커졌다는 것은 기업들이 자금을 빌리기가 어려워졌다는 것을 의미한다. 이런 이유로 신용스프레드는 국가의 신용 상태를 나타내는 지표로 사용되기도 한다. 그래서 신용스프레드를 국가신용스프레드라고 부르기도 한다.

** 본래는 신용등급이 급락한 기업이 과거에 발행한 채권을 지칭하는 말이었으나, 현재는 신용등급이 낮은 기업이 발행하는 고위험·고수익 채권을 말한다. 고수익 채권high-yield bond, 열등채low quality bond라고도 한다. 기업 신용도가 매우 낮아 회사채 발행이 불가능한 기업이 발행하는 회사채인 만큼 이자율과 리스크 모두 높다. 무디스는 신용등급이 Ba1 이하, 스탠더드앤드푸어스는 BB+ 이하이면 정크본드로 분류하고 있다.

● 도표 1-10 **미국의 사채와 국채 간 이율격차 추이**

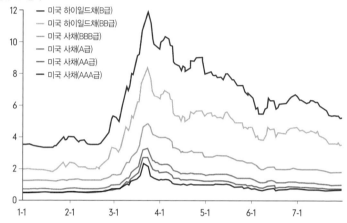

(단위 : %포인트)

범례:
- 미국 하이일드채(B급)
- 미국 하이일드채(BB급)
- 미국 사채(BBB급)
- 미국 사채(A급)
- 미국 사채(AA급)
- 미국 사채(AAA급)

주 : 데이터는 2020년 7월 30일 시점.
출처 : Ice Data Indices, LLC, retrieved from FRED, Federal Reserve Bank of St. Louis.

이는 어찌 보면 당연한 수순이다. 실물경제가 팬데믹으로 인해 급속도로 악화되고 있으며, 이런 상황이 당분간 이어질 것이라고 예상되는 가운데, 신용도가 떨어지는 기업을 중심으로 한 기업의 재정 파탄 리스크는 경기가 나름 좋았던 시기보다 높아지는 것이 당연하기 때문이다.

03

불투명한 세계 경제의
미래 시나리오

그렇다면 앞으로의 경제 상황을 어떻게 봐야 하는가? 거듭 말하지만 이번 세계적 경기침체는 코로나19로 인한 팬데믹으로부터 인류가 일단 자신을 지키기 위해 경제 사회 활동을 멈춘 것이 원인이 되어 일어났다. 때문에 앞으로의 세계 경제의 향방 역시 인류가 이번 팬데믹을 어떻게 대처하고 극복해나갈 것인가에 따라 크게 좌우될 것이다. 만일 인류가 어떠한 대항책도 마련하지 못한 채 감염의 확산세가 보다 심각해진다면 많은 나라와 지역이 또다시 일제히 도시봉쇄 정책을 시행하면서 경제 수축이 현재보다 더 심각해질 것이다. 적어도 이러한 위험성이 앞으로도 계속 발생할 수 있다는 점은 염두에 두어야 한다.

실제로 IMF 등의 국제기관은 경제 예측을 공표할 때 이러한 위험성을 충분히 염두에 두고 복수의 시나리오를 제시하고 있다. 예를 들어 IMF의 6월 시점 세계 경제 전망 기본 시나리오에서는 세계 경제 성장률은 2020년 -4.9%로 떨어질 것이며 2021년에는 +5.4%가 될 것으로 내다봤다. 이 시나리오에서는 세계적인 감염의 2차 대유행이 닥치는 것을 상정하고 있지 않다.

하지만 만일 팬데믹의 2차 대유행이 2021년 초에 닥친다면 2021년 세계 전체 GDP는 기본 시나리오보다 4.64% 감소할 것으로 보고 있다. 이를 그대로 적용하여 단순히 계산해보면 2차 대유행이 강타했을 때 2021년의 경제성장률도 겨우 플러스가 될 정도로 떨어진다. 이 수치는 IMF가 상정한 감염의 유행 상황이 실제로 일어났을 때 경제가 어떠한 추이를 따라갈 것인지를 파악하는 데 있어 시사하는 바가 매우 크다.

그러나 2020년 전반기의 팬데믹 상황이 인류의 예상(그리고 바람)과 크게 동떨어진 방향으로 전개된 것처럼 향후 코로나19와의 싸움이 우리가 기대하는 것과 다른 방향으로 전개될 가능성은 안타깝지만 적지 않다. 인류가 이번 바이러스에 대해 아직 많은 것을 알아내지 못했기 때문이다. 그렇다면 우리는 시기를 고정한 시나리오에만 매여 있을 것이 아니라 앞으로의 세계 경제, 그리고 한국 경제가 어떠한 경로를 따라 나아갈 것인지에 대해 상당한 완충재를 두고 살펴볼 필요가 있다.

팬데믹 이후 경제 시나리오 3단계

현 상황에서는 이번 팬데믹에서의 경제 상황을 대략적으로 3단계로 나누어 유연하게 생각해볼 수 있다.

최초의 1단계는 앞에서 살펴본 바와 같이 팬데믹 발생에 따라 많은 나라와 지역에서 경제 활동을 정지시킬 수밖에 없던 시기였다. 그당시에는 많은 나라와 지역에서 인위적으로 경제 활동을 멈추면서 경제성장률이 단번에 감소 경향을 나타냈다. 이 단계는 세계 경제가 2020년 상반기에 경험한 현상이다

2단계는 코로나19가 세계적으로 만연해 있지만 인류가 이에 대해 백신 등의 기본적이 대처 수단이 없는 상황이다. 이 단계에서는 많은 나라와 지역에서 경제적인 영향을 고려해 도시봉쇄 및 이에 준하는 정책을 (부분적으로) 해제하고 경제 활동과 감염 관리의 양립을 목표로 하게 된다. 2020년 8월 기준 세계 경제는 1단계를 빠져나와 2단계로 진입했다고 판단된다.

마지막 최후의 단계인 3단계는 인류가 코로나19와의 전쟁에 어떠한 매듭을 짓고 본격적으로 활동하기 시작하는 상황이다. 코로나19와의 전쟁 종식은 심리적인 영향도 매우 크지만 경제적인 측면에서는 이 단계에 이르기까지 상당한 규모의 거시경제 정책을 펼쳐 바이러스와의 전쟁 중에 발생할 수 있는 악영향을 억제하려고 한 조처들로 인한 부작용이 표면화될 것이다.

가장 골치 아픈 문제는 세계 경제가 2단계에서 3단계로 언제, 어떻게 옮겨갈 것인지 너무나 불확실하다는 것이다.

많은 정치가와 경제학자들은 최후 단계로 옮겨가는 갈림길로 코로나19 백신이 개발되어 보급된다는 명확한 전제조건을 기반으로 정책을 생각하고 분석하고 있다. 실제로 2020년 8월 초 기준 몇 가지의 유망한 백신이 개발되어 임상시험의 최종 단계인 3상 시험이 막 시작되었고,[*] 순조롭게 진행된다면 백신이 비교적 빨리 세계적으로 보급될 가능성이 있다. 미국 국립알레르기전염병연구소NIAID, National Institute of Allergy and Infectious Diseases의 앤서니 파우치Anthony Fauci 소장은 8월 5일 로이터와의 인터뷰를 통해 2021년 초에 수천만 회분의 백신이, 2021년 말까지는 10억 회분 이상의 백신이 생산될 것이라고 전망했다.[**]

실제 백신 개발에서도 7월 20일에 공표된 옥스퍼드대학교가 개발 중인 백신의 임상시험 결과에 따르면 백신 투여로 코로나19에 대치할 항체와 T세포가 생성되었다고 한다.[***] 하지만 이 백신도 3상 시험에서 심각한 부작용이 발생하면서 9월 임상시험이 중단을 선언했다.

많은 사람들이 간절히 기다리고 있는 것처럼 백신을 한 번 맞는 것

---

[*] 러시아에서는 2020년 8월 11일 코로나19 백신이 승인되었지만 임상시험 기간이 2개월 정도인 데다가 통상 개발 과정이라면 최종 단계의 임상시험인 3상 시험이 이루어지기 전에 인가를 받아 안전성에 대한 우려의 목소리가 매우 높다.

[**] https://jp.reuters.com/article/us-health-coronavirus-fauci-quotes-factb/factbox-fauci-talks-vaccine-prospects-in-reuters-interview-idUKKCN25134B

[***] Gallagher, James, 'Coronavirus: Oxford vaccine triggers immune response', BBC, 2020. 6. 20. https://www.bbc.com/news/uk-53469839

만으로 코로나19의 감염 리스크에서 영원히 해방되면 좋겠지만 실제로 개발된 백신이 어느 정도 효력이 있는지에 대해서는 우리가 바라는 대로 된다고 단정할 수 없다. 영국에 거점을 둔 세계 유수의 의료 연구 지원단체 웰컴트러스트the Wellcome Trust의 제러미 파라Jeremy Farrar 이사는 8월 초 방송된 BBC의 인터뷰 프로그램 하드토크HARDtalk에 출연해 1세대 백신이 모든 것을 해결할 수는 없을 것이라며 경종을 울린 바 있다.•

예를 들면 코로나19의 팬데믹이 시작되고 어느 정도 지난 2020년 봄 무렵에는, 바이러스에 감염된 후 회복한 사람은 코로나19에 대해 항체가 생성되었기 때문에 해외로 나가는 것도 가능할 것이라는 이른바 '면역 여권'에 대한 논의가 여러 차례 이루어졌다. 이 논의는 한 번 바이러스에 감염되었다 완치되면 생성된 항체 덕분에 두 번 다시 감염되는 일은 없기 때문에, 사회에서 일정 비율의 구성원이 코로나19에 대한 항체를 가지게 된다면 그 이상의 폭발적인 감염 확산은 일어나지 않을 것이라는 '집단면역'을 전제로 한 것이었다. 그러나 킹스 칼리지런던의 연구에 따르면 코로나19에 대한 면역은 비교적 짧은 시간밖에 유지되지 않으며 감기를 유발하는 코로나바이러스와 마찬가지로 인간이 반복적으로 감염될 가능성이 있다고 한다. 만일 이 논의

• 'Covid−19 vaccine will be ready in 2020 and 2021', on HARDtalk, BBC World News, 2020. 8. 4. https://www.bbc.co.uk/programmes/p08mq51d

가 진실이라면 코로나19에 대해서는 집단면역이 성립되지 않는다.[*]

결국 지구상에서 코로나19에 의한 팬데믹이 시작되고 반 년 만에 인류는 이 바이러스에 대해 수많은 과학적 지식을 얻었지만 적어도 8월 기준으로 봤을 때는 여전히 그 정체를 완전히 밝혀내진 못했다.

결국 '코로나19 감염을 방어할 수 있는 백신이 개발된다면 팬데믹이 종식될 것'이라는 경제정책상의 '전제'는 코로나19에 대한 과학적 지식이 확고해지지 않는 이상 어디까지나 '가정'이자 '희망'일 뿐이며, 인류가 2021년까지 코로나19에 대응할 수 있는 완전한 백신을 개발해 전 세계 구석구석까지 보급하여, 이 문제가 깨끗이 해결된다고 보증할 수 없다는 뜻이다.

그럼에도 지금까지 코로나19와의 전쟁에서 얻은 많은 시행착오와 과학적 지식은 인류에 있어서 중요한 노하우의 축적으로 이어질 것이다. 그중 가장 최고의 노하우가 마스크 착용인 듯하다. 한국, 일본을 비롯한 동아시아 사람들은 마스크 착용에 대해 저항감이 없어 감염 확산과 동시에 마스크 착용이 단번에 정착되었다. 그러나 유럽과 미국에서는 이러한 습관이 없어 미국에서는 마스크 착용 유무와 인간으로서의 권리를 연관시킨 형태로 논의가 이어지기도 했다. 그래도 2020년 8월 기준 많은 국가 및 지역에서 마스크와 얼굴가리개 등

---

[*] Jee, Charlotte 'Immunity to covid-19 could disappear in months, a new study suggests', 〈MIT Technology Review〉, 2020. 6. 13. https://www.technologyreviewcom/2020/07/13/1005103immunity-to-covid-19-could-disappear-in-months-a-new-study-suggests/

으로 얼굴을 덮어서 감염 확산을 막으려는 노력이 일상적으로 자리 잡고 있다.

인류가 강력한 백신과 특효약과 같은 결정적인 무기를 가지지 못한 상태이기는 하지만 의료종사자가 전 세계의 경험과 지식을 바탕으로 치료수단을 보다 발전시켜 나가고 있으며, 일반인들도 일상생활 속에서 손 씻기, 손 소독, 집안에서 신발 벗기 등 감염 예방에 노력을 기하고 있다. 이처럼 감염이 만연해 있는 2단계라 할지라도 의료나 일상생활에서 여러 노하우가 쌓여 인간도 이런 상황에 서서히 익숙해지면서 경제 사회 활동은 극히 완만하기는 하지만 전체적으로 회복세를 나타낼 것이다.

다만 이는 인류가 감염 억제에 대한 결정적인 무기를 얻지 못한 채 회복되는 것이기 때문에 감염이 각 지역 또는 세계 전체로 재확산되어 감염 억제책을 수정하는 것으로도 제어가 안 된다면 팬데믹 초기 정도까지는 아니어도 도시봉쇄와 이에 준하는 정책이 발동될 수밖에 없다. 이렇게 된다면 경제 활동이 억제되어 경기는 또다시 침체될 것이다. 그 후 도시봉쇄를 통해 감염이 어느 정도 진정되면 또다시 확산되는 것을 두려워하면서도 조금씩 경제 활동을 재개해나간다고 하는 이른바 '파도'를 동반한 회복이 이루어질 가능성이 높다. 따라서 IMF가 앞서 말한 리스크 시나리오에서 상정했던 것처럼 어느 시기에 매우 큰 2차 감염세가 세계를 덮친다면 그만큼 경기 파도의 진폭은 커지고 경제 회복은 그만큼 큰 폭으로 늦어질 수밖에 없다.

팬데믹 종식 후 직면할 2가지 불안 요인

그리고 언제, 어떻게 다음 단계로 옮겨갈지는 예측할 수 없지만 어떤 시점에서 팬데믹의 종식을 맞이한다면 그 시점부터 세계 경제는 감염이 만연했던 기간 동안 변화된 생활양식과 새로운 비즈니스모델을 지렛대로 삼아 본격적으로 움직이려고 할 것이다.

하지만 이 시기에 대해 예측할 수 없는 현 상황에서 우리는 세계 경제의 본격적인 회복을 방해하는 불안 요인이 두 가지 있음을 먼저 점검해봐야 한다.

전 세계의 기업은 감염이 확산되기 시작한 이후 수익 저하 및 자금 조달 문제로 계속 고통받고 있다. 이 시기 동안 적극적인 금융완화 정책이 자산가격을 계속 지탱해주었기 때문에 금융시스템의 불안정화, 도산 기업이 빈발하는 일 등이 일어나지 않는 한 실제 주가 수준은 기업이 직면한 여러 가지 산적한 문제 요소를 제대로 반영하지 못했을 가능성이 높다.

결국 이런 상황이 만연화된 상태에서 살아남은 기업들은 팬데믹이 종식되었을 때 보유자금 부족, 채무 팽창 등 재무적 측면에서 체력이 상당히 소모된 상태일 가능성이 높다. 이 때문에 이들 기업은 경제가 성숙된 선진국을 중심으로 팬데믹 종식을 맞이한다 해도 단번에 경기 확대 기조로 돌아가지 못할 것이며, 일단 보유자금 회복, 부채 규모 감축 같은 밸런스시트 조정을 진행하게 될 것이다.

이러한 기업의 행동은 장기적으로는 경제를 재가속화하는 데 필수불가결한 일이며 무엇 하나 잘못된 일은 아니다. 그러나 이는 팬데믹이 종식되어도 한동안은 기업의 투자가 억제되기 쉽다는 것을 의미하며, 동시에 실제 경제 회복 속도는 팬데믹 종식 후를 가정하고 기대하던 수준보다 더딜 가능성이 높다는 것을 시사한다.

게다가 팬데믹 종식 후 세계 각국 및 지역 정부와 중앙은행이 거의 동시에 금융완화에서 금융긴축으로 180도 정책적 변화를 기할 가능성이 있으며, 이는 세계 경제에 다시금 타격을 줄 수 있다.

각국과 지역의 정부와 중앙은행은 팬데믹이 시작된 직후부터 초확장적인 거시경제 정책을 시행하여 실물경제뿐만 아니라 주가를 비롯한 여러 자산가격이 떨어지지 않도록 지탱해왔다.

그러나 팬데믹이 종식되고 경제가 3단계로 옮겨가면 정부와 중앙은행은 경제를 지탱하기 위해 적극적인 거시경제 정책을 시행할 근거가 없어진다. 각국의 정부와 중앙은행은 감염 만연기까지 크게 늘어난 재정적자와 기형적인 중앙은행의 밸런스시트를 경계하면서 이의 정상화를 추진하려 할 것이다. 재정정책에서는 증세 및 세출 삭감, 금융정책에서는 금리 인상 및 자금 회수로의 전환 같은 형태로 표면화될 것이며 이는 실물경제와 여러 자산가격에 불안 요인으로 작용할 것이다.

만연기의 소비 대체와 침체

지금부터는 앞서 서술한 3단계 중 감염 만연기와 팬데믹 종식 후에 일어날 일에 대해 좀더 깊이 있게 논의하고자 한다.

이미 서술한 바와 같이 앞으로 당분간 이어질 것으로 보이는 코로나19 만연기에서, 인간은 감염 확산과 병상의 악화를 봉쇄할 결정적인 방법, 즉 백신과 결정적인 치료약을 가지고 있지 않다. 이 때문에 세계 경제는 의료면 등에서의 과학적 지식의 축적과 팬데믹 상황에 익숙해지면서 매우 완만한 회복 경향을 보이기는 하지만 전체적으로는 감염 확산과 억제가 초래하는 크고 작은 파도 속에서 계속 떠다니게 될 것이다.

인류가 이 바이러스에 직면한 이후의 경험을 돌아보면 코로나19의 확산이 만연한 시기(만연기)에는 인간이 어느 정도 경제 사회 활동의 정체라는 대가를 치르고 타인과의 접촉 기회를 줄이면 신규 감염자 수가 줄어들고, 행동 제한을 완화하여 경제 사회 활동을 단계적으로 부활시키고자 하면 감염이 또다시 확산되어 다시 제한된 생활에 내몰리게 되는 상황을 반복하고 있다.

사실 이런 일이 실제로 일어날 가능성은 팬데믹이 막 시작된 3월 시점에서 이미 지적된 부분이다.* 팬데믹이 시작된 3월 당시, 영국에서 감염대책을 제안하는 입장을 내놓은 임페리얼칼리지 런던Imperial College London 닐 퍼거슨Neil M. Ferguson 팀의 시뮬레이션 결과에 따르면,

기초감염재생산수_{basic reproduction number}**가 2.2일 때 집중치료시설ICU, Intensive Care Unit로 이환되는 사례가 한 주당 100을 웃도는 경우 학교 폐쇄와 사회적 격리를 실시하고, 마찬가지로 이환 사례가 한 주당 50을 밑돌면 학교 폐쇄와 사회적 격리를 해제(다만 감염자 밀접 접촉자는 자택 격리)한다는 의료체제 관리정책을 실시하면, 시뮬레이션 기간 동안 전체의 66%에서 학교 폐쇄와 사회적 격리가 실시될 것이라는 결론을 도출하였다.

실제로 많은 나라에서 경제적인 이유로 그 지역에서의 감염이 완전히 수습되기 전에 경제 활동 재개를 추진하여 감염 확산이 재차 반복되었고, 이로 인해 사람들의 활동 회복이 둔화되는 것을 경험했다.

예를 들면 미국 전체에서는 일단 급속도로 증가했던 신규 감염자 수가 6월 초에 완만하게 줄어들기 시작했지만, 많은 주에서 경제 활동 제한을 완화하기 시작하자 신규 감염자 수가 다시 급격하게 증가했다. 그렇기 때문에 6월 하순부터는 플로리다, 텍사스 등 많은 주에서 경제 활동을 다시 규제하는 움직임이 빨라졌다. 그 결과 댈러스

- Ferguson, Neil M., et, al, 'Impact of non-pharmaceutical interventions (NPIs) to reduceCOVID-19 mortality and healthcare demand', 2020. 3. 16. pp.11-12. DOI: https://doi.org/10.25 561/77482, Lichfield, Gideon, 'We're not going back to normal', 〈MIT Technology Journal〉, 2020. 3. 17, https://www.technologyreview.com/2020/03/17/905264/coronavirus-pandemic-social-distancing-18-months/
- ** 한 사람의 감염자가 아무도 면역이 없는 집단에 들어갔을 때 평균적으로 몇 명에게 감염시키는지를 나타내는 수치. 기초감염재생산수는 그 집단이 있는 환경 등에도 좌우되기 때문에 코로나19 등 개개의 바이러스나 세균의 고유값은 아니다.

연방준비은행이 공표한 미국 이동활동성지수MEI, Mobility and Engagement Index*는, 많은 도시들이 도시봉쇄에 돌입한 4월까지 움직임이 크게 감소한 뒤, 5월부터 6월에 걸쳐 회복세를 보였으나 7월에는 신규 감염자가 다시 증가하면서 사람들의 활동 회복이 멈추었고 8월에 들어서며 사람들의 활동이 다소 둔화되었음을 보여준다([도표 1-11]).

스페인에서도 6월 21일에 긴급사태선언을 해제하고 여름 휴가철을 겨냥해 유럽연합EU, European Union 지역 내에서의 입국도 허가하며 국내 이동 제한을 해제했다. 하지만 그 결과 신규 감염자 수가 증가세로 돌아섰기 때문에, 7월 4일 서둘러 카탈로니아주에서 도시봉쇄를 재개하였다.

일본에서는 5월 중순부터 하순에 걸쳐 지역마다 긴급사태선언을 해제하고 6월 19일에는 국내 이동의 실질적인 제한도 해제했으나 역시 신규 감염자 수가 일본 최대 도시인 도쿄를 기점으로 증가하여, 8월에는 하루 신규 감염자 수가 1,000명을 웃도는 상황이 일상화되었다. 일본의 유명한 관광지 중 하나인 오키나와 현은 의료체제가 특히 부족한 상황이었지만 아베 정권은 경제 회복을 우선하는 태도를 취하면서 경제 활동 제한을 강화하는 자세는 거의 보이지 않았다.

호주에서도 6월 하순부터 제 2의 도시인 멜버른을 중심으로 감염

---

* 위치 정보에서 산출한 재택 시간과 외출 시간 등 7개 지표를 합해 산출했으며, 1~2월 평균이 0, 가장 수치가 낮던 4월 11일까지의 1주일간의 평균치를 100이 되도록 설정하고 있다.

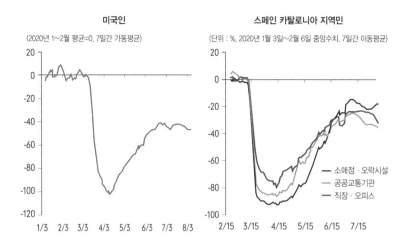

주 : 미국의 데이터는 8월 8일까지, 스페인 카탈로니아주 데이터는 8월 7일까지이다.
출처 : Federal Reserve Bank of Dallas의 Mobility and Engagement Index, 구글의 구글 커뮤니티 모빌리티 리포트 데이터를 토대로 노무라종합연구소 작성.

이 재확산되면서 7월 8일 심야부터 멜버른 빅토리아주에서 도시봉쇄가 실시되었다.

[도표 1-11]과 [도표 1-12] 중 미국의 데이터를 제외한 나머지 세 가지는 구글Google이 공표한 코로나19 감염증 모빌리티 리포트COVID-19 Community Mobility Reports의 스페인 카탈로니아주, 일본 도쿄도, 그리고 호주 빅토리아주의 데이터이다. 이 데이터도 팬데믹이 시작된 뒤 각국 및 지역 사람들의 움직임이 어느 정도 변화했는지를 스마트폰 위치 정보로 산출한 것으로, 팬데믹 전후로 소매점과 오락시설, 공원,

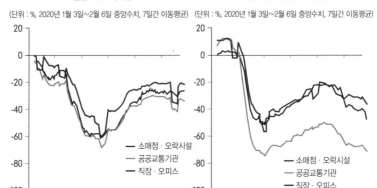

일본 도쿄 지역민

(단위 : %, 2020년 1월 3일~2월 6일 중앙수치, 7일간 이동평균)

호주 빅토리아주 지역민

(단위 : %, 2020년 1월 3일~2월 6일 중앙수치, 7일간 이동평균)

— 소매점 · 오락시설
— 공공교통기관
— 직장 · 오피스

— 소매점 · 오락시설
— 공공교통기관
— 직장 · 오피스

주 : 데이터는 8월 7일까지이다.
출처 : 구글 커뮤니티 모빌리티 리포트 데이터를 토대로 노무라종합연구소 작성.

직장, 공공교통기관 등에서의 체류시간이 어느 정도 변화하였는지를 나타내고 있다. 이 데이터들은 모두 감염이 재확산되기 시작해 사람들이 이에 맞춰 행동을 바꾸거나 정부가 규제를 다시 강화한 결과 경제 활동이 둔화되기 시작했음을 보여준다.

감염의 확산을 억제시키기 위해서는 사람과 사람 간의 접촉 기회를 끊는 도시봉쇄로 자국 내에서의 신규 감염자가 거의 나오지 않게 되더라도 그에 상응하는 기간에 걸쳐 지속적으로 감염의 확산이 없음을 확인하면서 신중하게 경제 사회 활동을 회복시켜나가야 한다. 동시에 국외에서 코로나19가 유입되지 않도록 입국자에게 철저한 검역과 격리를 실시하는 전략을 펼치는 방법 외에는 다른 대안이 없다. 이를 비교적 철저하게 지키고 있는 곳은 뉴질랜드, 태국 등 일부 국가 및 지역뿐이다. 하지만 이런 노력에도 불구하고 8월 11일 뉴질랜드 최대 도시인 오클랜드에서는 102일 만에 자국 내 감염이 4건 확인되었고, 아던 총리는 경계 단계를 즉시 상향 조정하여 8월 12일 정오부터 3일간 오클랜드 도시봉쇄를 재시행했다. 그 후 14일까지 신규 감염자 및 의심환자가 증가했기 때문에 도시봉쇄를 26일까지 연장했다. 코로나19와 싸울 결정적인 무기가 없는 동안은 감염 확산에 민감하게 반응하며 재빨리 막으려고 하는 나라일수록 이처럼 빠르게 도시봉쇄를 시행할 수밖에 없는 것이다.

이처럼 코로나19가 만연한 시기에서는 각국과 지역의 정부들의 입장에 따라 반응 정도에 차이는 있지만, 감염이 확산되기 시작하면 정부의 행동 제한 강화, 그리고 사람들 스스로의 행동 변화에 의해 경제 활동은 팬데믹 초기 수준까지는 아니어도 억제된다. 이에 따라 소비 활동의 회복도 둔화되거나 늦어진다. 이 때는 앞의 [도표 1-3]에서 살펴봤듯이 구입 빈도가 낮은 소비재, 대면 접객을 동반하는 제품 및 외식, 관광, 여행, 장거리 운송 등 서비스에 대한 등의 소비가 억제되기 쉽다.

한편 자택에서 보내는 시간이 보다 길어지면서 비대면 비접촉형의 서비스나 생활필수품 구입 빈도는 늘어난다. 이러한 만연기에서의 소비 대체 행동은 감염의 파도가 상당히 큰 규모이지 않는 한 팬데믹 초기만큼 심하게 일어나지는 않을 것으로 예상된다.

기업 비용 증가와 공급 제약

한편 기업 입장에서도 감염이 확산될 수도 있는 상태로 경제 활동을 재개하는 것인 만큼 감염이 더 확산되지 않도록 하는 대책을 마련해야만 한다. 예를 들면 화이트컬러 노동자들은 회사로의 출퇴근 및 사내에서 다른 직원과의 접촉으로 감염을 퍼뜨리는 계기가 될 수도 있기 때문에 재택근무가 더 늘어날 것이다.

대면 서비스를 동반하는 업종 및 외식, 소매점, 테마파크, 영화관, 호텔 등 많은 사람들이 입장하여 시설을 이용하는 업종에서는 감염 방지를 위해 자주 소독을 실시하고, 파티션을 설치하는 등 감염 방지책을 시행하는 데 추가비용이 발생하게 된다. 그뿐만 아니라 감염 방지를 위해 사람과 사람 간에 거리를 항상 적절하게 유지해야 하기 때문에 제공하는 서비스의 내용과 용량을 제한하는 것 등 제약이 늘어난다. 예를 들면 테마파크와 영화관, 프로스포츠 경기장 등에서는 관람객 간의 물리적 거리를 일정하게 둬야 하기 때문에 관람 인원을 실제 수용 인원보다 상당히 줄여야 한다. 즉 감염이 만기한 시기에 기업은 감염 방지를 위한 비용이 평소보다 추가되는 것뿐만 아니라 보유하고 있는 설비를 풀가동할 수 없게 되는 것이다.

이런 사안은 수요 감소와 비교하면 눈에 띄지 않는 수준일 수도 있지만, 실제로 기업측, 특히 장치나 재고를 활용하는 형태의 기업 입장에서는 상당히 어려운 문제이다. 이러한 기업이 운용하는 노동력과 설비, 시설 등은 팬데믹 등의 상황이 발생하지 않는다는 것을 전제조건으로 하여 형성된 것이기 때문에 팬데믹 상황에서 기업은 설비가동률이 떨어지는 만큼 결과적으로 생산력 과잉 상태가 된다. 이에 반해 설비를 유지하기 위해 필요한 고정비용은, 크게 바뀌지 않기 때문에 감염대책을 위한 비용 증가와 함께 기업의 수익률은 큰 폭으로 하락하게 된다.

공급 면에서의 제약은 서비스업 설비뿐만 아니라 글로벌 공급사슬을 잇는 해운 분야 등에서도 발생하고 있다. 예를 들면 수많은 수출입품은 배를 이용하여 운반되고 있지만, 감염 확대에 대한 우려로 국제적으로 사람 간 이동이 정체됨으로써 유조선 등의 선원 교대가 곤란해졌고, 해상수송에 지장이 생길 가능성이 한층 더 높아지고 있다.*

이러한 현상은 코로나19가 세계적으로 만연한 동안은 비제조업뿐만 아니라 글로벌 공급사슬에 편입되어 있는 제조업을 포함한 많은 업종에서 공급 측면의 제약을 받을 가능성이 있다는 것을 의미한다.

그뿐만 아니라 팬데믹 기간 동안은 앞서 서술한 것처럼 코로나19

---

* Clark, Aaron and Annie Lee, 'Supply Chain Risk Grows as Weary Crews Halt Ships and Clog Ports', 〈Bloomberg〉, 2020. 8. 7, https://www.bloomberg.com/news/articles/2020-08-07supply-chain-risk-grows-as-weary-crews-halt-ships-and-clog-ports?sref=25xYXkRu

가 자국 내에 유입되지 않도록, 감염 관리가 엄격한 나라와 지역일수록 입국자에 대한 철저한 검역과 격리를 계속 실시할 가능성이 높다. 때문에 국경을 넘은 사람 간 왕래가 엄격하게 제한되고, 항공과 관광 산업 등이 입는 막대한 영향은 현재처럼 심각할 것이다. 뿐만 아니라 다국적 비즈니스를 펼치고 있는 기업에서는 사람의 왕래가 곤란해졌기 때문에 주재원 교대와 해외 공장의 품질관리를 위한 기술자 파견 등의 세부적인 측면에서도 운영에 지장이 발생할 것이다. 이런 문제들은 온라인상에서 의견을 교류하는 등의 방법으로 어느 정도는 극복할수 있을지 모르지만, 대면 작업에서도 장단점이 있듯이 여러 가지 어려움이 발생할 수 있다. 실제로도 팬데믹 이전과는 다른 상황이 이미 많이 발생하고 있다.

이러한 점 때문에 가령 모두가 바라는 것보다 만연기가 길어져 기업 활동과 수익 활동이 중장기에 걸쳐 계속 제약을 받는다면, 기업은 팬데믹이 수습될 때까지 일시적으로 대처하는 자세에서 장기적인 구조조정 방향으로 태세를 전환하게 될 것이다. 그렇게 되면 지금까지의 투자 건을 뒤로 미루거나 중지할 것이고, 보유한 설비와 노동력을 정리하는 등 보다 대담하게 비용을 절감하여 살아남는 것을 목표로 하게 될 가능성이 높다. 이러한 임금 및 고용 환경의 악화는 소비 회복을 둔화시키고, 이로 인해 기업 수익도 회복하기 어려워지는 악순환을 초래할 가능성이 높다.

이는 아무리 만연기의 경제가 완만한 회복세에 있다고 할지라도 기업이 구조조정을 추진함으로써 결과적으로는 노동자가 노동시장에서 퇴출당하거나 구직 활동을 하더라도 직업을 얻기까지의 기간이 길어질 가능성이 있다는 의미이기도 하다.

이처럼 만연기라 해도 수요와 공급 두 가지 측면에서 경제 활동에 제약이 생겨, 이들이 고용 등에 큰 영향을 끼치는 상황에는 변화가 없기 때문에, 각국 및 지역의 정부와 중앙은행은 팬데믹을 한시라도 빨리 끝내기 위해 의료 분야에 대한 투자는 물론 경제를 유지하기 위해 팬데믹 초기에 잇달아 도입한 가계와 기업에 대한 지원과 완화적인 금융대책을 계속 이어가는 것이 필수적이다. 만일 정치권과 행정부가 재정적자의 확대를 우려하거나, 정치적인 다툼으로 인해 지원이 끊긴다면 경제는 급격히 추락할 위험성이 높아진다(재정절벽).

2020년 7월, 미국 연방의회에서 실업보험 추가 지급액 등을 둘러싸고 공화당과 민주당이 대립했고, 추가 지급 기한이 끝난 8월에도 대립이 계속되었다. 이에 트럼프 대통령은 8월 8일 주당 400달러의 실업보험 추가 지급 등을 포함한 대통령령을 제출했다. 트럼프 정권의 이 같은 행보는 실업보험의 추가 지급 등 여러 가지 지원책이 중단될 경우 감염의 급속한 확산세에도 불구하고 어느 정도 움직이기 시작한 미국 경제가 급속도로 추락하는 것을 두려워했기 때문이라고 판단된다.

또한 만연기의 경제는 앞서 서술한 것처럼 기업의 수익 환경이 현저히 악화되어 기업의 보유자금 부족 상태가 계속 이어지기 때문에,

기업의 도산과 폐업이 눈에 띄게 늘거나 채무가 계속 쌓이는 기업이 속출할 것이라고 예상된다. 이 때문에 어느 나라와 지역이라도 금융기관의 불량채권이 큰 폭으로 증가하여 각국 및 지역의 금융시스템이 불안정해지기 쉽다. 이에 대처하기 위해서는 중앙은행이 금융시스템에 자금을 지속적으로 공급하는 것은 물론이고, 기업 대상 대출에 대한 정부보증의 공여 지속과 금융기관에 대한 자본 투입 구조의 정비가 불가피할 것이다.

04

코로나 시프트,
세계는 연대할 수 있는가

팬데믹 종식 후의 경제 활동은 앞서 간략하게 살펴본 봐와 같이 그 과정이 쉽지 않을 것이다. 거듭하여 강조하지만 무엇보다 만연기에서 팬데믹 이후의 세계, 이른바 포스트 코로나19로 넘어가는 시기와 과정이 극도로 불확실하다.

각국의 경제정책은 은연중에 모든 것을 단번에 해결해줄 안전한 백신이 조기에 개발되어 미국과 중국을 포함하여 어떠한 분쟁도 없이 바로 세계 전체로 널리 퍼지는 이상적인 상태를 전제로 하고 있다. 하지만 이미 2020년 9월까지도 전문가들은 완벽한 백신이 조속한 시일에 완성되어 시판되는 것에 대해서 부정적으로 보고 있다. 이런 사실은 코로나19에 완벽하게 대항 가능한 백신이 완성되기까지의 상당한 시일 동안은 그저 지켜볼 수밖에 없는 상황이라는 뜻이기도 하다. 이런 불확실성은 시간의 흐름에 따라 조금씩 감소하겠지만 현재 시점에서는 이 시간축의 애매함을 바탕으로 미래의 상황이 어떻게 전개될지 예측해보는 수밖에 없다.

이미 서술한 바와 같이 코로나19의 만연기에서는 기업의 수익 및 현금흐름 창출력이 수요와 공급 양쪽 모두에서 대폭 감소하기 때문에 채무 증가 등 기업 재무에 대한 부담이 현저히 높아진다. 때문에 팬데믹 종식까지 시간이 걸리면 걸릴수록 자연스럽게 기업의 재무 상태 악화, 도산 리스크는 높아진다. 이를 다른 관점에서 보면 팬데믹 종식 후 채무 삭감 등의 밸런스시트 조정 기간이 보다 길어지고, 그 폭도 넓고 깊어질 수밖에 없다는 의미이다. 만연기가 길어지면 길어질수록 팬데믹 종식 후 민간 기업의 재정 회복 속도도 그에 비례해 느려져, 본격적으로 기업 활동이 개선되기 시작하는 시기도 만연기의 장기화에 맞춰 늦어질 것이다.

거시경제 정책의 반전이 불러올 파장

정부 입장에서도 코로나19 만연기의 장기화는 정부가 대폭적인 재정적자를 내면서, 기업과 가계를 재정 면에서 계속 지탱하는 기간이 길어진다는 뜻이다. 이는 기업과 마찬가지로 몇몇 정부 역시 재정적 측면의 리스크가 높아진다는 의미이다. 이런 사태에 직면할 확률은 당연히 경상수지가 흑자 기조에 있는 선진국보다 적자 기조에 있는 신흥국 중 재정적자가 큰 나라일수록 높아진다.

이렇게 각국마다 차이는 있지만 팬데믹 종식 후에 각국 및 지역 정부에 가해지는 재정재건에 대한 압력이, 만연기가 길어질수록 커지기 쉬우며 정부도 팬데믹 종식 후에 그러한 흐름에 따라 증세와 세출 삭감 등을 급속도로 대담하게 추진할 위험성이 높아질 것이다.

그런데 앞서 언급한 바와 같이 민간 기업은 팬데믹 종식 후에 밸런스시트 조정을 추진할 가능성이 높고, 가뜩이나 실물경제는 팬데믹이 종식될 때 기대한 만큼의 성장력을 예상하기 어렵다. 이러한 상황에서 정부가 성급하게 재정재건을 강행하고자 한다면, 기업 활동뿐만 아니라, 재정 면에서도 경제를 끌어올리는 힘이 약해지기 때문에 경제의 회복력은 점점 약해지는 위험에 처할 수 있다.

이 때 정부와 마찬가지로 급속하게 긴축으로 방향을 전환하고 싶어지는 동기는 중앙은행도 가지고 있다. 팬데믹 직후부터 대폭적인 정책금리 인하와 양적완화로 대량의 자금 공급이 이루어지면서 장기간에 걸쳐 초완화적인 금융 환경이 계속 이어져왔기 때문이다.

특히 이번 경우는 많은 중앙은행들이 민간 은행에 자금을 공급하기 위해 국채를 대량으로 구입함으로써 중앙은행의 밸런스시트가 크게 부풀어 있다. 사실 이것 자체로도 큰 문제다. 하지만 이런 중앙은행의 행동은 다른 시각으로 본다면 팬데믹에 대한 대응으로 대량의

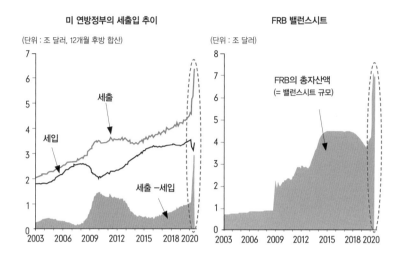

● 도표 1-13 **미국 연방정부의 재정 변화 및 FRB 밸런스시트 추이**

미 연방정부의 세출입 추이

FRB 밸런스시트

(단위 : 조 달러, 12개월 후방 합산)

(단위 : 조 달러)

세출

세입

세출 −세입

FRB의 총자산액
(= 밸런스시트 규모)

출처 : 미국 재무성, FRB의 데이터를 토대로 노무라종합연구소 작성.

자금이 필요해진 정부의 자금 조달을 중앙은행이 국채의 대량 구입을 통해 간접적으로 (어쩌면 자각하지 못하고) 지원했던 것이었다.

실제로 [도표 1-13]에서 볼 수 있듯이 팬데믹에 휩싸이기 시작한 직후 미국에서 경제 대책을 위해 세출이 급격히 확대되는 시점과 미국 중앙은행 FRB의 밸런스시트가 양적완화 재개로 단번에 부푼 시기가 일치한다. 이는 인도네시아 중앙은행의 경우처럼 정부에서 직접 국채를 구입한 것은 아니지만 FRB가 민간 금융기관 등에 자금을 공급하기 위해 대량의 국채를 구입함으로써, 국채의 수요와 공급의 균형이 축소되어 국채이율이 인하되고 정부의 자금 조달 비용이 대폭으로 감소하는 효과를 낳았다.

팬데믹 시기의 각국 중앙은행은 자금 조달에 어려움을 겪고 있는 금융기관과 헤지펀드, 그리고 일반 기업에 대량으로 자금을 공급함으로써 금융시장의 붕괴를 막는 중요한 역할을 담당했다. 그뿐만 아니라 팬데믹 대응으로 재정적자가 팽창한 정부의 자금 조달 비용을 크게 감소시키는 중요한 역할을 해내고 있다.

앞에서 언급한 대로 IMF가 2020년 6월 24일에 공표한 '세계 경제 전망'에 따르면, 세계 전체의 일반 정부 재정적자는 2020년 후반부터 서서히 경제 활동이 회복되는 것을 전제로 한 기본 시나리오이다. 이 시나리오에서도 재정적자 폭은 2020년에 GDP 대비 13.9%, 2021년에도 GDP 대비 8.2%에 달할 것으로 보고 있다. 2019년의 재정적자가 3.9%였던 것과 비교해보면 2020년 세계 재정적자는 GDP 대비 10%나 증가하는 것이다.

이는 2020년 세계 GDP의 10%에 달하는 규모의 신규 국채가 2019년 발행한 신규 국채 공급량에 더해진다는 것을 의미한다. 재정적자는 세계 금융위기가 발생한 2009년에도 단숨에 확대되었지만 앞서 언급한 IMF의 '세계 경제 전망'에 의하면 전년 대비 증가폭은 4.9%였다. 즉 이번 팬데믹 시기의 절반에 불과했던 것이다.

팬데믹에 대응하기 위해 어쩔 수 없었다고는 하지만, 이렇게까지 추가 채권 발행이 단번에 시행되면 원래대로라면 수요와 공급의 균형이 무너져 국채이율이 상승(국채 가격 하락)하게 마련이다. 그러나 실제로는 [도표 1-14]에서 볼 수 있는 미국의 예와 비슷하게 많은 나라에서 반대의 경우가 생겨나고 있다. 여기에는 팬데믹이 경제에 심각한 영향을 초래할 것을 직시한 투자가들이 국채를 사들인 것 등의 요소가 작용했을 수도 있다. 하지만 그보다는 많은 중앙은행이 감염 확산에 맞추어 신속하게 대규모의 자금을 공급하고 채권을 사들인 것이 더 큰 요인으로 작용했다.

그렇기 때문에 팬데믹이 종식되었다고 해서 바로 양적완화를 그만두고 밸런스시트의 정상화를 시작하려고 하면 문제가 될 수 있다. 특히 이번 상황은 앞서 언급한 것처럼 급격한 재정정책의 확장으로 세계 각국 및 지역의 재정적자가 대폭 늘어났으며, IMF의 기본 시나리오에서도 세계 전체의 공적 채무 잔고는 2020년 말에는 세계 전체 GDP의 101.5%로 1년치 GDP를 넘을 것으로 전망되고 있다. 이런 상황에서 중앙은행이 국채시장에 대한 개입을 그만두고 장기금리가 급등되도록 놔둔다면 이자 지급 비용 등으로 인해 각국 재정에 부담이 상당히 가중될 것이다. 여기에 더해 그렇지 않아도 생각보다 회복이 느려질 것으로 예상되는 실물경제에 악영향을 미칠 것이고, 또한 자산가격의 급락 등 부작용이 커질 수 있다.

이러한 점에서 팬데믹의 종식 후 각국 중앙은행의 대응은 정부보다 복잡해질 것이라고 예상할 수밖에 없다.

구체적으로는 팬데믹 종식 후의 금융정책은 국채 발행 급증에 따른 수급 밸런스의 불균형에 대해 국채 구입이라는 형태로 개입한 이

(단위 : %)

미국 10년 만기 국채이율

트럼프 대통령 당선

세제개혁 법안 성립

양적완화 반환협정

FRB 금리 인상 휴지 시사

감염 확산으로 금융완화

미중 협의 결렬

미중 교섭 부분 성립

미국 정책금리 (범위의 중앙치)

출처 : FRB와 CME의 데이터를 토대로 노무라종합연구소 작성.

상, 그 출구는 국채시장이 또다시 시장원리로 움직일 수 있을 때까지 단계적으로 신중하게 개입을 그만두는 것이다. 이에는 2010년대 미국이 양적완화 출구전략을 시행했던 것처럼 국채 구입량(이나 실질적인 매각량)의 변화를 미리 제시하는 대신, 장기금리(= 국채 가격)의 가격 책정은 시장에 맡기는 방법을 택하든지, 현재 일본은행이 실시하고 있는 것처럼 중장기금리(= 국채 가격)에 상하한을 두고, 그 대신 중앙은행이 매매하는 국채의 양은 시장에서 결정하는 형태를 택하든지 둘 중 하나가 될 것이다.

2013년에 미국이 양적완화를 단계적으로 축소하려 했을 때 그 최초 단계에서 1%대 중반이던 장기금리가 3%대까지 급상승하여 주식 시장 등에 큰 영향을 끼친 바 있다. 이는 당시 중앙은행과 시장 사이의 커뮤니케이션에 문제가 있었기 때문이기도 하지만, 양적완화에서 빠져나올 때 국채 구입량을 조작하는 대신 금리(가격)의 변화를 시장에 맡기는 방법을 택한 결과였다. 이런 경험으로 미뤄볼 때 많은 중앙은행들은 장기 또는 중장기금리 수준과 정책금리 수준 양쪽 모두를 어느 정도 조작함으로써 재정과 금융시장 등에 대한 부작용을 억제하면서 정상화를 목표로 하는 입장을 취할 가능성이 높을 것으로 예상된다.

경제 쇼크를 최소화하기 위한 세계적 합의

지적한 대로 팬데믹 만연기까지 각국 및 정부가 시행해온 초확장적 금융재정 정책이 팬데믹 종식 후에는 세계가 거의 동시에 방향 전환을 할 수도 있다는 점은 상당히 민감하고 골치 아픈 문제이다. 특히 효과적인 백신의 등장으로 팬데믹의 종식을 맞이했을 경우에는 각국 지역의 정부, 중앙은행이 거시경제 정책의 정상화를 시작하는 시점의 차이를 의도적으로 만들어낼 필요성은 없다.

그렇게 된다면 각국 정부는 재정재건을 위해 일제히 증세와 세출 삭감의 필요성을, 각각의 중앙은행도 밸런스시트를 본래 규모로 되돌리기 위해 금융정책의 정상화 필요성을 개별적으로, 그리고 동시에 외치기 시작할 수도 있다.

그 악영향을 가능한 피하기 위해서는 금융재정 정책을 확장에서 긴축으로 바꾸기 전에 그 순서를 세계가 미리 협조해서 준비해둘 필요가 있다. 특히 미국 달러의 환율과 금리 변화는 국제적인 자본흐름에 휘둘리기 쉬운 신흥국과 (경제적인) 소국에 있어서는 지금까지도 금융정책의 주도권을 계속 크게 좌지우지하는 요소였다. 금융정책은 본래 자국의 경제 상황에 맞춰 결정되어야 하지만, 이런 국가 및 지역에게는 달러의 움직임이 자국으로 유입되는 자본흐름의 움직임을 좌우하기 때문에 FRB의 움직임을 보고 자국의 금융정책 방향을 결정해야만 하는 경우가 적지 않았다.

실제로 FRB가 금융완화를 추진하여 달러의 금리가 떨어지거나 달러 약세가 진행될 경우 국제적으로 자금을 움직이는 투자가는, 안정적이지만 금리가 낮은 수익적 매력이 없는 달러 상품에 투자하는 것보다는 다소 리스크가 높을지라도 이율이 높은 신흥국에 대한 투자를 늘리는 경향이 있다. 이 때문에 이러한 시기에 신흥국은 해외에서 투기자금이 유입되어 통화강세가 되기 쉽다. 이런 의도치 않은 통화강세를 막기 위해서는 해외에서 유입되는 자본에 규제를 가하거나 실물경제 상황과 관계없이 달러에 따라가는 형태로 중앙은행이 정책금리를 내려 자국의 통화에 대한 투자 매력도를 떨어뜨리는 노력을 할 수밖에 없다.

반대로 FRB가 금융긴축으로 향하기 시작하면 달러 금리가 오르기 때문에 달러 강세의 움직임이 강해지기 쉽다. 그 결과 신흥국에는 자금이 유출되어 달러로 향하는 압력이 가해지기 때문에 자국에 대한 투자 매력도를 유지하기 위해 자국의 경제 상황과 관계없이 달러에 따라가는 형태로 금리를 인상할 수밖에 없다. 이처럼 FRB의 정책은 신흥국과 (경제적인) 소국에 있어서는 자국의 금융정책 결정권을 빼앗을 수도 있는 극도로 중요한 요소이다.

FRB는 기본적으로 미국의 경제 상황을 보고 금융정책을 정하는 것이 당연하고, 신흥국의 실물경제 상황과 자본이동까지는 그렇게 깊이 고려하지 않는다. 그러나 이번 상황에서는 팬데믹이라는 전 세계를 덮친 위기가 원인이 되어 세계가 동시에 경제가 급격히 침체되었기 때문에 이에 맞춘 형태로 FRB, ECB는 물론이고 각국 및 지역의 중앙은행도(엄밀하게는 앞서 언급한 것처럼 FRB와 ECB의 흐름을 본 뒤에 실행했지만) 일제히 금융완화에 나섰다. 결과적으로 전 세계적으로 동시에 금융완화와 양적완화가 진행된 것이다. 이로 인해 국제적인 자본이동을 야기하는 달러와 자국 통화 간 금리차는 변화하지 않았고, 2020년 3월의 금융시스템 불안을 극복한 뒤에는 신흥국의 자본이동 문제도 소강 상태를 맞이했다.

그렇다면 팬데믹이 종식되었을 때도 백신의 개발, 보급과 같은 세계 공통의 신호가 있는 상태라면 결과적으로 세계 각국 및 지역의 중앙은행이 일제히 금융완화를 그만두는 방향으로 나아가려고 할 것이기 때문에 2020년 3월과 마찬가지로 큰 자본이동의 변화는 결과적으로 일어나지 않을지도 모른다. 그러나 결과적으로 같은 현상을 보인다고 해도 모두가 협조해서 보조를 맞출 수 있다면 금융긴축의 정도를 사전에 각국 간에 조정하는 것이 더 효과적일 것이며, 금융긴축으로 인해 세계 경제가 입을 타격도 보다 작아질 것이다. 그렇다면 팬데믹 종식 후의 세계적인 금융정책의 방식과 공동 대책에 대해 지금부터 각국의 중앙은행이 협의해나가는 것이 바람직한 결과를 도출하는 데 있어 더 나을 선택이 될 것이다.

국제 정치 변화라는 리스크

이러한 금융정책의 세계적인 공동협력에 있어 큰 방해 요인을 꼽는다면 그중 하나는 더욱 악화되고 있는 미국과 중국의 관계이다.

만일의 경우 미중 관계가 더욱 악화되어 상식적으로 이해관계가 일치할 수 있는 이번 글로벌 금융 문제에서도 양국 간 대화가 제대로 되지 않을 정도의 상황이 된다면, 양국이 세계 최대의 경제 규모를 자랑하는 경제 대국인 만큼 금융정책의 세계적 협조도 잘 이루어지지 않을 가능성도 적지 않다. 결과적으로 미국 달러화와 중국 위안화의 환율에 큰 변화가 생겨 특히 달러 강세, 위안화 약세가 진행된다면 미국의 무역수지가 악화될 수 있다. 이럴 경우 미국의 적대감은 더욱 높아질 것이고, 양국 관계 악화에 더 큰 불씨가 될 수 있다.

미중 관계의 향방은 이처럼 글로벌 금융 문제뿐만 아니라 여러 가지 면에서 팬데믹 후의 세계 경제의 향방을 크게 좌우하는 매우 중요한 요소이다.

미국 대선 이후
미중 마찰의 향방

01

미중 무역전쟁은
불가역한 대세

앞서 2020년 전 세계를 덮친 팬데믹으로 인해 경제와 함께 미국과 중국의 관계가 급속도로 악화되었다고 밝혔다.

일부에서는 이번 양국 관계 악화가 다소 급격하게 진행된 것으로 생각할 수도 있다. 2019년 12월 13일, 양국은 1단계 무역합의에 도달했다고 공표하였고, 해가 바뀐 직후인 2020년 1월 15일에는 트럼프 미국 대통령과 류허 중국 부총리가 이 합의 내용에 서명했다. 이 때문에 실제 거리감은 차지하더라도 적어도 표면적으로는 미중 간에 (일시적인) 관계 개선이 이루어진 것처럼 보였기 때문이다. 이 합의는 미국 중서부 등에서 살고 있는 '잊혀진 사람들'에게 미국 제일주의를 호소하며 대통령에 당선된 트럼프의 입장에서도 그 합의 내용에 얼마나 만

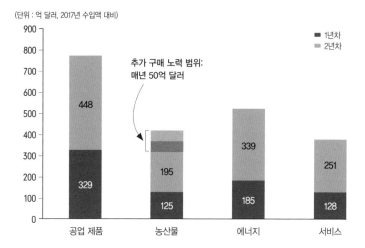

● 도표 2-1 **미중 합의에 따른 중국의 미국산 제품 추가 구입액**

(단위 : 억 달러, 2017년 수입액 대비)

출처 : 'Economic and Trade Agreement between the Government of the United States and the Government of
the People's Republic of China' p. 6-3 & p. 6-4 에서 발췌하여 노무라종합연구소 작성.

족하는지와 별개로 국민에게 자랑할 만한 중요한 성과였다.

하지만 실제로는 2020년의 미중 관계 악화는 그 자세한 원인은
어찌 되었던 필연적으로 일어났을 일이었다.

예를 들면 미국과 중국이 교환한 1단계 합의에서는 중국은 2021
년까지 2017년의 미국에서의 재화·서비스의 수입액 대비 2,000억 달
러, 최대 2,100억 달러를 추가 구매해야 하고([도표 2-1]), 2020년 1년

● Bown, Chad P. 'Phase One China Deal: Steep Tariffs Are the New Normal', Peterson Institute
for International Economies, 2019. 11. 19. https://www.piie.com/blogs/trade-and-investment-
policy-watch/phase-one-china-deal-steep-tariffs-are-new-normal

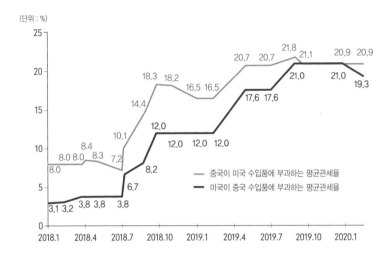

(단위 : %)

출처 : Bown, Chad P. 'Phase One China Deal: Steep Tariffs Are the New Normal', Peterson Institute for International Economies, 2019. 11. 19. https://www.piie.com/blogs/trade-and-investment-policy-watch/phase-one-china-deal-steep-tariffs-are-new-normal

간 763억 달러나 수입을 늘려야 한다. 그러나 기준이 되는 2017년도 미국의 중국에 대한 수출액은 1867억 2,700만 달러로, 763억 달러라는 숫자는 이 수출액의 약 40%규모이다. 이 정도 규모는 만일 코로나19라는 문제가 없었다고 해도 상당히 높은 장벽이 되었을 것이다.

한편 미국은 1단계 합의에 따라 2019년 9월에 발동한 제재관세 조치로 중국산 제품 1,200억 달러치에 부과했던 관세율을 15%에서 7.5%로 절반 수준으로 축소하기로 합의했다. 그러나 바운Bown의 시산에 따르면 1단계 합의 전 중국으로부터의 수입품 전체에 대한 평

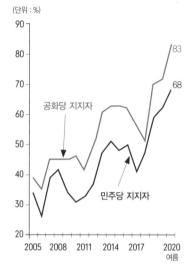

● 도표 2-3 **중국에 대한 미국인들의 입장**

중국에 부정적인 인식을 가진 미국인의 비율

(단위 : %)

미국인의 당파별 중국에 대한 견해

	공화당 지지자	민주당 지지자
중국과의 관계 악화로 이어진다 해도 미국은 코로나 바이러스 확산의 책임을 중국에게 물어야 한다.	71	37
경제 문제에서는 중국과 굳건한 관계를 구축하는 것보다 중국에 보다 강경하게 대처하는 것이 중요하다.	66	33
경제 관계 악화를 무릅쓰더라도 미국은 중국 내 인권 신장을 위해 노력해야 한다.	70	78

출처 : Silver, Laura, Kat Devlin and Christine Huang, 'Republicans see China more negatively than Democrats, even as criticism rises in both parties', Pew Research Center, 2020. 6. 30. 데이터를 기반으로 노무라 종합연구소 작성.

균관세율은 추가관세 인하 후 9.3%로, 겨우 1.7%포인트 낮아졌다([도표 2-2]). 트럼프 대통령이 중국에 대한 제재관세 조치를 취하기 전인 2018년 초의 평균관세율은 3.1%였기 때문에, 트럼프 정권은 2020년 초까지도 아직 남은 16.2%만큼의 협상카드를 가지고 있었다는 의미이다.

이는 반대로 생각해보면 중국 공산당이 경제와 안전보장에 관한 일로 트럼프 정권의 심사를 건드리는 일을 조금이라도 한다면, 트럼

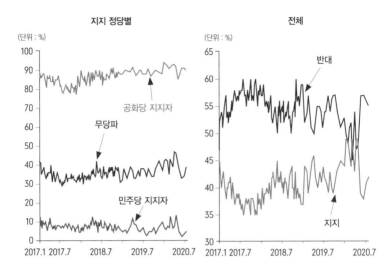

● 도표 2-4 **트럼프 대통령에 대한 지지율 추이**

출처 : Gallup의 공표 데이터를 바탕으로 노무라 종합연구소 작성, 최신 조사 결과는 6월 4일까지의 조사치.
http://www.gallup.com/poll/203198/presidential-approval-ratings-donald-trump.aspx

프 정권은 무역 구입액이 목표치에 따라가지 못하는 등을 이유로 들어 언제든 중국에 트집을 잡을 태세를 갖추고 있었다는 것이다.

오히려 트럼프 정권이 반복적으로 중국에 대한 경계심을 계속 드러냄에 따라 미국 국민의 중국에 대한 불쾌감은 시간이 갈수록 높아져, 2020년 이후부터는 공화당 지지자뿐만 아니라 민주당 지지자들 사이에서도 부정적 견해를 가진 사람의 비율이 과반수를 크게 웃돌고 있다([도표 2-3]). 미국에서는 냉전 종식 이후 공화당과 민주당, 특히 민주당의 급진파progressive 사이에는 정치 성향의 차가 해마다 더 커지고 있으며, 지금은 같은 미국이라는 나라에서 살고 있다고 생각할 수 없을 정도로 정치 성향의 차이가 크게 벌어져 있다. 트럼프 대통령의 지지율이 지지 정당별로 하늘과 땅만큼 차이가 나는 것도 이러한 예라고 볼 수 있지만([도표 2-4]), 특히 중국에 대한 강경한 자세에 관해서는 [도표 2-3]의 우측에서 볼 수 있듯 개별적인 논점에 따라 상당한 차이를 보인다. 다만 중국 내 인권에 대한 부분만 의견 방향이 전반적으로 일치되고 있는 것을 확인할 수 있다.

이런 점을 기반으로 보면 미국과 중국의 관계 악화가 2020년에 들어서 다시 심해진 직접적인 원인이 코로나19와 이를 둘러싼 양국의 여러 사정에 있을 것이라고 추측된다. 하지만 코로나19가 아니었다고 해도 실질적으로 미국과 중국의 대립이 격화되는 흐름에는 변함이 없었을 것이며, 다만 코로나19로 인해 그 타이밍이 조금 뒤바뀐 정도였다고 볼 수 있다.

미국과 중국의 서로 다른 이해관계

오히려 미국 내 대중 강경파들의 입장에서는 이 당시 트럼프 정권의 합의 내용이 중국 측의 요구를 너무 받아들여준 것으로 보여, 트럼프 정권이 중국에 대해 저자세라는 비판이 미국 내에서 많이 나왔다. 예를 들면 민주당 내에서 대중 강경파로 알려진 찰스 슈머Chuck

Schumer 상원 원내총무는 트럼프 대통령이 2018년 6월 중국 제품에 대한 추가관세 리스트를 공표했을 때, 트럼프 대통령의 판단을 전면적으로 지지하는 트윗을 남겼었다. 하지만 2020년 트럼프 대통령이 1단계 합의에 서명했을 때 이 합의 내용으로는 "미국의 농가와 노동자들을 보호할 수 없다"고 강하게 비판했다.

이런 점 등을 살펴볼 때 코로나19 문제 등이 트럼프 대통령의 재선에 불리하게 작용하고 있는 상황에서 트럼프 정권이 무역합의 이행에 관한 협의뿐만 아니라 화웨이와의 거래 제한 강화 및 틱톡TikTok의 미국 사업부 매각 명령 등 여러 방법으로 중국에 보다 강경한 태도를 취함으로써 중국에 대한 저자세 외교 논란을 불식시키고 자신의 지지도를 회복시키고자 할 가능성은 충분하다.

한편 중국도 코로나19 사태 이후의 경제재건 속도는 미국과 유럽에 비해 다소 빠르기는 하지만, 그 이전부터 중국 실물경제는 미중 마찰의 영향 등으로 매우 힘겨운 상태가 이어지고 있었다. 또한 중국 공산당이 주장하고 있는 '핵심이익' 중 하나인 타이완 관련 정책의 향방도 차이잉원 타이완 총통이 재선에 성공하는 등 불투명한 상황이다. 이처럼 국내외의 정세가 정치권에 불리한 상황일 때, 외교와 안전보장 면에서 공세에 나섬으로써 국내의 비판 의견을 불식시키고자 노력을 기울이는 것은 민주주의 국가를 비롯한 모든 국가에서 자주 목격되는 광경이다. 실제로 중국 정부는 2020년 7월에 홍콩 국가보안법 시행을 강행하였다. 이에 대해서는 미국뿐만 아니라 영국과 호주 등의 서구 국가들에서도 우려의 목소리가 나오고 있다.

더욱이 안전보장 면에서도 인도·태평양 해역에 배치된 미국의 항공모함 시어도어루스벨트호에서 3월 말부터 코로나19 감염이 급증한 탓에 이 핵추진 항공모함이 괌에 장기간 정박해 있었다. 이 항모가 괌을 떠난 것은 약 2개월 후인 5월 20일이었다. 이에 따라 미국에는 중국과 이란에 대한 미 해군의 대응 능력에 악영향을 줄 수 있다는 우려나° 타이완해협과 남중국해 등을 비롯한 여러 해역의 제해권에 대한 위기감이 있었을 것이다. 이러한 복합적인 요인이 트럼프 정권이 중국 공산당에 대해 강경한 태도를 취할 수밖에 없었던 또 하나의 배경이었다고 판단된다.

반 트럼프 전선의 태동

코로나19는 트럼프 대통령의 재선 전략에 상당한 악영향을 미치고 있다. 마이너스 요인 중 첫 번째는 경제 추락이다. 트럼프 대통령은 지금까지 감세와 규제 완화 등 미국의 경제 활동 활성화를 우선시하는 자세를 명확히 취해왔다. 때문에 이런 조치들이 정말로 트럼프

° 칼레다 라만KKhaleda Rahman, '미 항모의 신종 코로나 집단 감염으로, 중국, 이란에 대한 억제력에 구멍', 〈뉴스위크 일본판〉, 2020. 3. 30, https://www.newsweekjapan.jp/stories/world/2020/ 03/ post-92923_1.php

대통령의 실적인지 아닌지를 떠나 팬데믹이 발생하기 전까지 오랫동안 이어진 미국의 경제 성장은 트럼프 대통령의 지지율과 재선에 있어 매우 중요한 요인이었다. 그러나 중국을 기점으로 시작된 코로나19 대유행이 미국을 휩쓸면서 미국의 경제 상황은 단번에 변했고, 이러한 경제 상황은 트럼프 대통령에게 역풍이 되어 버렸다.

두 번째 요인은 자업자득이기도 하지만 트럼프 대통령은 당초, 코로나19의 대유행을 낙관하는 듯한 태도를 계속 취한 탓에 감염 확산을 적기에 막지 못했다. 게다가 경제 활동 재개를 중시하는 입장을 계속 고수한 탓에 2020년 5월부터 6월 사이 경제가 잠시 회복세를 보였으나, 결과적으로 독이 되어, 감염의 재확산을 초래하고 말았다. 또한 5월 25일에 일어난 조지 플로이드 사건*으로 인종차별 철폐 운동이 미국 전체로 확산된 것도 트럼프 대통령에게는 불리하게 작용했다. 이러한 요인들이 겹쳐 중국과 1단계 무역합의가 이루어진 전후에는 50% 전후로 상승했던 트럼프 대통령의 지지율은 다시 40%까지 하락하고 말았다([도표 2-4]).

그 결과 11월의 미국 대통령 선거에서 민주당 대선 후보인 바이든과 트럼프 대통령 중 누구에게 투표할 것인지를 질문한 〈이코노미스트The Economist〉와 유고브YouGov Poll의 여론조사 결과를 보아도, 6월부

• 2020년 5월 25일 미국 미네소타주 미니애폴리스에서 경찰의 과잉 진압으로 비무장 상태이던 흑인 남성 조지 플로이드가 사망한 사건. 이 사건으로 미니애폴리스는 물론 미국 전역에서 인종차별에 항의하는 시위가 확산됐다.

터 한층 더 두 사람의 지지율 차가 벌어지기 시작해 8월 중순에는 바이든 지지율이 트럼프 지지율을 10% 정도 웃돌고 있다([도표 2-5]).

세 번째 요인으로 팬데믹 발생으로 인해 오프라인에서의 선거운동이 곤란해진 상황에서, 민주당의 좌파 진영인 버니 샌더스 상원의원이 대선 후보 경선에서 사퇴하고, 조 바이든으로 민주당 대선 후보 단일화를 이뤄낸 것도 트럼프 대통령에게는 불리하게 작용하고 있다.

바이든은 잘 알려진 것처럼 민주당 안에서도 중도 성향으로, 흑인들에게 강력한 지지를 받고 있다는 점 외에는, 지지층이 백인 중장년층 중심으로 트럼프 대통령과 비교적 겹친다. 2019년에 민주당 대선 후보 경선이 실질적으로 시작되기 전부터 트럼프는 바이든 전 부통령을 여러 부분에서 집요하게 공격했었는데 2020년 대통령 선거를 의식한 것이라는 사실은 쉽게 추론할 수 있었다.

그뿐만 아니라 바이든 전 부통령이 민주당 대선 후보를 결정하는 예비선거에서 상승세를 잃고 샌더스 상원의원이나 엘리자베스 워런 상원의원과 같은 좌파 후보가 대두된다면, 트럼프는 자신과 민주당 후보와의 포지션 차이가 명확해져 무당파층과 민주당의 중도 성향 지지층을 조금이라도 끌어올 수 있는 가능성도 바라볼 수 있었을 것이다. 트럼프가 2020년 2월 일반교서연설 중에 사회주의를 강하게 비판했던 것도 좌파의 대두 현상을 어느 정도 예상하고 있었기 때문으로 분석된다.

그러나 민주당 후보가 바이든으로 단일화되면서 민주당의 정책

● 도표 2-5 **버니 샌더스 후보 사퇴 이후 바이든과 트럼프 지지율 추이**

트럼프와 바이든 중 누구에게 투표할 것인가

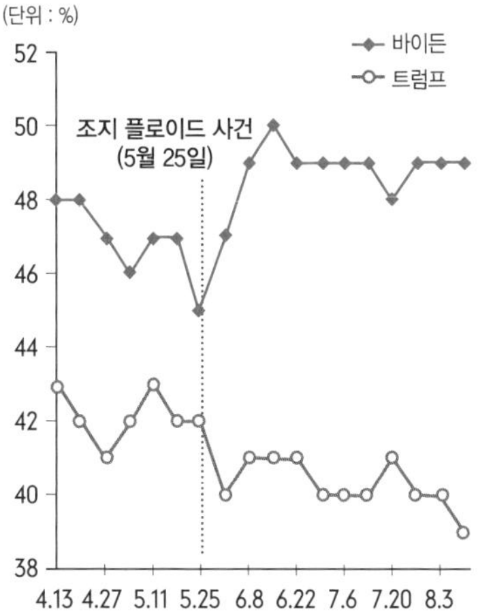

		바이든	트럼프
전체 평균		48.1	41.0
연령별	18~29세	51.2	28.2
	30~44세	51.9	33.8
	45~64세	47.2	44.4
	65세 이상	44.2	51.2
인종별	백인	41.9	48.8
	흑인	78.2	9.1
	히스패닉	53.7	30.3
	그외	50.6	30.0

4월 중순 이후 지지율 평균치 (단위 : %)

주 : 우측 표는 4월12~14일 실시한 18차례 조사의 단순평균치.
출처 : 〈이코노미스트〉와 유고브 여론조사 결과 데이터를 바탕으로 노무라종합연구소 작성.

기조는 바이든과 샌더스를 중심으로 한 태스크포스 체제에서 작성
되었다. 또 워렌이 바이든과 자주 만나 정책에 대해 협의하는* 등 정
책과 사상의 차이를 넘어서 표면적으로는 반反 트럼프로 일치한 움직
임을 보여주게 되었다.

* Weissert, Will, 'Elizabeth Warren's new role: Key Joe Biden policy adviser', AP News, 2020. 6. 22,
  https://apnews.com/ef689a89b4ce8361001b3cb55faa6f2b

하지만 민주당이 정말로 굳건히 단결을 이뤄냈을지에 대해서는 커다란 물음표가 남는다. 이 점을 확인하기 위해서 [도표 2-5]의 우측을 살펴보자. 이 도표는 샌더스가 대선 후보 경선에서 사퇴한 직후인 4월 12일 이후부터 8월 중순까지의 바이든, 트럼프 양측의 지지율 평균을 연령별, 인종별로 나타낸 것이다. 트럼프는 중장년층과 백인층에 지지율이 편향되어 있다. 반면 바이든은 연령층의 편향은 그리 없고, 인종별로 보아도 흑인층을 중심으로 폭넓은 지지를 받고 있는 것을 알 수 있다.

오히려 트럼프와 비교했을 때 바이든의 지지율은 청년층이 중장년층보다도 꽤 높다. 이것만 보아도 바이든에 대한 지지는 굉장히 견고해 보인다. 〈이코노미스트〉와 유고브의 앞의 여론조사에서는 4월 12일부터 6월 9일에 걸쳐 민주당 지지자를 대상으로 바이든과 샌더스 중 누가 민주당 대선 후보가 되었으면 하는지에 대한 조사를 8차례 실시하였다. [도표 2-6]은 그 결과를 단순평균 계산한 수치이다. 이 조사의 결과를 살펴보면, 전체 숫자로서는 바이든을 선택한 응답자 수가 샌더스를 선택한 응답자 수보다 20% 이상 높다. 그러나 연령별로 살펴보면, 바이든을 선택한 사람의 비율은 연령층이 높아질수록 많아서 65세 이상에서는 80% 가까이 지지했다. 그에 비해 샌더스는 연령층이 낮을수록 지지율이 높아서 18~29세 사이에서 60%를 넘겼다.

더욱이 바이든 전 부통령과 트럼프 대통령을 비교하여 바이든을

● 도표 2-6 **미국 민주당 대선 후보에 대한 지지율 및 이유**

(민주당 지지자를 대상으로) 바이든과 샌더스 중 누가 민주당 후보가 되었으면 하는가

	전체 평균	연령별			
		18~29세	30~44세	45~64세	65세 이상
바이든	58.4	31.1	45.8	67.8	78.8
샌더스	35.3	62.3	46.3	26.5	15.4

**(바이든에게 투표한다고 응답한 사람 대상) 바이든을 적극적으로 지지하고 있기 때문인지,
아니면 트럼프를 저지하기 위해서인지**

	전체 평균	연령별			
		18~29세	30~44세	45~64세	65세 이상
바이든 지지	38.6	25.6	35.4	43.5	44.3
트럼프 반대	59.3	71.6	61.3	55.3	53.8

주 : 〈이코노미스트〉와 유고브가 6월 21일부터 8월 11일에 걸쳐 8차례 실시한 여론조사 결과의 단순평균치.
출처 : 〈이코노미스트〉와 유고브 여론조사 결과 데이터를 기반으로 노무라종합연구소 작성.

지지한다고 대답한 사람에게 그 이유를 묻자, 바이든 전 부통령을 적극적으로 지지하기 때문이라기보다 '트럼프에 반대하기 위해 바이든에게 투표하겠다'고 응답한 사람의 비율이 8월 중순 시점에서는 60% 가까이에 달했다. 그중에서도 원래는 샌더스 등 좌파를 지지하는 비율이 높은 18~29세의 청년층에서 '트럼프 대통령을 반대하기 위해 바이든에게 투표하겠다'고 답한 비율은 70%이상이었다.

이런 결과를 종합해보면 바이든에 대한 지지, 특히 원래는 샌더스를 지지했던 청년층의 바이든에 대한 지지는 실제로는 트럼프에 대한 반대표로서의 의미가 강하며 적극적인 지지가 많다는 점을 간파할 수 있다.

이는 바이든 후보와 민주당이 타도 트럼프를 목표로 11월 3일 대통령선거일까지 계속 달려가는 동안은, 하나로 똘똘 뭉쳐 돌진할 수 있다는 뜻이다. 그러나 11월의 대통령 선거에서 바이든이 당선될 경우에는 그 직후부터 트럼프라는 공동의 적을 잃은 바이든과 민주당 좌파 사이에서 즉시 서로의 견해 차가 부각되어 지도층이 극도로 곤란해지는 사태가 일어날 수도 있다. 대통령선거가 끝나고 당분간은 당선 축하 분위기로 인해 큰 혼란을 일어나지 않겠지만, 바이든이 각 부처나 백악관 내의 주요 인사를 결정하는 단계가 되면 이러한 문제가 표면화될 가능성이 높을 것으로 예상된다.*

---

* 11월 11일 기준, 각종 미디어에서는 바이든의 당선이 확실하다는 보도가 나오고 있다. 하지만 트럼프가 법정 소송에 대한 의지를 보이고 있어 향후 상황이 어떻게 전개될지 예측하는 데에는 주의가 필요하다. 바이든의 당선이 최종 확정되었을 경우에도 연방의회 상하 양원의 다수 의석을 누가 차지하는가 하는 점이 매우 중요하다. 이번 선거로 다시 한번 확인했던 것처럼 공화당과 민주당 양당 간의 견해 차이는 매우 크다. 때문에 만일 민주당이 하원의 다수를 확보해도, 공화당이 상원의 다수를 유지한다면 예산이나 법안 성립을 위해 넘어야 할 장벽이 높아질 뿐만 아니라 정권 내 주요 인사의 임명이 어려워질 수도 있다. 때문에 바이든 정권이 출범한다고 해도 그 운영이 생각하는 것처럼 진행되지 않을 것이라는 점도 상정해두어야 한다.

02

미국은 중국과
화해할 생각이 없다

지금부터는 향후 트럼프 대통령이 어떤 요인을 통해 지지율을 회복하여 재선에 성공할 가능성까지 포함시켜 바이든과 트럼프 두 사람의 정책 방향성의 차이에 대해 검토하고자 한다.

우선 경제정책이나 정부의 방향성에 있어 이미 주지하듯 두 사람 중 누가 당선되느냐에 따라 그 방향성이 상당히 달라질 것이다.

트럼프는 지난 4년간만 봐도 알 수 있듯이 기업 활동과 시장경제를 우선시하기 때문에 법인세와 소득세 등에 대한 감세를 우선으로 하며 여러 규제에 대해서도 기업 활동에 방해가 되지 않도록 규제 완화를 시행하고 있다.

하지만 바이든 정권이 출범할 경우 트럼프 정권이 추진했던 여러 감세정책을 폐지하고 의료제도나 그린뉴딜이라고 불리는 인프라 투자 등에 자금이 투입되어 큰 정부를 지향하는 모습이 명확해질 것이다. 트럼프 정권도 재정적자 확대에 대해 크게 신경쓰지 않고 있기 때문에 실제로는 비슷한 부분이 존재하지만, 정부 역할의 크기나 기회의 평등, 환경 면을 비롯한 규제 강화의 중요성이라는 점에서는 바이든이 보다 명확한 편이다.

때문에 바이든 정권에서는 트럼프 정권과의 차이점을 전면에 내세우는 것뿐만 아니라 스스로가 오바마 정권 부통령 시절에 남겨둔 정치적 유산을 되찾기 위해서라도 파리기후변화협약*의 재가입 등 환경정책 강화나 이민정책 재검토, 학자금 대출 경감을 포함한 교육개혁 같은 정책을 시행할 가능성이 높다. 이란과의 핵 합의에 있어서도 조기복귀를 목표로 하게 될 것이다.

이 때문에 바이든 정권이 출범했을 경우 미국에서 사업을 전개하는 많은 기업들은 앞으로 정책이라는 진자의 큰 흔들림에 대응해 나가야만 할 것이다. 하지만 이러한 진자의 흔들림의 배경에도 [도표 2-4]에서 확인할 수 있듯이 미국 내에서 오랜 기간 동안 이어진 정치사상의 양극화가 있다. 때문에 이 흐름을 수습하는 방향으로 나아가

---

* 2020년 만료 예정인 교토의정서를 대체하여 2021년 1월부터 적용될 기후변화 대응을 담은 기후변화 협약이다. 제 21차 유엔기후변화협약UNFCCC 당사국 총회에서 채택하였다. 지구 평균 기온이 산업화 이전보다 1.5도 이상 상승하지 않도록 국제사회가 합의한 것으로, 선진국에만 온실가스 감축 의무를 부여했던 교토의정서와 달리 195개 당사국 모두에게 적용되는 기후합의이다. 트럼프는 2017년 이 협약에의 탈퇴를 거론한 뒤 2019년 공식 탈퇴한 바 있다.

지 않는 이상 이번이 마지막이 아니라 앞으로 몇 번이라도 반복될 가능성이 있다는 점을 염두에 두어야 할 것이다. 실제로 2017년 1월에 트럼프 정권이 출범하자, 대통령 취임 당일 미국이 환태평양경제동반자협정TPP, Trans-Pacific Strategic Economic Partnership에서 영구적으로 탈퇴한다는 내용의 대통령령에 서명하며 오바마 정권의 성과를 완전히 지워버린 '실적'이 있다.

큰 변화가 없을 중국 관련 정책

한편 중국 관련 정책과 무역정책에 있어서 그 방법에는 확실히 차이가 있지만 두 정권의 방향성은 실제로 그렇게 큰 차이를 보이지 않을 듯하다.

이 중 대중 정책에 관해서는 앞서 언급된 조사결과에도 볼 수 있듯이 중국에 대한 적대감이 워싱턴(연방의회)뿐만 아니라 미국 국민에게도 스며들어 있기 때문에 어느 정권이 출범한다 하더라도 중국에 대해 융화적인 자세를 취할 여지는 적다. 예를 들면 중국을 견제하는 의미로 타이완과 미국 사이에서 고위급 관료들의 교류를 촉진하는 법률을 제정하거나 타이완에 무기 판매를 추진하는 부분은 민주당과 공화당 모두가 초당파적으로 추진해온 정책이며, 2021년에 출범하는 정권이 그 흐름에서 크게 벗어나는 정책을 펼친다는 것은 예상하기 매우 어렵다.

또한 무역정책에 있어서도 트럼프 정권은 무역불균형 해소하기 위해서라고 칭하며 보호무역주의를 부정하지 않았지만, 바이든 후보도 정부 조달에 대해서는 미국산 제품을 우선으로 하는 '바이아메리칸Buy American'정책을 내세우고 있으며, 이 점에서도 근본적인 자세는 동일하다. 특히 민주당 좌파는 TPP 등의 무역협정에 대해서는 강한 반대의견을 보이고 있다. 이 외에도 지적재산권을 둘러싼 문제 등에 대해서는 초당파적으로 인식이 일치하고 있기 때문에 민주당 정권에서도 시정을 요구하는 목소리가 계속 높아질 것이다.

과거의 경제블록으로 나뉘는 분단 리스크

한편 트럼프 정권은 상대적으로 경제나 무역불균형 해소를 중시했기 때문에 중국뿐만 아니라 EU 등에서도 무역마찰을 야기해 국제적으로 고립되기 쉬운 상태였다. 그러나 바이든은 반 트럼프 입장을 명확히 하고 싶어 하는 경향을 분명히 보이고 있다. 이는 과거의 동맹관계를 복원하고 강화시키는 방향으로 작용하기 쉬우며, 실제로 바이든은 지금까지의 연설 등에서 이러한 점을 강조하고 있다.

이는 언뜻 보기에는 외교정책에 관한 접근법에 있어 커다란 방향성의 차이로도 보여질 수 있지만, 적어도 앞으로는 이러한 양자 간의 차이는 점차 없어질 것으로 예상된다. 실제로 트럼프 정권은 최근 백악관에서 공표한 글에서 중국에 대한 대책으로 국제적인 협력관계를 강화하고자 하는 뜻을 내비치는 표현을 사용하였다.*

이는 미국과 중국의 대립이 심화되는 가운데 미국이 중국을 제압하기 위해 가치관을 함께하는 스스로의 '파트너 만들기'를 서두르기 시작했기 때문이라고도 파악할 수 있다. 예를 들어 〈니혼게이자이신문〉의 보도에 따르면 미국은 독자적인 데이터 규제를 가지고 있는 중국을 배제하기 위해 아시아태평양경제협력체APEC, Asia-Pacific Economic Cooperation의 개인 데이터법에 관해 APEC 가맹국에게 재검토를 제안했다고 한다.** 이 외에도 미국 재무부는 미국 증시에 상장된 중국 기업에 대한 감사에 있어 조사 강화를 제언하는 등 금융 면에서도 중국에 대해 엄격한 입장을 나날이 강화하고 있다. 이러한 방향성은 연방의회에서도 초당파적으로 의견이 일치하고 있기 때문에 민주당 정권이 출범할 경우에도 크게 바뀌지 않을 것이다.

그렇게 된다면 앞으로 미국과 중국의 대립이 더욱 격화되었을 경우 양국을 중심으로 적어도 2개의 경제블록이 형성되어, 세계 경제가 어떤 측면에서는 분단될 위험성이 있다. 이 리스크를 지리적으로

* 예를 들면 The White House, 'United States Strategic Approach to the People's Republic of China', 2020. 5. 20, https://www.whitehouse.gov/wp-content/uploads/2020/05/U.S.-Strategic-Approach-to-The-Peoples-Republic-of-China-Report-5.20.20.pdf
** '미국, 데이터 유통에서 중국 제외를 노린다 - APEC 데이터 규칙 재검토 제안', 〈니혼게이자이신문〉 전자판, 2020. 8. 21, https://www.nikkei.com/articleDGXMZO62874180Q0A820C2MM8000/

반영한다면 경계선의 한 가운데가 아시아이고 일본을 포함한 아시아 정부와 기업은 이러한 리스크를 고려하여 외교관계와 경영 자원의 배치를 검토해나갈 필요가 있다. 또한 이러한 분단 리스크의 존재는 1980년 이후 가속화된 글로벌화 속에서 정밀하게 만들어진 복잡하고 고도화된 공급사슬의 재편성을 재촉하는 압력이 될 수도 있을 것이다.

안전보장, 인권 문제까지 복잡해진 미중 마찰

이처럼 대중 무역 또는 안전보장 면에 있어서 민주당과 공화당 양당의 전체적인 방향은 같을지라도, 중점을 두는 방식은 양당 사이에서 몇 가지 바뀔 가능성이 있다.

예를 들면 트럼프 정권은 중국 등과의 무역교섭을 이끄는 수단으로서 관세율 인상 정책을 많이 펼쳐왔다. 이에 대해 바이든은 민주당 정책강령에서도 나와 있는 것처럼 관세정책의 활용은 그의 반 트럼프 입장을 고려할 때 곧바로 시행하지는 않을 것이다. 물론 그렇다고 해서 트럼프 정권이 계속 올려왔던 관세를 무조건 내린다는 것은 생각할 수 없고, 민주당 정권은 그 유산을 결과적으로 활용하게 될 것으로 예상된다.

한편 무역불균형에 대해 민주당 정권이 무언가 움직임을 취한다면 트럼프 정권 이상으로 환율정책 쪽에 중점을 둘 것으로 예상된다. 실제로 민주당의 워렌 상원의원은 대통령 후보 자리를 두고 경쟁할 때 미국이 커다란 무역적자를 떠안은 첫 번째 요인은 미국의 달러화 가치가 동급 통화에 비해 떨어지기 때문이라고 주장했다.[*]

그뿐 아니라 민주당 정권의 경우 홍콩과 위구르 등에서 일어나고 있는 인권 문제 등을 지렛대로 삼아 중국과 대립하는 입장을 강화해 나갈 가능성이 있다. 이 흐름은 최근의 트럼프 정권에서도 나타나고 있으며, 민주당 안에서도 좌파들의 인권 문제에 대한 우려가 매우 크기 때문에 바이든 정권의 경우 인권 문제에 대해 보다 강경하게 중국과 대치할 가능성이 높다. 실제로 [도표 2-3] 우측의 데이터를 보면 사안별·지지 정당별로 본 미국인의 중국에 대한 견해를 보면 코로나19 문제나 경제적인 문제에 관해서는 공화당 지지자의 강경 입장이 민주당 지지자보다 압도적으로 강하지만 인권 문제 부분에서는 근소한 차이기는 하지만 민주당 지지자들이 보다 강경한 입장을 드러내고 있다.

이렇게 보면 지금까지의 미국과 중국의 대립은 트럼프 대통령의 지론과 개성에 영향을 받아 무역 면에 집중되는 형태로 이어져왔으나, 앞으로는 안전보장뿐 아니라 인권 문제와 같은 가치관으로 대립

* Warren, Elizabeth, 'A Plan For Economic Patriotism', 2019. 6. 4. and 'Trade—On Our Terms', 2019. 6. 30, https://medium.com/@teamwarren/a-plan-for-economic-patriotism-13b879f4cfc7, https://medium.com/@teamwarren/trade-on-our-terms-ad861879feca

2장 | 미국 대선 이후 미중 마찰의 향방

점이 확대될 가능성이 매우 높다. 이런 의미에서 향후 미국과 중국의 대립은 보다 복잡해질 것이며, 해결, 타협점을 찾는 것이 한층 더 어려워질 위험성이 높아지고 있는 것으로 판단된다.

그럼에도 굳이 바이든 정권이 중국과 어떤 형태로 공통점을 찾아내기 위해 움직이기 시작한다면 그 실마리는 지구적 환경정책이 될 것이라고 예상된다. 특히 민주당 좌파 진영은 지구 환경 문제에 대한 관심이 매우 높으며, 중국도 내정 문제로 인해 자국의 환경 문제 개선에 대해 관심이 높다. 만일 이 문제가 접점이 되어 양국이 협력 단계로 발을 내딛게 된다면 미중 대립은 진정 국면으로 접어들 가능성도 어느 정도는 존재한다.

그러나 지금까지 미중 관계가 악화된 과정과 이 대립 관계가 안전보장과 여러 가치관의 차이와 같은 복잡한 부분으로 확대된 이상, 환경 문제만으로 양국 관계가 근본적으로 개선되는 것을 기대하기는 어렵다. 또한 미국도 이렇게까지 중국에 대한 감정이 나빠진 이상 환경정책만으로 중국에 대한 신뢰감을 회복시키는 것은 매우 어려우며, 꼬여버린 감정들이 그리 쉽게는 풀리지 않을 것이다.

3장

대전환이 요구되는
한국 경제의 미래

01

한국 경제의 위기는
아직 시작되지 않았다

    지금까지 세계 경제와 미중 관계의 미래에 대하여 전망해보았다. 이를 바탕으로 한국 경제의 미래에 대하여 검토하고자 한다.

    앞서 언급한 바와 같이 한국에서는 코로나19로 인한 팬데믹이 발생한 2020년 1분기부터 2분기 연속으로 마이너스 성장을 기록했으며, 2020년 상반기 6개월간 실질GDP가 4.6% 감소하였다. 2분기 연속으로 GDP가 감소한 것은 이른바 신용카드 대란이 발생한 2003년 상반기 이래 17년 만의 현상으로, 이번 코로나 충격이 한국 경제에 얼마나 큰 영향을 미쳤는지 알 수 있다. 그러나 2020년 상반기 한국의 GDP 감소폭을 다른 국가들과 비교해보면, 중국의 0.4% 증가*, 타이완의 2.4% 감소만큼 작은 수준은 아니지만, 미국(-10.6%), 이탈리아

3장 | 대전환이 요구되는 한국 경제의 미래

103

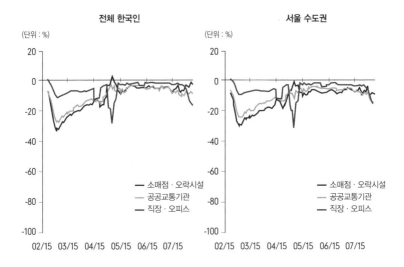

● 도표 3-1 **팬데믹 시기 한국인의 활동 상황**

전체 한국인

(단위 : %)

서울 수도권

(단위 : %)

소매점 · 오락시설
공공교통기관
직장 · 오피스

소매점 · 오락시설
공공교통기관
직장 · 오피스

02/15 03/15 04/15 05/15 06/15 07/15   02/15 03/15 04/15 05/15 06/15 07/15

주 : 2020년 1월 3일~2월 6일을 중앙값, 7일간 이동평균으로 데이터는 8월 7일까지이다.
출처 : 구글 모빌리티 리포트 데이터를 바탕으로 노무라종합연구소 작성.

(-17.1%), 프랑스(-18.9%), 영국(-22.1%), 스페인(-22.7%) 등에 비해서는 상당히 경미한 수준이다.

이런 결과가 나온 가장 큰 요인 중 하나는 2020년 2월부터 3월에 걸쳐 신규 감염자가 급증했을 때 한국이 미국이나 EU 각국에 비해 감염 확산을 빨리 억제할 수 있었기 때문이며, 그 차이는 앞서 설명했던 구글 모빌리티 리포트에서도 파악할 수 있는 사람들의 활동 상

● 중국 국가통계국이 조사한 중국의 2020년 1분기의 전기 대비 성장률은 -10.0%, 2분기는 +11.5%였다.

황에 따른 것임을 확인할 수 있다.

[도표 3-1]의 왼쪽 그래프는 구글 모빌리티 리포트를 통해 본 팬데믹 기간 중 전체 한국인들의 이동성을 나타내고, 오른쪽 그래프는 같은 기간 서울 및 수도권에서의 이동성을 나타내고 있다. 이 그래프들과 앞서는 [도표 1-11]의 스페인, 미국인들의 움직임을 비교해보면 그 차이는 매우 일목요연하게 드러난다. 한국인들의 활동량 감소폭은 미국, 스페인, 일본, 호주에 비해 압도적으로 작다. 게다가 감염 확산이 진정된 5월에는 소매점이나 유흥시설의 방문횟수도 상당한 수준까지 회복되었다. 그 후에도 8월 초까지는 감염이 다시 확산되어도 정부가 조기에 대응한 덕에 감염이 폭발적으로 늘어나는 사태까지는 가지 않았다.

다만 한국에서도 8월 15일을 기점으로 서울 중심의 신규 확진자가 대규모로 발생하는 등 감염을 완전히 억제한 상황은 아니다. 때문에 한국의 국내 경제 활동이 앞으로 안정적인 상황으로 나아가기 위해서는 한국 정부의 능동적이고 효과적인 감염 확산 방지책이 반드시 필요한 상황이다.

디스인플레이션을 경계하라

이처럼 한국 경제가 코로나19로 인해 입은 타격은 국제적으로 보

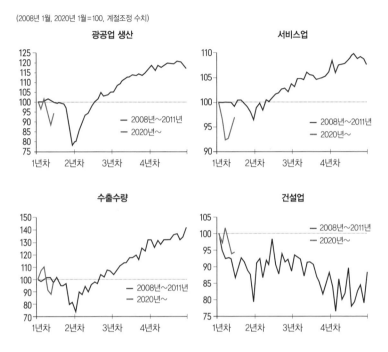

● 도표 3-2-1 팬데믹 시기 한국의 경제 활동 추이

(2008년 1월, 2020년 1월=100, 계절조정 수치)

광공업 생산

— 2008년~2011년
— 2020년~

서비스업

— 2008년~2011년
— 2020년~

수출수량

— 2008년~2011년
— 2020년~

건설업

— 2008년~2011년
— 2020년~

출처 : Bureau of Economic Analysis, US, 'Personal Income and Outlays'의 데이터를 토대로
노무라종합연구소 작성.

면 비교적 적다. 이제 팬데믹 발생 이후 약 반 년 동안 실제 한국의 국
내 경제 활동의 변화 상황을 살펴보자. [도표 3-2-1]은 [도표 1-3]과
마찬가지로 2008년 1월과 2020년 1월을 기준으로 불황기의 변화를
비교하고 있다. 이 도표에서는 소비 등 수요 측면의 변화가 아닌 광
공업 생산과 서비스업, 건설업 등의 산업 활동 변화를 비교하고 있다.

(2008년 1월, 2020년 1월=100, 계절조정 수치)

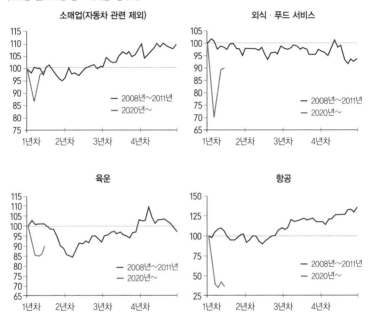

출처 : Bureau of Economic Analysis, US, 'Personal Income and Outlays'의 데이터를 토대로
　　　노무라종합연구소 작성.

그중 광공업 생산과 건설업의 2020년 6월까지의 산업 활동 변화
를 2008년부터의 상황과 비교해보면, 지금까지는 리먼쇼크 당시만큼
은 하락하지 않았다는 것을 알 수 있다. 특히 제조업은 수출수량의
낙폭이 가장 컸던 시기라 해도 12% 이상 높았으며, 리먼사태 당시의
최대 하락폭의 절반 수준에 그치고 있다.

● 도표 3-2-3 **팬데믹 시기 한국의 경제 활동 추이(업종별)**

(2008년 1월, 2020년 1월＝100, 계절조정 수치)

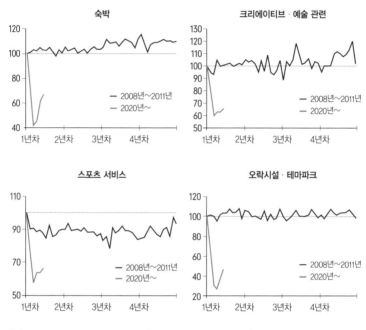

출처 : Bureau of Economic Analysis, US, 'Personal Income and Outlays'의 데이터를 토대로
　　　노무라종합연구소 작성.

　　반면 서비스업 활동은 2008년 이후 상황과 비교해도 확실히 큰 하락세를 보이고 있다. 그 원인은 앞에서 살펴본 미국의 소비 행동에서 유추된 사실과 거의 같으며 코로나19 대유행에서 벗어나기 위해 한국인의 행동이 억제된 것이다. 그럼에도 다른 산업 분야와 마찬가지로 2020년 전반의 한국 서비스업의 하락폭은 최대 10% 미만이다.

이는 [도표 1-3]의 미국의 서비스 소비 최대 감소폭이 20%정도인 것과 비교하면 훨씬 적은 수준이다.

또한 [도표 3-2-2]의 서비스업의 내역을 조금 더 자세히 살펴보면, 자동차 판매를 제외한 소매업 활동 상황은, 2020년 6월 시점에서 봤을 때 상당한 정도까지 회복한 반면, 항공과 숙박, 문화, 엔터테인먼트 관련 분야는 활동 수준이 감소세를 보인 채 회복하지 못하고 있어, 업종별로 상당한 차이가 있는 것을 알 수 있다.

그러나 통상적인 경기 사이클에서 서비스업은 경기의 진폭에 그다지 영향을 받지 않는 반면, 제조업은 설비투자 등에 있어서 경기의 진폭에 비교적 크게 반응하거나 재고 조정 등 경기의 파도를 만드는 요인으로 작용하는 경우가 많다. 그런 의미에서 서비스업 또는 비제조업은 보통 경제의 안전판 역할을 하게 마련이다. 때문에 이처럼 서비스업 활동에서 큰 변화가 발생하면 그 영향은 고용과 임금 등에 작용하여 장기간에 걸쳐 광범위하게 확대될 수 있다.

특히 2010년대 한국 경제는 제조업 생산 활동이 상당히 둔화된 반면, 서비스업을 중심으로 하는 비제조업은 완만하게 성장을 이어온 구조였다. 때문에 한국에서는 제조업뿐만 아니라 비제조업에서도 특히 진입장벽이 낮은 업종에서 공급 과잉, 과다 경쟁이 일상화되었으며, 새로운 산업이나 업종이 창출되더라도 다른 플레이어가 바로 나타나 조기에 레드오션화되기 쉬운 환경이라고 볼 수 있다.

결국은 코로나19로부터 오는 경제적인 영향이 상대적으로 경미

할지라도 이러한 감염 만연기 상태가 비교적 길어진다면 물가나 임금 상승 압력이 더욱 더 약화되는 상태, 즉 디스인플레이션 상태로 빠지기 쉽다.

지정학적 요인에 휘둘리는 수출 회복

마찬가지로 세계적으로 코로나19의 감염 만연기가 길게 이어져 세계 경제의 회복 속도가 완만한 상태로 계속된다면, 수출 부진으로 인해 한국 경제의 만성적인 수요 부족(공급 과잉) 상태가 필요 이상으로 길어질 위험성이 높아질 것이다.

이러한 점을 염두에 두고 다시 각국 사람들의 활동 상황을 나타낸 [도표 1-11]을 살펴보면, 2020년 6월부터 7월에 걸쳐, 일단은 사람들의 활동이 회복되고 있기 때문에 [도표 1-6]에서 볼 수 있듯이 세계적인 무역량의 급감은 2020년 여름에 일단 멈추고 2020년 하반기에 걸쳐 어느 정도는 회복세를 보일 것이라고 예측된다. 또한 팬데믹의 영향으로 세계적으로 재택근무, 원격근무로의 전환이 진행되고 있는 상황을 고려했을 때 차세대 통신 규격에 맞춘 디바이스 갱신 수요도 예상된다. 이럴 경우 한국의 주력 수출 분야인 반도체 수출의 회복이 비교적 빠를 수도 있다.

한편 반도체 관련 분야는 스마트폰이나 데이터 규격 등을 포함해 미중 대립의 향방에 따라 크게 좌우되는 부분이 많다. 이 때문에 반도체를 비롯한 한국의 수출 회복 정도는 미국과 중국 공산당의 안전보장·외교 면에서의 판단에 더해 한국 정부와 각각의 한국 기업들의 판단에 따라 크게 좌우될 것이다.

이렇게 보면 한국에 국한되지 않고 일본을 포함한 아시아 지역 전체의 수출 동향은 2020년 후반 이후의 세계 경제 상황, 나아가서는 인류가 이번 코로나19의 감염 만연기에서 언제, 어떻게 빠져 나올 것인가에 따라서도 크게 좌우되지만, 이와 비슷한 수준으로 혹은 그 이상으로 미국과 중국의 대립관계에서 발생되는 지정학적인 요인에 크게 휘둘리는 상황을 각오해야만 할 것이다.

한국에 대두된 선결 과제

또한 2010년대 한국의 제조업은 국내 수요의 증가세 둔화와 수출 침체로 인해 출하가 그 이전과 비교해 부진했으며, 생산 활동의 조정을 적극적으로 하지 않아 재고가 계속 쌓여가고 있다([도표 3-3]). 이는 제조업의 설비투자 침체로 이어지는 악순환을 초래했다. 한국이 이 악순환에서 벗어나기 위해서는 한국 제조업이 적극적으로 불필요한 설비나 재고를 처리하여 설비가동률을 구조적으로 높이거나, 수출로 대표되는 수요 회복이 장기간에 걸쳐 이루어지면서 재고조정이 진

● 도표 3-3 **한국 제조업의 출하와 재고 추이**

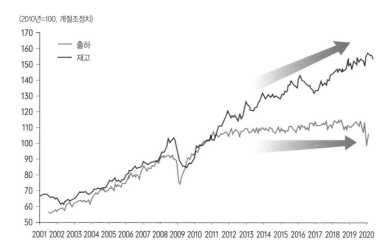

(2010년=100, 계절조정치)

출처 : 한국 통계청 데이터를 바탕으로 노무라종합연구소 작성.

행되고, 이에 따라 공급 능력이 초과된 상태가 해소될 때까지 끈질기게 기다리거나 하는 두 가지 방법뿐이다. 하지만 현재의 수출 상황을 고려하면 두 번째 선택지를 택할 수 있을 가능성은 그리 높지 않다.

그렇게 되면 앞서 설명한 디스인플레이션 상황과도 맞물려 한국의 많은 기업들은 어느 시점에서 고용인원 감축을 비롯한 구조조정으로 내몰리게 될 수도 있다. 만일 팬데믹의 여파가 아직 가시지 않아 서비스업을 비롯한 비제조업의 상태가 좋지 않은 상황일 때 그런 시기가 도래한다면 일자리는 더욱 한정되어 한국 사회에 큰 그림자를 드리우게 될 것이다.

그런 의미에서는 한국 정부가 지금까지 해온 것처럼 사회보장적인 배경에서 정부 스스로가 적극적으로 고용을 계속 늘리는 것도 나쁘지 않은 선택지이다. 하지만 이상적인 방법은 이런 고용정책과 더불어 민간 기업이 새로운 일자리를 만들어낼 수 있도록 지원하는 것이다. 즉 창업 지원이나 규제 완화, 세제 등의 측면에서 신산업 창출을 지원하여 민간 부문의 경제 활동 능력을 높이는 일을 보다 진지하고 끈질기게 계속해나가야 할 것이다.

한편 이번 팬데믹은 사람들의 의식과 기업의 비즈니스모델에 큰 변화를 불러오고 있다. 예를 들면 일하는 사람들은 원격근무 증가 등 근무 환경이 크게 변한 것뿐만 아니라 감염에 대한 경계심부터 출퇴근에 대한 부분까지 사고방식이 크게 바뀌고 있다. 기업도 감염 확산으로 인해 사람들의 소비 행동이 크게 변화하면 그에 맞춰 소비자에 대한 접근 방식을 크게 바꿀 필요가 있다.

이러한 변화는 팬데믹에 의한 행동의 제한이 불러일으키는 감각에서부터 생활 수준이 후퇴되었다는 인상을 자신도 모르게 가지기 쉽다. 하지만 실제로는 오히려 반대 상황으로, 예를 들면 현재 한국 사회가 안고 있는 저출산과 같은 문제들을 개선하기 위한 새로운 에너지원으로서 이 변화들을 받아들인다면, 경제에 무리가 가지 않을 정도의 근무·출퇴근 시간의 단축과 워크앤라이프 밸런스의 개선 형태로 한국이 보다 살기 좋은 경제 사회로 크게 비약할 계기가 될 수 있다는 뜻이다.

한국에 국한되지 않고 각국 및 지역의 정부 역시 이번 팬데믹 쇼크를 거대한 비극이나 재해로만 받아들일 것이 아니라, 이번 충격이 가져온 사람들과 기업의 변화를 긍정적인 사회 변화로 전환시키기 위한 창의적인 아이디어를 모을 필요가 있다.

02

최대의 버블 리스크,
부동산시장

한국 경제가 팬데믹 시기나 팬데믹이 종식 된 후 직면할 수 있는 가장 큰 리스크 중 하나는 부동산시장 문제일 것이다.

한국에서는 조만간 인구가 감소세로 돌아서 장기적으로는 주택 수요가 줄어들 것이 거의 확실해 보인다. 게다가 한국 경제는 앞서 설명한 바와 같이 2010년대에 들어서부터 제조업이라는 성장 엔진 중 하나의 가동이 둔화되었으며, 빈부 격차에 대한 사람들의 문제의식도 계속 높아지고 있다. 이러한 가운데 주택 가격은 수도인 서울을 중심으로 계속 상승하고 있으며, 2020년 8월 기준 오히려 그 흐름이 가속화되고 있다([도표 3-4]). 게다가 상승세를 보이는 지역도 수도권을 뛰어넘어 전국으로 확대되고 있다. 이러한 점이 한국 부동산시장의

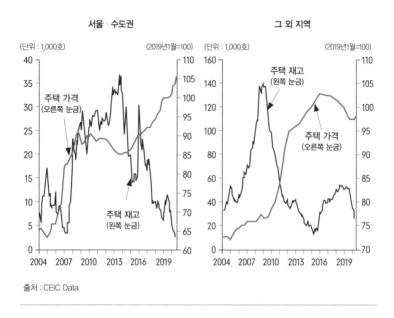

서울 · 수도권

그 외 지역

출처 : CEIC Data

구조적인 특수성과 더불어 사회의 불만을 한층 더 키우고 있다.

한국에서 주택 가격이 급상승하고 있는 직접적인 원인 중 하나는, 현재 기준 (투기적인 것도 포함해서) 수요량에 비해 주택 공급이 현저히 적은 데 있다. [도표 3-5]에서 볼 수 있는 것처럼 2017년 이후 서울 수도권의 주택 가격 상승은 주택 재고가 대폭 감소된 것이 반영되어 발생했다고 분석된다. 이와 같은 경향은 서울 및 수도권 이외 지역에서도 일어나기 시작했으며, 2019년 이후 주택 공급이 축소되어 주택 재고가 단번에 감소하자 이를 뒤쫓는 형태로 주택 가격이 조금이

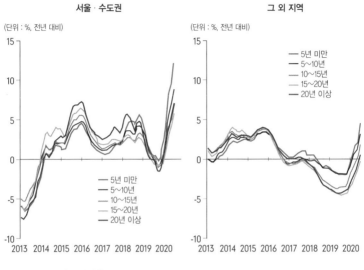

● 도표 3-5 **한국의 건축연한별 주택 가격지수 추이**

서울 · 수도권

(단위 : %, 전년 대비)

그 외 지역

(단위 : %, 전년 대비)

— 5년 미만
— 5~10년
— 10~15년
— 15~20년
— 20년 이상

출처 : CEIC Data, 한국 감정원

기는 하지만 상승세로 바뀌기 시작했다.

더욱이 이러한 주택 가격 변화를 주택의 건축연한별로 살펴보면
2010년대 중반까지와는 분명하게 다른 변화가 일어나고 있음을 파악
할 수 있다.

2010년대 중반까지는 한국의 주택 가격을 견인하는 주요 요인 중
하나는 재개발에 대한 기대감이었다. 오래된 주택이나 아파트를 재개
발하여 그에 따라 늘어난 면적을 신규 구매자에게 매각하면 재개발
이전부터 소유하고 있던 사람들은 개발에 따른 이익을 누릴 수 있었

다. [도표 3-5]에서 볼 수 있듯이 서울, 수도권뿐 아니라 그 외 지역에서도 2010년대 중반까지는 건축된 지 오래된 물건일수록 가격이 상승하기 쉬웠던 것은 이런 이유 때문이었다.

그러나 2010년대 후반부터는 아파트의 재개발이 크게 감소하면서 주택 수요가 신축이나 건축된 지 오래되지 않은 물건에 집중되어, 건축연한이 짧은 물건일수록 급격한 가격 상승을 보이고 있다. 이는 최근 몇 년간 한국의 주택 가격 상승을 견인하는 물건이 크게 바뀌었음을 나타낸다.

이러한 변화는 어떤 의미로는 자연스러운 것일 수도 있다. 주택의 가치와 가격을 투자가치가 아닌 이용가치로 파악해보면 신축 건물이나 건축된 지 오래되지 않은 물건일수록 남아 있는 이용가치가 높기 때문이다.

한편으로 오래된 주택일수록 가치가 있다는 것이 정당화되기 위해서는, 그 나라와 지역의 주택 재고가 수요에 비해 부족한 상태가 계속 이어져 재개발을 통해 재고를 늘리는 것이 전체 경제에 있어서도 합리적인 경우에 한정된다. 한국 국토교통부의 통계로 주택 재고의 충족 정도를 살펴보면, 주택수를 세대수로 나눈 값(2018년 주택공급비율)은, 한국 전체가 104.2%, 서울 및 수도권 이외 지역에서는 109.1%로 주택 재고가 많은 상태이며, (주택의 질을 무시한다면) 아파트 등의 재개발을 무리하게 진행시킬 필요성은 줄어든다.

그러나 같은 비율이라도 서울의 주택 공급비율은 95.9%, 서울 및 수도권으로 범위를 조금 넓혀보아도 99.0%이며, 특히 서울 시내에서는 과거에 비하면 상당히 충족되었다고는 하지만 여전히 주택 공급이 부족한 상태이다. 그럼에도 불구하고 특히 서울 시내에서 재개발과 신규 건물의 공급이 억제된다면 당연한 일이지만 신축 건물의 희소성이 높아져 본래 형성되어야 할 수준 이상으로 가격이 더 올라가버릴 것이다.

주택 가격을 안정시킬 대책은 있는가

이런 상황에서 한국 정부는 앞으로 주택 가격을 안정시키기 위해서 지역별 주택 재고의 충족 상황에 맞추어 공급정책을 유연하게 바꿀 필요가 있다. 그런 다음 향후에도 주택의 재개발을 어느 정도 억제시켜간다는 방침을 견지할 것이라면 주택의 유지 관리나 리모델링을 권장함으로써 주택의 이용가치와 주택 재고의 질을 유지하도록 장려해야 한다.

한국의 경우는 미국 등과 달리 주택 수리에 대한 의식이 부족하다. 이러한 조건에서 신축이나 건축년수가 짧은 주택을 구입하여 종래의 관습대로 계속 보유한다면 파손된 부분은 그대로 방치된 상태가 이어져, 남은 이용가치는 자연스럽게 계속 줄어들 것이다. 사실 최근 몇 년 전까지는 이러한 가격 하락 요인을 재개발에 대한 기대감에서 비롯된 가격 상승 요인이 상쇄하여 이 자연스럽고 당연한 문제가 표면화되지 않았다.

그러나 최근 몇 년간의 신축에 편중된 가격 상승 경향이 한국의 주택시장에서 고정화된다면, 재개발 기대로 인한 가격 상승 요인이 거의 없어질 것이며, 건물의 건축년수가 경과하면 경과할수록 이 이치대로 가격 하락 요인이 보다 전면으로 대두될 수밖에 없다. 이는 주택의 소유와 그 가격 상승 부분을 연금을 대신할 정도로 중요한 자산으로 여겨온 한국의 가계에게는 매우 힘든 변화이며 빈부의 격차를 논할 상황도 아니다. 그렇기 때문에 기존 건물의 이용가치를 높이는 노력을 정부가 국민에게 촉구할 필요가 있는 것이다.

저금리 환경의 정착이 조장하는 버블

주택 가격이 상승 경향을 보이는 또 하나의 요인은 저금리 환경이 고착화되었기 때문이다.

[도표 3-6]에서 볼 수 있듯이 2000년대에 들어선 이후 한국의 정책금리와 10년 만기 국채이율, 또는 은행의 신규 예금금리나 가계에 대한 대출금리는 2005년부터 2008년까지의 기간을 제외하면 모두 장기적인 인하세가 지속되고 있다. 그중에서도 한국의 정책금리는 이번 팬데믹으로 인해 급추락한 경제 상황 때문에 과거 최저치인 0.5%

● 도표 3-6 **한국의 금리 동향**

(단위: %)

10년 만기 국채이율

정책금리

2001 2004 2007 2010 2013 2016 2019

(단위: %)

가계용 대출금리

신규 예금금리

2001 2004 2007 2010 2013 2016 2019

출처 : 한국은행

까지 인하되었다. 이렇게까지 금리가 인하된 것은 1998년 IMF 위기 이후에 기업의 자금 수요가 예전보다 감소하여 자금을 조달하는 비용(가격)인 금리가 떨어진 결과이다. 그리고 금리가 인하되면 주택자금 등을 대출 받을 때의 부담이 줄어들기 때문에 일반적으로는 주택 구입에 대한 수요가 늘어 주택 가격이 오르기 쉽다. 이 점이 지금까지 위험성에 대한 경고의 목소리에도 불구하고 한국의 주택 가격이 계속 상승세를 이어온 또 한 가지 요인이다.

그러나 이러한 금리적인 요인이 좀 더 본격적으로 주택 가격에 반영되는 그 시기는 오히려 지금부터일 수도 있다.

앞에서 확인한 바와 같이 세계 각국 및 지역의 중앙은행들은 팬데믹이 시작되자마자 일제히 금리 인하와 양적완화에 나섰기 때문에, 코로나19의 감염 만연기에서는 당분간 금융시장에서는 완화적인 기조가 이어질 것이다. 이는 한국 역시 마찬가지이다. 이렇게 세계적으로 금융완화 기조가 확대된 상황에서 한국만 금리를 인상한다면, 국제적으로 움직이는 자금이 단숨에 고금리인 한국으로 유입되고, 이에 따라 원화 가치가 급등하여 수입 면에 있어 디플레이션 압력이 높아질 수 있기 때문이다. 결국 기본적으로는 인류가 팬데믹이 종식되었다고 확실히 인식하기 전까지는 아무리 한국의 실물경제가 미국이나 유럽보다 상대적으로 좋은 상황이라고 해도 스스로 적극적으로 금리를 계속 올릴 이유가 없다는 뜻이다.

한편으로 저금리 기조의 장기화는 은행을 비롯한 금융기관에 있어서는 이자 수익 감소로 이어진다. 때문에 금융기관은 이런 흐름에서 어느 국가나 지역이든 수익 감소를 메꾸기 위해 무리한 투자처로 달려들거나 대출을 무리하게 늘리기 쉬워진다. 만일 이러한 시기에 주택 가격 상승이라는 투기를 부추기는 듯한 이슈가 있다면, 투자를 하는 쪽도 자금을 제공하는 쪽도 그러한 이슈에 어떤 (나중에 보면 억지스러운) 논거를 들어 허상을 쫓으려 하는 흐름이 빨라질 수도 있다.

앞서 이런 허상을 쫓는, 버블에 가까운 현상이 주식시장에서 일어날 위험성에 대해 지적하였다. 한국에서도 주식시장은 당연한 일이지만 주택 등의 자산시장에서도 같은 현상이 발생할 수 있다는 점에

주의가 필요하다. 특히 팬데믹의 감염 만연기가 장기화되어 저금리 환경이 고착화되었을 때에는 금융기관의 무리한 리스크테이킹(위험 감수)도 만연해질 위험성이 있기 때문에 상당히 위태로운 국면을 맞이하게 될지도 모른다.

침착하고 냉정한 시선으로 한국의 앞으로의 인구동태를 예상해 보면, 한국의 부동산(주택)의 실제 수요량은 지역 차는 존재하지만 전체로는 점점 증가하는 방향으로 가고 있다고 보기는 어렵다. 이러한 현실과 이상의 엄청난 차이를 사회가 깨달았을 때, 또는 팬데믹이 종식되고 한국 경제가 오랫동안 이어온 금융완화 기조를 긴축으로 크게 바꿨을 때, 한국의 주택 가격은 본격적인 전환점을 맞이하게 될 것이다.

비상식이 상식이 되는 미래 시나리오

CORONA
SHiFT

Part 2

코로나 시프트 시대의 미래 전략

4장

일상의 모든 것이 달라지는
라이프스타일 시프트

01

소비 트렌드의 격변과
이중적 소비심리

2019년 말 지구촌 소식 중 하나이겠거니 멀찌감치 바라봤던 코로나19 바이러스의 확산은 우리의 삶에 깊숙이 자리 잡아 정치·경제·사회·문화 전 영역을 흔들었고, 우리는 전대미문의 변화를 경험하고 있다. 모두가 한번도 경험해보지 못한 순간을 갑작스럽게 맞이하면서 불안감은 증폭됐고 언제 해소될지 모른다는 막막함이 짙게 깔려 있다. 마스크를 쓰지 않으면 허전하게 느끼고, 학교와 직장의 구내식당에서는 일렬로 앉아서 식사하는 모습이 일상화되었으며 친구와의 모임을 최소한으로 줄이고 집에서 일하고 시간을 보내는 것을 서로 장려하게 되었다. 백신은 1~2년 안에 출시되겠지만 코로나19로 인한 라이프스타일 변화는 그 이후에도 지속될 것이다. 물론 새롭게 나타나는 형태의 트렌드도 파편처럼 나타나겠지만 변화의 큰 줄기는 이미 조금씩 진행되고 있던 초개인화, 디지털 전환DT, Digital Transformation*의 강화, 공간의 플랫폼화 등을 중심으로 가속화될 것이다. 이에 코로나 19로 인해 우리의 라이프스타일이 어떻게 바뀌어 가고 있는지, 그리고 이에 어떻게 대응하고 있는지를 살펴보는 일은 우리가 위기 속에서 기회를 찾는 데 중요한 시사점을 제시해줄 것이다.

코로나19의 확산으로 인해 소비 행태는 급속도로 변하고 있다. 특히 시기에 따라 다소 상이한 특성들이 나타나고 있는데, 위기가 확산되는 양상일수록 '필수 소비와 가치 소비'를 중요시하는 모습이 부각되고 있다. 그런가 하면 코로나 바이러스의 확산이 다소 약화되는 시기에는 억눌린 소비심리로 인해 럭셔리·기호상품 및 비필수재로의 소비 양극화 양상도 동시에 나타나고 있다. 불안감에 대한 보상심리가 작용하는 것이다. 또한 언택트 시대를 주도하는 온라인 내에서도 오프라인의 경험을 접목하는 등 새로운 트렌드가 등장하고 있다.

한국은행에서 발표한 2020년 2분기 실질경제성장률은 전 분기 대비 3.2% 하락한 것으로 나타났다. 이는 한국은행에서 예상했던 −2% 수준보다 더 악화된 수치로 코로나로 인한 경제 전반의 타격이 가시

• 디지털 트랜스포메이션. 디지털기술을 사회 전반에 적용하여 전통적인 사회구조를 혁신시키는 것. 일반적으로 기업에서 사물인터넷, 클라우드 컴퓨팅, 인공지능, 빅데이터 솔루션 등 정보통신기술을 플랫폼으로 구축·활용하여 기존 전통적인 운영방식과 서비스 등을 혁신하는 것을 말한다.

화되고 있다. 세계 각국 상황은 더욱 심각하다. 한국보다 고용구조가 유연한 미국의 실업률은 2020년 2월 3.5%에서 4월에는 14.7%까지 치솟았다. 이 수치는 2020년 6월 11.1%로 다소 하락세를 나타냈지만 여전히 높은 수준을 유지하고 있다. 실업률이 높아진다는 건 소비자의 가처분소득이 줄어든다는 의미이다. 이처럼 개인 및 가계의 가처분소득이 줄어들 경우 가장 먼저 영향을 받는 부분은 소비지출이다. 실제로 한국 소비자심리지수는 2008년 글로벌 금융위기 수준으로 하락해 있는 상황이다([도표 4-1]).

사실 한국 사회에서는 코로나로 인한 소비 태도 변화가 나타나기 이전부터 필요 없는 소비는 줄이고 최소한의 소비, 즉 필수재 위주의 소비에만 집중하고자 하는 움직임이 조금씩 나타나고 있었다. 2019년부터 2020년을 노바이 이어No-buy Year로 삼고 소비를 줄이자는 운동이 등장한 것이다. 노바이No-buy 운동이 시작된 배경에는 크게 두 가지 이유가 있다. 첫째, 기후 변화 등 환경의 보호를 위해서 쓰레기를 줄이는 것이 필수적인 생활 지침이 된 것을 들 수 있다. 둘째, 미니멀리즘의 한 축으로 그간 불필요한 소비로 집안 가득히 쌓여만 가던 물건들을 더 이상 쌓아두지 않는 '소비 디톡스'가 대두된 것이 작용했다.

하지만 코로나 이후의 소비 태도 변화는 환경 보호, 라이프스타일의 미니멀리즘적 차원이 아닌 실질적인 가계 경제의 축소로 인한 영향이 더 크다. 즉 소득 감소로 인해 소비지출 감소가 가속화되었다는 뜻이다. 실제로 통계청에서 발표한 자료를 살펴보면 이런 소비 급

● 도표 4-1 **한국의 소비자심리지수 추이**

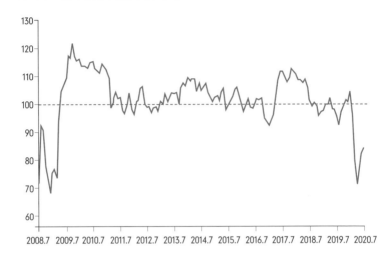

출처 : 한국은행 경제통계조사.

감이 발생한 것은 국내 코로나 1차 재유행 시기였다. 2020년 1분기 국
내 소비지출은 209조 원으로 전 분기(2019년 4분기) 223조 원이었던
것에 비해볼 때 6.7% 하락했다. 이런 노바이 트렌드에도 사람들이 지
출할 수밖에 없는 항목은 식품을 비롯한 필수재이다. 비필수재 및 사
치재 항목에 대한 소비는 위기 발생시 줄일 수 있지만, 실생활에 꼭
필요한 식료품, 생활용품은 항상 구비해둘 수밖에 없다. 오히려 위기
에 대한 불안감 때문에 생필품을 넉넉하게 사두려고 하는 현상이 나
타나기도 한다. 실제 코로나19 확산 후 2020년 1분기의 소비지출 항

● 도표 4-2 **소비지출 항목 변화 추이**

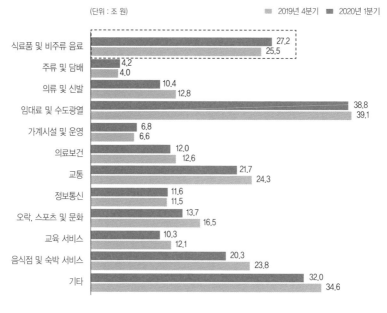

(단위 : 조 원)　　　　　　　　　　■ 2019년 4분기　■ 2020년 1분기

항목	2019년 4분기	2020년 1분기
식료품 및 비주류 음료	27.2	25.5
주류 및 담배	4.2	4.0
의류 및 신발	10.4	12.8
임대료 및 수도광열	38.8	39.1
가계시설 및 운영	6.8	6.6
의료보건	12.0	12.6
교통	21.7	24.3
정보통신	11.6	11.5
오락, 스포츠 및 문화	13.7	16.5
교육 서비스	10.3	12.1
음식점 및 숙박 서비스	20.3	23.8
기타	32.0	34.6

출처 : 통계청 자료 바탕으로 노무라종합연구소 작성.

목은 대부분의 카테고리에서 지출을 줄이거나 동일 수준을 유지했으나 대표 필수재인 식료품 지출은 소폭 상승했다([도표 4-2]).

코로나로 인한 위기가 본격화되면서 미국에서 휴지 대란이 일어난 것 역시 같은 맥락에서 살펴볼 수 있다. 이런 추세에 따라 글로벌 최대 소비재 회사인 P&G의 2020년 1분기 매출은 전년 동기 대비 약 5% 증가했다. 이는 대부분 유기적 성장, 즉 제품 판매 증가에 따른 것이란 점에서 주목할 만하다.

● 도표 4-3 **P&G 매출 추이**

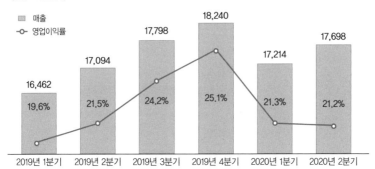

(단위 : 100만 달러)

■ 매출
ⲟ 영업이익률

	2019년 1분기	2019년 2분기	2019년 3분기	2019년 4분기	2020년 1분기	2020년 2분기
매출	16,462	17,094	17,798	18,240	17,214	17,698
영업이익률	19.6%	21.5%	24.2%	25.1%	21.3%	21.2%

출처 : IR 자료를 바탕으로 노무라종합연구소 작성.

물론 이러한 필수재를 중심으로 구매하는 형태의 소비가 영구적으로 지속되지는 않을 것이다. 코로나는 단기간 내 종식되지 않을 것이라는 전문가 의견이 지속적으로 발표되고 있는 만큼 코로나 유행기와 안정기가 지속적으로 반복될 것이고, 코로나 확산 주기에 따라 소비 형태가 바뀌어 나타날 것이다. 위기에 따른 불안감이 강해질수록 소비를 억누르고 필수재 중심의 소비를 하는 추세가 더욱 뚜렷해지고, 반면 코로나가 조금 완화되고 안정되는 시기에는 억눌렀던 소비에 대한 보상심리로 여가 관련 상품 및 명품 등으로 소비가 창출될 것으로 예상된다. 이런 전반적인 흐름 외에 개별적으로 특징적인 소비 추세도 나타날 것이다.

02

셀프케어와
럭셔리 소비시장의 확대

앞서 살펴본 바와 같이 코로나19 이후 전 세계인이 그간 한번도 경험하지 못한 사회적 거리 두기, 재택근무, 외출 자제 등 익숙하지 않은 상황을 마주하면서, 코로나 블루(코로나19와 우울감을 뜻하는 블루 Blue가 합쳐진 신조어)가 사회 전반에 짙게 깔리고 있다. 코로나19 사태가 본격화된 지 6개월 이상이 흘렀지만 종식되지 않고 확산과 안정이 반복되고 있다. 게다가 코로나의 완전한 종식은 없을 것이라는 전문가들의 의견까지 더해지면서 사람들의 활동은 지속적으로 위축되어 있고, 장기 불황의 가능성까지 짙게 드리워져 있다. 이로 인해 소비자심리는 꽁꽁 얼어붙어 있다. 그런데 아이러니하게도 프리미엄 상품의 매출은 증가하는 양극화 현상이 발생하고 있다. 우울한 마음에 대한 보상심리가 쇼핑으로 나타나고 있는 것이다. 무언가를 소비하는 것은 단순 물리적 결핍을 채우기 위한 행동인 것만은 아니다. 소비는 인간의 감정, 심리와도 연결되어 있어 인간은 때로 정신적 결핍을 채우기 위해 지갑을 연다. 배가 고파서 밥을 먹기도 하지만, 마음 속 허기를 달래기 위해 음식을 찾는 것과 마찬가지다. 카네기멜론대학교의 신시아 크라이더 교수와 하버드대학교 제니퍼 러너 교수가 함께 발표한 〈우울한 사람은 구두쇠가 아니다Misery is Not Miserly〉에 따르면 우울함을 느끼는 사람의 소비가 더 큰 것으로 나타났다.

당시 연구팀은 실험군을 둘로 나눠 절반에게는 슬픈 영화를 보여주고, 나머지 절반에게는 다큐멘터리를 보여준 후 물병을 사도록 했다. 그 결과 슬픈 영화를 본 그룹이 30% 더 큰 비용을 지불하여 물건을 사는 것으로 나타났다. 러너 교수는 "우울함을 느낄수록 사람은 자신의 가치를 낮게 평가하고 상실감을 느끼게 되는데, 이에 대한 보상심리 비싼 물건을 사며 자신의 낮아진 가치를 높이고자 하는 심리가 작용한다"라고 설명했다.

셀프케어 시장의 성장

코로나19가 가져온 불안감이나 우울을 극복하고 마음의 평화를 유지하는 데 필요한 '나를 위한 선물'에 대한 지출이 증가하고 있다.

이는 자기중심적 소비가 강화되는 것으로 셀프케어Self-Care와 기분 전환에 도움이 되는 제품과 서비스를 소비하는 양상으로 나타나고 있다. 기존의 MZ세대* 중심으로 성장을 이어오던 것이 코로나19로 수요층이 확장되고 있는 것이다.

이러한 흐름에 따라 최근 셀프케어 관련 제품의 선호도가 높아지고 있다. 셀프케어는 자기 자신의 만족감을 극대화하기 위해 육체적, 정신적 건강과 인간관계, 라이프스타일, 자기계발 등 광범위한 영역에서의 높은 수준의 제품 및 서비스를 추구하는 형태로 나타나고 있다. 소비자가 셀프케어라고 인식하는 상품의 범위는 뷰티, 패션, 피트니스, 가전, 홈퍼니싱 등 자신의 삶이 풍요롭게 만드는 것이면 모든 영역이라고 할 만큼 매우 폭넓다. 단적으로 실내 생활 증가에 따라 셀프케어를 위해 소비가 증가하는 가장 대표적인 상품은 홈 프레그런스Home fragrance(방향 제품)이다. 관련 시장 역시 성장하고 있다. 미국의 홈 프레그런스 시장 규모는 2019년 54억 수준으로 지속 성장하는 추세이고 향후 5년간 연평균 약 4%의 성장률을 유지하여 2024년에는 약 65억 달러 규모에 이를 것으로 예상되고 있다. 국내에서도 코로나19 확산 이후 디퓨저, 향초, 포푸리 향낭, 룸스프레이 등의 홈 프레그런스 제품의 매출 증가세가 두드러지고 있다. 코로나로 인한 무기력함의 심화, 그리고 사람들의 성향 변화 등 여러 요인이 복합적으로 작

• 1981년에서 1996년 사이 출생한 밀레니얼 세대와 1997년 이후 출생한 Z세대를 통칭하는 말.

용하는 가운데 집에 머무는 시간 동안의 답답함을 향기로 가득찬 공간으로 바꾸는 등의 노력이 관련 상품의 매출을 증가시켰다. 기분 전환에 도움이 되는 제품인 향초, 인테리어 용품에 대한 소비가 확대되고, 정신 건강에 도움을 받을 수 있는 온라인 서비스도 증가하는 추세다. 향후 이와 같이 코로나 블루를 이겨나가는 데 도움이 되는 셀프케어 소비 트렌드는 갈수록 더 커질 것으로 예상된다.

앞서 살펴본 것처럼 가처분소득은 줄었고 실업률은 높아졌으며 소비심리지수도 하락하고 있지만, 상대급부로 우울감과 불안감은 나를 위한 소비에 조금 더 관대해지는 분위기를 만들어냈다. 코로나19가 장기화될수록 이러한 흐름은 더욱 강해질 것이다.

코로나블루가 불러온 명품 소비 확대

한편 코로나19는 소비의 양극화 현상을 심화시키고 있다. 양극화 현상은 코로나19 감염 확산 정도에 따라 차이를 보이고 있다. 감염 확산세가 절정에 달하고 불안감이 최고조에 이른 시기에는 소비자들은 지출을 줄이고 필수재 소비에 집중하지만, 코로나19 감염 상황이 조금 안정화되고 거리 두기가 완화되는 시기에는 소비심리가 폭발하는 양상이 나타나고 있다.

코로나 1차 유행 이후 사회적 거리 두기에서 생활 속 거리 두기로

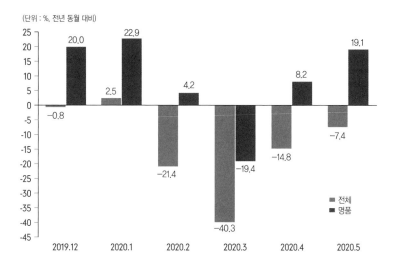

● 도표 4-4 **국내 백화점 전체 매출 대비 명품 매출 증감률**

(단위 : %, 전년 동월 대비)

- 전체
- 명품

2019.12 : -0.8 / 20.0
2020.1 : 2.5 / 22.9
2020.2 : -21.4 / 4.2
2020.3 : -40.3 / -19.4
2020.4 : -14.8 / 8.2
2020.5 : -7.4 / 19.1

출처 : 통계청 자료를 바탕으로 노무라종합연구소 작성.

완화 조치됐던 2020년 5월 연휴에는 백화점 명품 매출이 전년 연휴 대비 20% 가량 증가했다. 명품 선호 현상이 지속되자 주요 명품 브랜드는 일제히 가격 인상에 나섰다. 샤넬은 2020년 5월 핸드백 주요 상품 가격을 7~17% 인상했다. 이 때 가격 인상 소식이 알려지면서 가격이 오르기 전에 해당 제품을 구입하려는 사람들로 매장 앞에 줄이 늘어서는가 하면, 백화점 영업 시작 시간이 되자마자 샤넬 매장으로 달려가는 이른바 오픈런 사태까지 빚어지기도 했다. 이외에도 루이비통, 티파니, 불가리, 셀린 등 다른 명품 브랜드들도 가격 인상에 동참

하였다. 명품 등의 사치재는 가격이 올라갈수록 희소성이 증가하여 수요가 증가한다는 베블렌 효과Veblen effect가 입증된 셈이다.

[도표 4-4]를 살펴보면 코로나19가 본격적으로 확산된 2020년 3월의 백화점 전체 매출은 전년 동월 대비 -40%까지 하락했지만 명품 매출은 -19% 하락한 것으로 나타났다. 이후에도 백화점 전체 매출은 여전히 전년 동월 대비 마이너스 수준에 머무르고 있지만, 명품 매출액은 오히려 늘어난 것을 확인할 수 있다. 특히 2020년 5월, 백화점 전체 매출은 전년 동월 대비 -7.4% 하락한 반면 명품은 19.1% 증가한 것을 볼 수 있다.

코로나19의 생활 제재에 대한 보상심리로 나타난 보복 소비가 왜 유독 명품에서 폭발적으로 나타나는 이유는 자기애 발현에 따른 과시 욕구, 여전히 자유롭지 않은 활동 반경에 대한 분풀이 차원으로 해석할 수 있다.

국내 럭셔리 호캉스의 특수

코로나19가 처음 확산됐던 2020년 3월, 관광·숙박·항공업은 직격탄을 맞았다. 사회적 거리 두기로 인해 집 밖에 나오는 것을 꺼렸고 여행이 불가능해지면서 호텔업계의 위기감이 그 여느 때보다 강하게 확산됐다. 3월 기준 전국 호텔의 평균객실가동률occ은 25.3%으로 코

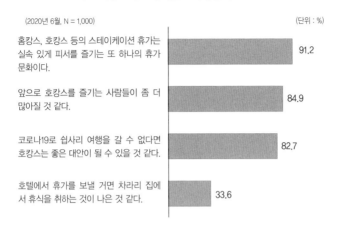

● 도표 4-5 **코로나19 이후 호캉스에 대한 소비자 인식**

(2020년 6월, N = 1,000)   (단위 : %)

홈캉스, 호캉스 등의 스테이케이션 휴가는 실속 있게 피서를 즐기는 또 하나의 휴가 문화이다.	91.2
앞으로 호캉스를 즐기는 사람들이 좀 더 많아질 것 같다.	84.9
코로나19로 쉽사리 여행을 갈 수 없다면 호캉스는 좋은 대안이 될 수 있을 것 같다.	82.7
호텔에서 휴가를 보낼 거면 차라리 집에서 휴식을 취하는 것이 나은 것 같다.	33.6

출처 : 마크로밀엠브레인 트렌드모니터 소비자조사 내용을 바탕으로 노무라종합연구소 작성.

로나 사태 이전인 1월(61.7%)에 비해 절반에도 미치지 못하는 수준이었다. 5성급 호텔 역시 OCC가 18.5%대로 하락했고, 특단의 조치로 홈쇼핑을 통해 파격 할인 조건을 붙여 판매에 나서기도 했다. 그러다 코로나19가 다소 안정화되기 시작하던 5월부터 5성급 호텔을 중심으로 '언택트 패키지'가 나오기 시작했다. 집 밖에 나오기 두려워하는 고객들을 위해 '일단 호텔에 오기만 하면 모든 것을 다 할 수 있다'는 콘셉트로 패키지를 제공한 것이다. 여기에 맞물려 본격적인 휴가철이 시작되면서 국내 호캉스에 대한 수요는 급속도로 증가하였다. 인터컨티넨탈 서울 코엑스의 2020년 6~8월 주중 투숙객은 전년 대비 3배 이상 늘어난 것으로 나타났다. 하지만 이러한 호텔의 회복세

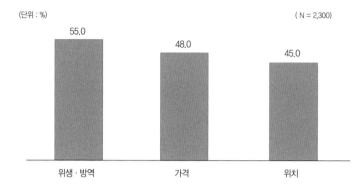

● 도표 4-6 **코로나 이후 숙박시설 선정 기준**

(단위 : %) (N = 2,300)

위생·방역 55.0
가격 48.0
위치 45.0

출처 : 스카이스캐너 조사 결과.

는 5성급 호텔 및 비치 리조트를 중심으로 나타나고 있다는 점이 이전과 조금 달라진 양상이다. 특히 여름 휴가철이 도래하자 여행에 대한 니즈가 폭증하면서 이들 럭셔리 호텔과 비치 리조트에 대한 수요가 더 확대되었다. 해외여행이 사실상 불가능해졌고 국내 여행지는 한정적이며 코로나19에 대한 우려는 여전히 존재하고 있다. 이로 인해 해외여행을 못가는 것에 대한 보상 차원에서 럭셔리 휴가를 즐기고자 하는 소비자들이 증가했고, 호캉스의 인기로 이어지고 있는 것이다. 실제로 마크로밀엠브레인 설문조사 결과에 따르면 코로나19 이후 호캉스로 휴가를 보내는 것에 대해 긍정적으로 인식한 소비자가 전체 응답자의 91%를 차지했고, 향후 호캉스가 더 증가할 것이라고 답한 사람이 85%에 달했다. 여행의 대안으로 호캉스를 긍정적으로

(단위 : %)   (N = 2,300)

국가	아주 중요하다	전혀 중요하지 않다
한국	66	1
싱가포르	54	3
영국	51	2
미국	57	1
호주	50	3
전체	55	2

출처 : 스카이스캐너 조사 결과.

바라보는 응답자 역시 83% 수준으로 높게 나타났다.

한편 이런 럭셔리 호캉스에 대한 수요가 증가하고 있는 것에는 위생 및 방역에 대한 니즈도 작용하고 있다. 코로나19가 장기화되고 감염세가 조금 진정되자 사람들은 제한적으로나마 기분 전환을 할 공간을 찾고는 있지만 밖으로 나간다고 해도 감염 위험이 적고 안심할 수 있는 장소 위주로 가야만 하고 방역과 위생이 확실한 곳으로 가고자 하는 소비자가 늘어나고 있는 것이다. 외출은 불안하지만 집은 답답한 소비자들이 대안으로 찾은 장소가 바로 럭셔리 호텔이다. 글로벌 여행 서비스 기업인 스카이스캐너에서 2020년 6월 주요 5개국 소비자를 대상으로 실시한 '코로나 이후 숙박시설 선정 기준' 조사 결과에 따르면 소비자들이 가장 중요하게 생각하는 요소는 '위생 및 방역'이었다. 이는 코로나 이전에는 호텔 선택의 첫 번째 조건이 가격 및 위치였던 것에서 대폭 변화가 생긴 것이다. 특히 응답자 중 한국 소비자들이 호텔 선정시 고려하는 위생 및 방역의 중요성은 타 국가에 비해 현저히 높게 나타났다. 즉 소비자들은 코로나19 확산 이후 가성비보다 위생 및 방역을 중요시하고, 상대적으로 위생 및 방역이 철저하다는 신뢰감이 있는 5성급 호텔을 중심으로 수요가 증가하고 있다. 럭셔리 호캉스가 상대적으로 안전한 코로나19의 도피처라는 인식이 강화될수록 럭셔리 호텔에 대한 수요는 늘어날 것으로 예상된다.

코로나19가 지속되는 현재도 럭셔리 호캉스는 소비자들에게 안전한 도피처이자 여행의 대안으로 자리매김하고 있다. 소비자들에게 럭셔리 호캉스는 자신에 대한 선물, 보상심리, 활동에 대한 욕구, 기분 전환, 그리고 여행에 대한 욕구를 충족시켜주는 매체로 자리매김하면서 향후 그 성장세가 지속될 것으로 예상된다. 호텔 전반의 가동률 상승이 아닌 5성급, 즉 럭셔리 호텔로 소비자들이 집중되는 양극

출처 : 롯데호텔 홈페이지

롯데호텔은 럭셔리호캉스 수요에 대비해 시그니엘 부산을 신규 오픈했다. 환상적인 오션 뷰의 인피니티풀, 최고급 라운지와 친환경 프리미엄 코스메틱 브랜드의 스파 등을 갖췄다.

화 현상은 향후에도 지속될 것으로 예상된다. 또한 감염이 대확산되는 시기에는 일시적으로 주춤하겠지만 확산세가 조금 완화되면 다시 호캉스에 대한 수요가 폭증하는 순환적 형태가 반복될 것이다. 외국인 숙박객 확보가 불가능하여 호텔 산업 전반의 재무실적은 아직까지 예년 대비 높은 편은 아니지만 국내 숙박객의 증가세와 함께 코로나19 회복시 호텔 수요는 폭발적으로 늘어날 것이다. 국내 호텔 기업들도 이에 대비하고 있는데, 대표적으로 2020년 6월에는 국내 최고 등급의 시그니엘 부산이 오픈하기도 했다.

03

소비자의 역할이
완전히 달라진다

코로나로 인해 건강에 대한 관심이 높아진 것은 자명한 일이다. 면역력 증진을 위한 건강 관련 식품 매출은 국내외를 가리지 않고 폭증하고 있고 마스크 및 손소독제 등의 위생 관련 상품은 품절 상태가 지속됨에 따라 정부에서 개입하여 공적 공급까지 실시했다. 이와 같이 감염을 직접적으로 막아주는 제품뿐 아니라 소비 트렌드 전반에 걸쳐 건강과 위생이라는 키워드가 스며들고 있다. 면역력을 증진시켜주는 건강 제품은 물론 일반 제품을 구매할 때도 보다 안전한 성분이 포함되어 있는지, 나의 건강에 해를 끼치지는 않는지, 위생적으로는 청결한지에 대해 관심이 높아졌다. 이와 같은 소비자의 니즈를 충족하기 위해 건강 및 위생을 보증하는 형태로 소비자의 호응을 끌어내는 방식이 주목을 받고 있다. 이런 흐름은 크게 상품과 공간 두 측면으로 살펴볼 수 있다.

위생적이고 건강한 제품과 서비스의 추구

먼저 상품 측면에서 건강 및 위생 관련 니즈를 어떻게 충족시키고 있는지를 살펴보자. 코로나를 겪으면서 커진 건강에 대한 두려움은 소비자가 생활 전반에서 제품을 구매할 때 영향을 미치게 되었다. 제품이 건강에 보다 유익한 성분을 포함하고 있는지부터 제조 공정은 위생적인지, 보관 및 배송 과정이 청결하게 관리되고 있는지까지 제품 생산 및 공급의 가치사슬 전 단계로 소비자가 관심을 갖는 영역이 확장되었다.

기업은 이런 소비자의 우려를 안심시킬 수 있는 방법을 여러 가지 방향에서 고안해냈다. 대표적인 예가 최근 부각되고 있는 클린라벨Clean Label의 확산이다. 클린라벨이란 제품 내 함유 성분을 소비자들이 이해하기 쉽게 표기한 것으로, 색소 및 각종 합성 첨가물의 미사용, 단순한 원재료 및 천연재료 사용, 환경을 생각한 최소한의 가공 공정 등이 적용된 제품에 부여되는 라벨이다. 이는 화장품 업계에서 적용했던 '클린뷰티' 열풍에서 시작되었으며 코로나 이후 식품 산업을 중심으로 적용이 확대되고 있다. 코로나 이후 생존에 대한 위협을 경험하면서 건강에 대한 관심이 증가했고, 우리 몸에 직접적 영향을 미치는 식품에 이러한 요소들이 적용되고 있는 것이다. 클린라벨을 적용한 신제품 출시는 계속 증가하고 있는데, 빙그레는 2020년 7월 프로바이오틱스, 프리바이오틱스, 국내산 원유 단 3가지의 원료만으로 만든 '요플레 Only3 플레인'을 출시했다. 제품에 식품 첨가물이 들어가지 않고 최소한의 가공으로 생산됨을 어필하며 클린라벨 제품임을 강조하고 있다. 또한 CJ제일제당은 2020년 5월 클린라벨 조미 소재 '테이스트엔리치'를 출시했다. 일체 첨가물을 넣지 않고 사탕수수 등 식물성 원료를 발효시켜 감칠맛을 내는 성분을 뽑아낸 100% 천연 발효 조미 소재임을 강조하고 있다.

한편 제조 공정이 얼마나 위생적인지가 구매에 미치는 영향이 확대되는 까닭은 코로나19의 감염경로에 대한 불안감도 영향을 미친 것으로 파악된다. 예를 들어 중국에서 코로나19 바이러스의 전파경로가 수도꼭지, 도마로 발표되는 등 감염경로가 워낙 다양해지다 보니 제조 공정상의 바이러스 유입 가능성 등 위생에 촉각을 곤두세우게 되었다. 소비자의 불안 심리가 갈수록 높아지고 실제로 예기치 못한 과정상의 감염 위험성이 하나둘 현실화되자 생산자 및 정부 차원의 생산 중단 사태까지 나타나고 있다. 지난 2020년 4월, 미국에서는 세계 최대 육가공 기업인 스미스필드Smithfield를 비롯한 주요 업체의 생산 직원이 코로나19 확진 판정을 받아 공장을 무기한 폐쇄하게 되면서 미국 내 햄·소시지 등 육가공품 공급에 차질이 발생하기도 했다. 스미스필드가 차지하고 있는 미국 육가공시장 점유율은 약 4~5%에 해당한다. 이뿐만 아니라 6월 중국 정부가 코로나19 확진자가 발생한 미국 식품업체 타이슨푸드Tyson Food의 가금류 수입을 전면 금지하여 미중 무역전쟁이 촉발되는 것인지 이슈가 되기도 하였다.

공간 자체가 위생적으로 관리되는지는 코로나19 확산 이후 가장 중요하게 인식되고 있다. 감염의 안전지대로 언택트 쇼핑의 선호도는 높아지는 반면, 오프라인 쇼핑은 바이러스에 감염될 수도 있다는 불안감이 더 심화되고 있기 때문이다. 그렇지만 오프라인에서만 할 수 있는 경험과 소비의 즐거움이 완전하게 온라인으로 대체된 것은 아니다. 오프라인에서만 제공하는 쇼핑 경험이 있고, 신선식품류는 직접 보고 사는 것이 안전하다고 믿는 소비자들이 여전히 많기 때문이다. 기업들은 공간에서 감염될지 모른다는 불안감을 잠재우고, 위생을 보증해 소비자들이 안심하고 매장을 방문할 수 있도록 여러 방식을 도입하고 있다.

의류 브랜드 라코스테Lacoste는 소비자들이 매장 방문시 느끼는 위생에 대한 불안감을 불식시키고자 2020년 5월 새로운 운영지침을 실행했다. 매장에 방문하는 소비자들의 주요 우려사항을 조사한 결과 자신이 모르는 불특정 다수의 사람들이 어디를 만졌고 거쳐 갔는지를 알지 못하므로 불안감을 가지고 있다는 점에 집중했다. 라코스테는 전문 청소 서비스 업체를 고용하여 HVAC시스템* 점검 및 청소를 실시하는가 하면, 고객의 입장 전후에 탈의실 소독, 결제 단말

아마존은 물류센터와 홀
푸드 매장에 자외선 살균
로봇을 배치해 위생 관리
를 시행하고 있다.

기 소독 등 고객 동선에 대한 전방위적인 위생 지침을 마련했다. 그리
고 이 같은 위생 및 안전 정보를 모바일 앱을 통해 소비자에게 실시
간 공유하고 있다. 고객들의 손길이 많이 닿는 구역 곳곳에 YUBIC
QR 코드를 부착해 실시간 업데이트해주고, 해당 매장의 마지막 청소
시간, 횟수 그리고 현재 매장 내에 있는 인원수를 실시간으로 파악할
수 있도록 하고 있다.

　아마존닷컴Amazon은 미국 전역에서 코로나19 감염이 확산되면서
열악한 물류센터 근무 여건 및 본사의 대응 논란으로 몸살을 겪었다.
이 과정에서 소비자들의 불안감이 증폭되자 물류센터와 최근 인수
한 식료품점 홀푸드Whole Foods 매장에 코로나 바이러스를 박멸할 수

●　공간을 최적의 상태로 만들기 위해 온도, 습도, 환기 등을 자동으로 조절하는 일이나 시스템을 말
　한다.

있는 자율주행 UV(자외선) 로봇을 설치하여 코로나19 대응 위생 관리 체계를 강화하고 있다. UV로 코로나 바이러스를 없앨 수 있는지에 대해서 논란이 있었지만 콜롬비아 대학교와 아마존의 합동연구 결과 어느 정도 효과가 입증되었다. UV를 이용한 방역 방식의 장점은 약품으로 소독할 수 없는 식품의 표면이나 식료품을 보관하고 있는 냉장고 안팎, 제품의 포장재 그리고 손잡이 등 상품이나 장소에 제한 없이 소독할 수 있다는 점이다. 아마존은 이미 자율주행 로봇을 물류자동화뿐 아니라 라스트마일 배송에 적극 활용하여 소비자의 효용 증대 방식을 적용하던 중이었다. 그렇기 때문에 자율 방역 로봇의 도입에 비용이 많이 소요되거나 기술적으로 어려운 부분은 없었다. 공간 위생 안전을 자동화에 접목하여 소비자들의 공간 위생에 대한 불안감을 자율주행 로보틱스로 해결해나가는 아마존과 같은 행보는 향후 여러 부분에서 적용될 가능성이 있다.

사회적 가치가 더 중요해진다

한편 MZ세대가 주요 소비층으로 부상하면서 사회적 가치를 중요시하는 소비 형태가 부각되고 있다. MZ세대는 글로벌 금융위기를 겪고 자란 세대로 자본주의의 탐욕에 대한 경계심이 강하고 사회적 가치를 중요시 여기는 성향을 보인다. 또한 주 52시간 근무, 최저임금 상승 등 사회구조 변화와 지구 온난화, 미세먼지 문제 등을 경험하면서 사회·환경 이슈에 민감해졌다. 이들은 상품을 구매할 때도 이런 것들을 중요시하는 성향을 나타내며 기업의 진정성, 진실성, 도덕성을 구매 기준의 하나로 삼는다. 더불어 급격한 시장 변화에 따른 불확실성의 증대와 불안감 확산은 자기 존재에 대한 의미를 찾는 방식의 소비 현상을 양산하고 있다. 소위 플렉스Flex라 불리는 과시소비의 형태로 존재감을 확인할 수도 있지만, 개념 있는 가치소비야말로 보다 긍정적인 방법으로 자아의 존재 의미를 확인할 수 있는 방법이라고 생각하는 것이다. '가성비보다는 가심비(마음의 만족을 추구하는 소비)'라는 신조어가 나온 배경도 여기에 있다.

MZ세대들에게 취향이란, 개인의 선호와 감각뿐 아니라 이념, 철학, 가치관까지 포함하는 넓은 개념이다. 특히 에코백 등 친환경 제품을 소비하는 형태에서 나타난 '에코eco＝쿨하다'라는 태도는 MZ세대의 고도화된 가치를 반영하는 것이다. 이에 따라 기업은 이제 친환경을 넘어 '필必환경'(친환경은 선택이 아니라 필수라는 뜻)을 지향해야만 하는 상황이다.

이렇게 사회적 변화에 따른 가치소비의 성장세에 코로나19가 불을 당겼다. 팬데믹으로 인해 MZ세대뿐만이 아니라 전 연령층에 걸쳐 건강, 가족, 안전 등 인간 본원적 가치를 중시하는 현상이 강화되었다. 예전에는 당연하다고 생각했던 일상이 제한되는 등 경제, 사회, 교육 등 삶의 모든 영역에서 한번도 경험하지 못했던 상황을 마주하면서 불안과 두려움이 삶에 공존하게 되었다. 이런 상황에서 사람들은 가치 중시로의 회귀를 지속적으로 경험하고 있다. 코로나19의 1차 재유행이 본격화되던 3월, 사회적 거리 두기로 인해 경제적 타격을 전 국민이 경험하면서 나타난 착한 임대인 운동 등의 상생 추구 같은 것이 단적인 예이다.

향후 소비의 형태에 있어서의 사회적 가치에 대한 인식 수준은 코로나19 이후 한 단계 도약할 것으로 예상된다. 실제로 소비자들은 자신과 주변 사회를 이롭게 하는 소비를 지향하게 되었고 사회적 가치에 어긋난 행동을 하는 기업에 대해 코로나 이전보다 민감하게 반응하며 대대적으로 보이콧을 선언하는 경향도 나타나고 있다.

비윤리적인 활동에 대한 감시자

여기에서 2020년 5월 마켓컬리와 쿠팡의 물류센터에서 확진자가 나왔을 때 소비자들이 보여준 사회적 가치에 대한 반응을 살펴보고자 한다. 코로나19가 본격적으로 확산되면서 언택트 소비가 폭발적으로 증가했고, 쿠팡이나 마켓컬리 같은 e커머스의 매출은 폭등하던 시기였다. 그러나 e커머스의 핵심이자 코로나19 바이러스 확산의 주요 뇌관이었던 물류센터에서 결국 확진자가 발생하였다. 이로 인해 양 서비스의 이용자 수가 팬데믹 발생 이전인 연초 수준으로 떨어졌던 것으로 나타났다. 쿠팡과 마켓컬리의 물류센터에서 코로나19 확진자가 발생했던 주의 순이용자수WAU는 각각 940만 명, 51만 명으로 확진자 발생 전주 대비 각각 1%(8만 9000명), 13%(7만 5000명) 하락했다. 물류센터 직원의 감염으로 인해 직접 대형마트를 방문하여 장을 보는 소비자가 증가하기도 하였다. 사실 이와 같은 e커머스 물류센터에서의 감염은 밀집시설이라는 특성상 여느 업체들이 공통적으로 가지고 있던 리스크가 터진 것이라고 볼 수 있다.

하지만 문제는 이후 각 기업의 대처 방식이었다. 마켓컬리와 쿠팡의 확진자 발생 이후 대처법은 한동안 이슈가 되었는데, 기업의 진정성 있는 대처방식에 소비자들이 얼마나 민감하게 반응했는지 보여주는 사례이다. 마켓컬리는 확진자 발생 사실을 방역 당국에서 통보받은 즉시 물류센터를 폐쇄하고 방역 조치를 했으며 확진자와 함께 근무한 직원들의 자가 격리를 실시하는 등 방역 당국의 지침을 따랐다. 또한 소비자들에게 이 사실을 바로 알리고 대표이사의 사과문을 홈페이지에 게시했다. 반면 쿠팡은 확진자 파악까지 시간이 지체되었을뿐더러 확진자 파악 후 3시간 동안 임시폐쇄했다가 다시 운영하였다. 기업의 전략적 판단에 따른 것이었겠지만 고객에게 상황에 대한 공지 및 진정성 있는 사과를 하지 않았다는 점에서 소비자들의 뭇매가 이어졌다. 업체별 대응 방식의 옳고 그름을 판단하려는 것은 아니지만, 이 두 사례는 기업이 무심코 넘어갈 수 있는 사회적 가치에 대한 실수 하나만으로도 기업 이미지가 언제든 실추될 수 있음을 여실히 보여주는 대표적인 예이다.

미국 주요 기업들의 페이스북Facebook 광고 보이콧 역시 사회적 가치가 얼마나 영향을 크게 미치고 있는지를 보여주는 예이다. 미국 내 코로나19의 확산세가 심각해지자 전국적인 자택대기령이 내려지고 생필품 사재기 현상이 발생하는 등 사회 전반의 불안이 폭증되었다. 또한 앞서 언급한 조지 플로이드 사건은 사회 불안정성 증폭의 도화선이 되었다. 이 과정에서 트럼프 대통령이 페이스북에 게시한 인종차별적 혐오글이 그대로 공개되자 소비자들은 분노하기 시작했다. 상대적으로 트위터Twitter는 트럼프 대통령의 동일한 인종 차별적 글에 대한 제재를 가했다.

이후 페이스북에 대한 소비자들의 항의는 예상보다 거셌고 페이스북에 광고 중인 업체 중 약 350개의 브랜드가 보이콧을 선언했다 (2020년 7월 기준). 페이스북에 광고 중단을 선언한 대표 업체는 페이스북의 최대 광고주인 월트 디즈니Walt Disney, 대형 유통업체인 타겟Target을 비롯해 화이자Pfizer, 폭스바겐Volkswagen, 아디다스, 리바이스, 파타고니아, 유니레버, 스타벅스, 코카콜라 등이다. 이들의 행보는 페이스북에 광고를 중단할 것이라고 알림으로써 사회적 가치를 중요시하는 기업이라는 이미지를 얻기 위한 것으로 판단된다. 가치소비가 코로나19 확산으로 인해 글로벌 전역에 중요한 트렌드로 빠르게 확산되었고 이것이 기업가치에 미치는 영향이 지대해졌기 때문이다. 이런 움직임에 따라 페이스북은 결국 해당 혐오글에 대한 조치를 이행할 것을 공표했고 실제로 극우 성향의 게시글을 삭제하였다.

이런 사회적 가치를 중요시하는 소비 트렌드는 코로나19가 종식된다 하더라도 우리 삶 속에 더 깊숙이 자리매김할 것이다. 코로나19가 남긴 사회적 트라우마, 건강에 대한 불안감, 이웃과의 결속력, 그와 더불어 이기적 행동에 대한 강한 반발감이 기업의 비윤리적 행동을 더 엄격하게 감시하는 동력으로 작용할 것이기 때문이다. 최근 SK가 그룹 차원에서 사회적 가치 추구를 대대적으로 강조하고 성공의 지표로 정량화하여 관리하려고 나선 것 역시 동일 선상에서의 선제적 조치 중 하나로 판단된다.

04

집콕 라이프와
언택트 소비의 확장성

 2018년부터 IT 기술의 발전으로 유망 소비 트렌드로 떠오르던 언택트는 이제는 오프라인을 능가하는 소비 트렌드로 자리 잡아가고 있다. 언택트가 일상에 스며든 것은 IT 기술의 발전에 기인한 것이기도 하지만 현대인들이 지니고 있는 공통적인 성향 또한 영향을 미쳤다. 특히 적극적인 호객 행위에 대해 거부감을 느끼거나 대면 활동에 부담을 느끼는 밀레니얼 세대의 성향이 언택트와 딱 맞아떨어진 것도 온라인 소비 활성화의 주요 요인이란 뜻이다. 노무라종합연구소는 일본 소비자를 대상으로 코로나19 확산 기간 동안 소비 행동과 소비심리 변화에 대해 긴급 설문조사를 실시했다. 설문조사 결과 코로나19 바이러스 감염 확산 이후 오프라인 매장에서의 쇼핑 빈도에 대

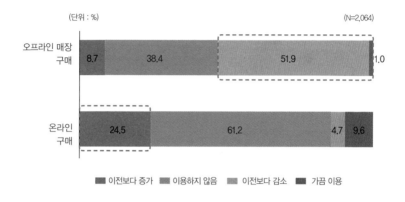

● 도표 4-8 **코로나19 확산 이후 온라인 · 오프라인 구매 변화**

(단위 : %) (N=2,064)

오프라인 매장
구매

8.7 38.4 51.9 1.0

온라인
구매

24.5 61.2 4.7 9.6

■ 이전보다 증가 ■ 이용하지 않음 ■ 이전보다 감소 ■ 가끔 이용

출처 : 노무라종합연구소 설문조사 결과.

해 '이전보다 줄었다'고 답한 사람이 51.9%로 '이전보다 늘었다'고 답
한 8.7%를 크게 웃돌았다. 한편 아마존, 라쿠텐 등 e커머스에서의 쇼
핑 횟수에 대해서는 '이전보다 늘었다'고 답한 사람이 24.5%로 '이전
보다 줄었다'고 답한 4.7%를 웃돌았다.

코로나19 이전에는 식선식품 카테고리 쇼핑은 특히 e커머스를 통
한 구매 비율이 낮았다. 그 이유는 오프라인 기반의 마트, 슈퍼마켓,
편의점 대비 입지·가격·신선도 측면에서 편의성이 그다지 높지 않
기 때문이다. 그러나 이번 설문조사를 통해 코로나19 팬데믹 이후 신
선식품 카테고리 역시 e커머스를 통한 구매 비율이 증가하고 있는 것
으로 나타났다. '위생용품, 세제 등 생활용품의 주된 구입 경로가 e커

● 도표 4-9 e커머스에서의 주요 구매 카테고리

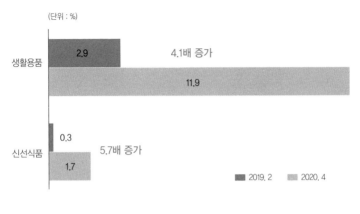

(단위 : %)

생활용품 2.9 / 4.1배 증가 / 11.9

신선식품 0.3 / 5.7배 증가 / 1.7

■ 2019. 2　■ 2020. 4

출처 : 노무라종합연구소 설문조사 결과.

머스'라고 답한 사람은 2019년 12월 기준 2.9%에서 2020년 4월 기준 11.9%까지 상승했다. '신선식품의 주된 구입경로가 e커머스'라고 답한 사람 역시 2019년 12월 기준 0.3%에서 2020년 4월 1.7%로 5배 이상 증가한 것을 확인할 수 있다.

이런 이른바 집콕 소비의 형태는 코로나19 팬데믹 시기의 일시적인 트렌드가 아니라 향후 소비 트렌드로 자리 잡을 가능성이 높다. 앞의 설문조사 결과 응답자의 93.5 %가 '코로나19 확산세가 안정된 이후라고 하더라도 온라인 기반의 쇼핑을 지속 활용하겠다'고 답했다. 그중 46.2%에 해당하는 소비자는 온라인 쇼핑을 '매우 자주 이용하겠다'고 답했고 47.3%가 '종종 이용하겠다'고 응답했다. 신선식품

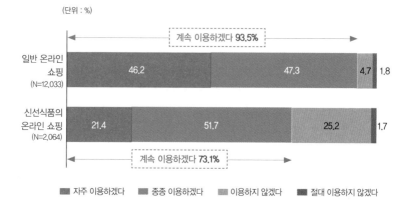

● 도표 4-10 **코로나19 이후 e커머스 지속 이용 의향**

(단위 : %)

계속 이용하겠다 **93.5%**

일반 온라인
쇼핑
(N=12,033)

| 46.2 | 47.3 | 4.7 | 1.8 |

신선식품의
온라인 쇼핑
(N=2,064)

| 21.4 | 51.7 | 25.2 | 1.7 |

계속 이용하겠다 **73.1%**

■ 자주 이용하겠다　■ 종종 이용하겠다　□ 이용하지 않겠다　■ 절대 이용하지 않겠다

출처 : 노무라종합연구소 조사 결과.

배송 서비스는 코로나19가 안정된 이후에도 '자주 이용하고 싶다'는
응답이 24.1%로 이용이 줄어들 것으로 보이지만 '종종 이용하겠다'
는 응답이 51.7%로 총 73.1%의 응답자가 향후 신선식품에 대해서도
e커머스를 계속 이용할 의사가 있는 것으로 집계되었다.

　코로나19로 인해 그 성장세가 폭발적으로 가속화된 e커머스를 통
한 생활용품 및 신선식품 구매 열풍은 지속적으로 이어질 흐름일 것
이다. 집콕 소비라는 새로운 소비 문화는 이대로 정착되어 일반적인
행태 중 하나로 쭉 이어질 것이다.

쇼핑 만족도를 높이는 비주얼 커머스

e커머스 시장은 소비의 주축이 온라인으로 이동하면서 유통의 패러다임이 변화하고 있다고 떠들썩했던 시기를 지나 코로나19로 언택트가 본격화되면서 경쟁이 더욱 치열해졌다. 이에 e커머스 간 차별화 전략이 다양하게 나타나고 있다. e커머스 업체들은 소비자들에게 제공하는 가치가 무엇일지에 대해 경쟁적으로 전략을 적용하기 시작했고, 온라인 소비에서 발생하는 소비자들의 불만Pain Point에 집중했다. 예를 들어 코로나19로 인해 집에서 온라인으로 필요한 물품을 구매하면서 편리하고 효율적이기는 하지만 어쩐지 오프라인 매장에 가서 예쁘게 전시되어 있는 옷을 입어보고 살 때와 같은 만족감을 느낄 수 없는 것 등에 관심을 기울인 것이다.

특히 거리 두기가 장기화될수록 오프라인에서만 얻을 수 있는, 쇼핑의 오감 만족에 대한 갈망은 커져간다. 온라인에 모든 정보가 집적되어 있다는 사실을 알지만 너무 많은 정보 속에서 자신에게 맞는 정보를 찾는 것도 때로는 귀찮게 느껴지거나 어느 사이트가 최적의 선택인지 일일이 클릭해서 찾아나갈 엄두가 나지 않는 등의 소비자 불만과 새로운 니즈를 파악하는 것이다. 이런 포인트들을 중심으로 코로나19 이후 e커머스 업체들의 변신이 빨라지고 있다.

소비자의 눈을 공략하여 오프라인에서의 고객 경험을 제공하는 비주얼 커머스Visual Commerce가 e커머스의 변화 트렌드 중 하나로 떠오르고 있다. 비주얼 커머스란 브랜드 및 상품 차별화의 요소로 비주얼을 활용하는 커머스 활동으로, 소비자 의사결정에 필요한 정보를 제공하는 것부터 제품 구매로 연결하는 과정을 더 쉽고 간편하게 만들어주는 영역까지 포함한다. e커머스는 오프라인 매장에 비해 제품을 직접 보고 구매할 수 없다는 태생적 한계를 가지고 있다. 그간 많은 업체들이 이러한 단점을 보완하기 위해 파격적인 가격, 빠른 배송 서비스 등의 유인으로 오프라인 매장과의 차별화에 집중해왔다. 그러나 이제는 오프라인의 경험을 e커머스에 적용할 수 있는 기술과 플랫폼이 충분해졌고, 오프라인의 경험을 온라인에 얼마나 자연스럽게 입혀내느냐에 따라 경쟁력을 갖게 될 것이다. 시각 인공지능Visual AI, 가상현실VR, 증강현실AR 기술로 3D로 온라인상에서도 쇼핑을 즐길 수 있다. 또한 인스타그램, 틱톡, 유튜브, 페이스북 등 플랫폼을 활용하여 비주얼 커머스를 극대화시켜나갈 수 있다.

코로나 기간 동안 비주얼 커머스를 통해 성과를 거둔 기업으로 타겟Target을 들 수 있다.

● 타겟은 인스타그램을 통해 실제로 제품 사용할 때와 같은 비주얼을 제공해 고객이 제품을 선택하는 데 도움을 받을 수 있도록 했다.

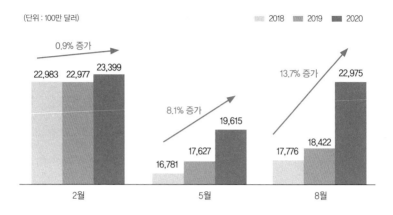

● 도표 4-11 **타겟 매출 변화 추이**

(단위 : 100만 달러)　　　　　　　　　　　　2018　　2019　　2020

출처 : IR 자료를 바탕으로 노무라종합연구소 작성.

미국 대표 오프라인 기반의 유통업체인 타겟은 아마존의 성장세에 대응하고자 2016년 처음 e커머스에 진출했다. 다른 온라인 쇼핑 업체와의 차별화를 위해 타겟은 오프라인 매장에 잘 디스플레이되어 있는 제품을 보고 소비하는 것처럼 소비할 수 있도록 장면을 구성하고 바로 소비로 이어질 수 있는 경험을 제공하고자 했다. 이를 위해 소셜 미디어 플랫폼인 인스타그램을 통해 비주얼 커머스를 시작했다. 소비자들이 단순히 제품이 나열되어 있는 온라인 쇼핑몰이 아닌 비주얼 머천다이징Visual Merchandising을 보고 경험하며 쇼핑할 수 있도록 한 것이다. 실제로 타겟은 미국 내 코로나19에 따른 자가격리가 본격화된 이후에도 전년 동기 대비 매출이 성장했다.

큐레이션과 헤드리스커머스의 확대

한편 코로나 이후 온라인상에서 우리가 보고 듣는 정보는 점점 더 많아지고 있으며, 훨씬 자극적이다. 인터넷상에서 정보가 넘쳐나는 것은 양날의 검처럼 우리를 더 풍요롭게 만들면서도 동시에 너무 많은 정보로 인한 피로감을 느끼게 만들기도 한다. 심지어 쇼핑을 할 때조차 접속경로가 복잡하거나 홈페이지에 온갖 정보가 빼곡히 가득 차 있다면, 인내심을 가지고 하나하나 정보를 찾아나갈 소비자는 그리 많지 않을 것이다.

e커머스 초창기에는 다양한 제품을 최저 가격에 살 수 있다는 것이 오프라인과 차별화되는 경쟁력이었지만, 이제는 쉽고 직관적인 고객경험이 보다 중요한 시대가 되었다. 이로 인해 최근 e커머스는 물론 오프라인 유통에서도 조금씩 정보를 간소화하기 위한 움직임을 보이고 있으며, 이를 위한 방법으로 부상하고 있는 것이 큐레이션이다. 소비자들이 제품을 일일이 검색하여 비교하는 대신 업체에서 제품의 품질을 일정 수준 이상 보장함으로써 소비자들이 업체를 신뢰하고 구매할 수 있게끔 하는 방식이다. 개인이 관심 있는 제품만 간단히 살펴보고 니즈에 부합하면 바로 구매할 수 있도록 한 형태이다.

대표적인 예로 나이키Nike를 살펴보자. 나이키는 자사 애플리케이션을 종합몰인 나이키Nike, 스니커즈몰인 SNKR과 나이키 런클럽Nike Run Club 3가지로 운영 중이다. 나이키가 이처럼 앱을 구분하여 운영하

● 도표 4-12 **나이키 종합몰 및 전문몰 앱 운영 구조**

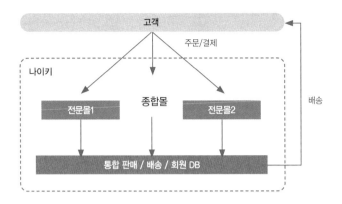

출처 : 노무라종합연구소 작성.

는 이유는 타깃 고객층을 조금 더 세분화하여 개인 맞춤형 큐레이션

을 제공하기 위해서이다. 우선 데이터 분석을 통해 소비자를 유형별

로 구분하고, 이후 각 카테고리에 맞춰 큐레이팅하여 '이런 유형의 소

비자에게는 이 제품이 적합합니다'라고 제품 선별 및 보증 작업을 한

후 노출되는 제품을 간소화하여 제공하고 있다.

소비자 입장에서는 개인 니즈에 맞춰 선정된 제품을 보다 간편하

게 살펴보고 구매할 수 있다. 그렇지만 회원 관리, 제품 업데이트, 재

고 관리, 배송 등은 통합된 형태로 진행된다. 이 방식을 구조화시키

면 [도표 4-12]의 형태로 나타낼 수 있다. 제품군을 간소화하여 노출

빈도를 높이는 방식으로 최근 많이 언급되고 있는 헤드리스 커머스

Headless Commerce와 같은 맥락의 개념이다. 단 효과적인 간소화를 위해서는 고객 취향을 읽어내고 개인 맞춤형 큐레이션을 정확히 제공할 수 있는 개인화 기술, 물류 통합 등이 뒷받침되어야 한다.

언택트 수요에 대응하는 오프라인 유통 산업의 전략

언택트 수요가 늘어나고 코로나19로 인한 감염이 확산될수록 모두가 오프라인 유통의 위기가 현실화되고, 그에 따라 불투명한 미래를 걱정하면서 온라인 기반 업체에 편중된 실적 상승을 예상했다. 그러나 글로벌 대표 오프라인 유통업체인 월마트Walmart와 디지털 유통 혁신의 아이콘인 아마존의 2020년 2분기 실적은 의외의 결과치를 나타냈다. 양사 모두 매출이 증가했는데, 순이익은 월마트가 압도적으로 증가했다. 이는 단순히 미국에서 나타났던 필수품 사재기 현상으로 인한 것은 아니다. 다른 대형 경쟁업체인 홈디포Homedepot, 크로거Kroger, 코스트코Costco의 성장세와 비교해봐도 월마트의 성장은 이례적인 수준이다. 월마트의 실적 발표는 '코로나19 이후 오프라인 유통은 당연히 부진한 실적을 면할 수 없을 것'이라는 유통업계 전반의 예상을 뒤집어 놓았다.

월마트가 이런 성과를 거둘 수 있었던 것은 자신들의 강점인 오프라인 매장에 디지털 서비스를 성공적으로 결합시켰기 때문이다. 당

(단위 : 100만 달러)

회사명	매출						순이익					
	2019년 1분기	2020년 1분기	증감율 (%)	2019년 2분기	2020년 2분기	증감율 (%)	2019년 1분기	2020년 1분기	증감율 (%)	2019년 2분기	2020년 2분기	증감율 (%)
월마트	122,690	123,925	1.01	250,718	254,302	1.43	2,134	3,842	80.04	1,273	7,452	485.39
아마존	59,700	75,452	26.39	123,104	164,364	33.52	3,561	2,535	−28.81	6,186	7,778	25.74
코스트코	35,069	37,040	5.62	70,465	76,112	8.01	767	844	10.04	1,656	1,775	7.19
크로거	37,722	37,251	−1.25	65,735	65,419	−0.48	2,026	772	−61.9	2,534	1,069	−57.81
홈디포	24,947	26,381	5.75	55,410	57,220	3.27	2,404	2,513	4.53	5,910	5,992	1.39

출처 : IR 자료를 바탕으로 노무라종합연구소 작성.

초 월마트는 e커머스가 부상하면서 아마존과의 경쟁에서 밀리기 시작하자, 마진을 희생하면서 매출을 늘리는 방향으로 영업 전략을 변경했다. 특히 당장의 순이익 감소를 감내하면서라도 아마존에 맞서기 위한 기술 투자에 집중하는 전략을 택하면서 2015년부터 월마트 이노베이션랩Innovation Lab을 설치하여 제트닷컴Jet.Com을 인수하는 등 e커머스를 비롯해 디지털 기업으로의 유통 혁신을 위한 투자를 이어왔다. 그 결과 월마트 e커머스 앱의 다운로드 수가 점점 증가하기 시작했고, 2019년 3월부터는 선두업체로 떠오르며 아마존과 나란히 1, 2위를 차지하였다. e커머스 점유율은 여전히 아마존이 부동의 1위이지만 주목할 것은 월마트의 급부상이 단순히 자사몰 형태의 e커머스가 아니라 플랫폼 형태의 마켓플레이스이자 오프라인 네트워크와 연계한 OMO_{Online-Merge-Offline}의 성공적인 론칭이라는 점이다.

마켓플레이스 펄스_{Marketplace Pulse}에 따르면 이미 월마트의 e커머스인 월마트닷컴_{Walmart.com}에서 제공하는 4,200만 개의 제품 중 91%가 외부업체_{3rd-party}가 제공하고 있다. 이는 오프라인 월마트 매장과 달리 월마트닷컴이 아마존과 같은 마켓플레이스로 성장하고 있다는 것을 의미한다. 하지만 둘 사이의 차이점도 분명히 존재한다. 월마트는 자사몰로 시작해 마켓플레이스로 확장한 개념이어서 월마트의 자체브랜드_{PB, Private Brand} 상품을 중심축으로 하고 입점 셀러들의 제품이 부가적으로 합쳐져 있는 형태이다. 소비자들에게 양질의 자사 제품을 제공하는 것을 중심축으로 하면서 동시에 외부업체의 다양한 제품으로 확장하여 소비할 수 있는 형태이기 때문 제품 구색 측면에서 소비자 신뢰도를 조금 더 확보할 수 있다. 이는 소비자 인식에서도 그 효과가 드러났는데 〈포브스〉가 보도한 퍼스트인사이트_{First Insight}의 조사 결과에 따르면 2019년 월마트에서 쇼핑하는 것이 아마존에서 쇼핑하는 것보다 좋다는 응답이 55%였다. 이는 2018년 47%이던 것에서 상당히 상승한 수치이다.

더불어 코로나19 기간 동안 소비자들이 월마트를 선호한 이유는 온라인과 오프라인의 유기적 연계, OMO의 경험이었다. 기존부터 온라인으로 대체가 안 되는 영역이 바로 식료품이었다. 아마존은 이런 식료품 수요까지 흡수하고자 홀푸드를 인수하기도 했다. 그러나 코

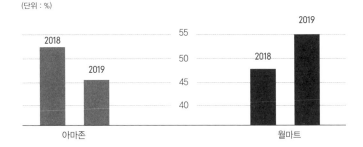

(단위 : %)

출처 : 포브스, 퍼스트인사이트 조사 결과.

로나 기간, 필수품 사재기 현상이 나타났을 때 월마트가 가진 오프라인의 편의성은 압도적이었다. 미국 인구의 90%가 월마트 매장에서 16km 이내에 산다고 할 정도로 이미 탄탄한 공급망을 확보하고 있는 월마트는 자신들의 강점을 극대화하는 전략을 펼쳤다. 코로나19 기간 동안 식료품 구매가 증가할 것을 예상, 소비자들의 비대면 수요를 반영하여 온라인에서 식료품을 비롯한 상품을 구입한 후 가까운 매장으로 차를 몰고 가면 직원들이 물건을 직접 트렁크에 실어주는 드라이브 스루 픽업 서비스, 즉 '커브사이드 픽업curbside pickup 서비스'를 도입한 것이다. 야채, 육류 등 신선식품은 신선도 때문에 배송받기보다는 직접 구매하기를 원한다는 점과 코로나19로 인한 경제적 타격으로 배송서비스 비용까지 아끼고 싶어 하는 소비자심리가 복합적으로 작용하여 월마트의 실적에 반영됐다.

월마트의 매출 성장을 견인한 온라인 e커머스. 고객이 온라인으로 구매하고 가까운 월마트 매장으로 방문하면 직원들이 물건을 차에 실어주는 커브사이드 픽업 서비스를 시행했다.

온라인과 오프라인의 유기적 결합

그렇다면 한국의 오프라인 유통업체는 어떻게 대응해야 하는가. 코로나19가 장기화되고 확산세가 조금 안정되면서 소비자들이 오프라인 매장으로 돌아온다는 결과가 발표되었다. [도표 4-15]에서 볼 수 있듯이 국내 오프라인 유통업체의 매출 감소폭은 점점 줄어들고 있는 상황이다. 지금처럼 코로나19의 확산세 변동이 반복된다면, 앞서 살펴본 바와 같이 감염이 심화되는 시기에는 사람들이 외출을 자제하지만, 조금 진정되면 그만큼 쌓인 답답함을 해소하기 위해 밖으로 나올 것이고, 오프라인 유통업체에서의 소비에 대한 갈망이 더 강한 즐거움으로 승화되어 나타날 것이다.

앞서 밝힌 대로 오프라인 유통만이 보유한 경쟁력인 직접 보고 살 수 있다는 장점, 소비의 즐거움을 오감으로 만족할 수 있다는 점

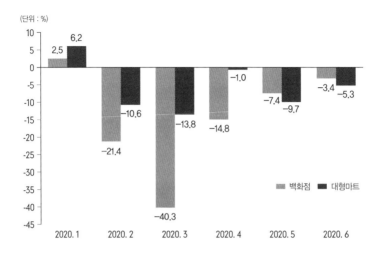

(단위 : %)

출처 : 통계청 자료를 바탕으로 노무라종합연구소 작성.

에서 향후 전략의 향방을 찾아볼 수 있다. 오프라인 유통사들은 PB 상품을 비롯해 탄탄한 상품 구색을 이미 갖추었기 때문에 월마트의 사례처럼 e커머스화할 경우 경쟁사 대비 제품 구색이 다양하며 소비자의 신뢰가 확보되어 있어 온라인과 오프라인을 유기적으로 연결한 구매 통로를 활용할 수 있다. 월마트의 사례는 비단 한 기업의 사례로 그치는 것이 아니라 오프라인 유통업체의 코로나19 이후의 사업 기회로 눈여겨볼 필요가 있다.

05

업글인간을 위한
라이프 트렌드

주지하듯 코로나19는 재택근무의 도입, 거리 두기의 확대, 비대면 수업으로의 전환 등 비일상의 일상화를 불러왔다. 이런 변화는 개인의 여가 시간의 절대적 증가를 가져왔다. 재택근무로 인해 출퇴근 시간을 절약하고 지인과 친목을 하며 보내던 시간이 줄어들면서 개인 시간이 늘어난 것이다. 또한 외출에 대한 불안감이 커지면서 집 주변의 근거리 권역에서만 제한적으로 외출하는 행태가 강화되고 있다. 이와 더불어 개인이 시간을 소비하는 방식도 달라지고 있으며, 이전에 비해 소비자들에게 인기가 급상승하고 있는 비즈니스도 출현하고 있는 상황이다.

불편의 유익을 찾는 사람들

집에 있는 시간이 선택이 아닌 사회적 의무가 되고, 외출이 제한 되는 시간이 지속됨에 따라 개개인은 집에 있는 시간을 최대한 즐기고자 노력하게 되었다.

노무라종합연구소의 '소비의식에 대한 설문조사' 결과에 따르면 프리미엄 소비를 즐기는 소비자층의 생활 만족도가 높은 것으로 나타났다. 나의 만족을 중요시하고 내가 마음에 드는 제품은 비싸도 대가를 지불하는 프리미엄 소비형 소비자의 약 60%가 생활에 대한 만족도가 높다고 답했다. 또한 향후 1개월간 지출을 미루어두고 싶은 항목을 묻는 질문에 대해서도 여행, 친목 교제비 항목에서 생활 만족도 수준에 따라 차이를 보였다. 생활 만족도가 높은 층은 여행 비용 지출을 아끼겠다는 비율이 29%였고, 생활 만족도가 낮은 층은 23%였다. 친목 교제비 항목에서도 생활 만족도가 높은 층은 21%가 지출을 줄이겠다고 답했고, 낮은 층은 19%가 지출을 줄이겠다고 답했다. 즉 생활 만족도가 높은 층의 외출 자제 의식이 현저히 높으면서도 현재의 생활에 만족하고 있는 것으로 나타났다. 이는 외출이 제한된 생활 속에서도 즐거움을 발견하고, 자신만의 만족을 추구함으로써 나름대로 행복을 영위하고 있는 것이다.

사실 우리가 말하는 프리미엄 소비형은 부지런하게 자신의 행복을 위해 시간을 투입하는 것을 마다하지 않는 DIY형이라고도 볼 수

● 도표 4-16 **한국 소비자 유형별 만족도 추이**

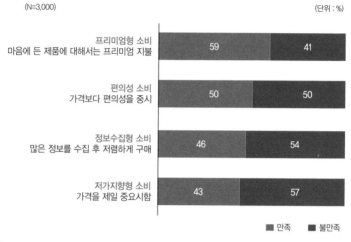

(N=3,000)   (단위 : %)

프리미엄형 소비 마음에 든 제품에 대해서는 프리미엄 지불	59	41
편의성 소비 가격보다 편의성을 중시	50	50
정보수집형 소비 많은 정보를 수집 후 저렴하게 구매	46	54
저가지향형 소비 가격을 제일 중요시함	43	57

■ 만족 ■ 불만족

출처 : 노무라종합연구소 2020년 5월 조사 결과.

있다. 집에서 있더라도 멍하니 있는 것보다는 무언가 새로운 것을 해 보겠다고 생각한다. 홈베이킹에 도전해보고, 생선을 직접 손질해보고 셀프 미용을 시도해보는 등 평소라면 하지 않았을 일들을 시도해 보는 것이다. 이와 같은 행동은 편리함과 효율성을 추구하는 현대 사회의 추세와 모순된다. 그렇지만 주체적으로 행동한다는 점, 생각을 할 수 있다는 점, 재미와 새로운 발견 기회가 있다는 점, 그리고 신체 능력 저하를 막을 수 있다는 이점이 있다. 이런 현상을 '불편의 유익 Benefit of Inconvenience'이라고 칭하기도 한다. 다시 말해 자신의 잠재 능력을 높이기 위한 무의식적 행동으로 볼 수 있다.

이는 기업에게는 생활에 필요한 개인별 맞춤형 상품 및 서비스를 제공하는 것에서 나아가 각 개인이 주체적으로 생산을 해낼 수 있는 도구, 즉 자원을 제공하는 혁신의 필요성을 가져왔다.

건강 생성론을 제창한 아론 안토노프스키는 유대인 강제 수용소에서 혹독한 경험을 한 사람 중에서도 심신이 건강하게 유지된 사람이 일정 수준 있었던 것에 착안하여, 위기 속에서도 건강한 멘탈을 유지하기 위한 세 가지 요소를 주장했다. 외부 스트레스 발생원에 대한 이해 가능성, 대응 가능성, 유의미한 행동 창출 가능성이 그것이다. 이를 코로나19 팬데믹에 적용시켜보면, 원인을 알 수 없는 바이러스이므로 이에 대해 이해 가능성을 적용할 수 있는 사람은 거의 없을 것이다. 그러나 개인이 활용할 수 있는 시간 및 자원이 풍부하다고 인식하는 것은 가능하고(대응 가능성), 마스크 품귀 현상이 나타나자 마스크를 만들어 기부하는 등 에너지를 가치 있는 곳에 쓰겠다고 생각하는 것도 가능하다(유의미한 행동 창출 가능성).

또한 아이러니 하지만 언택트를 가속화시킨 디지털기술이 불편의 유익을 만드는 데 기여하고 있기도 하다. 대표적인 예로 유튜브 등 온라인 콘텐츠를 통해 요리를 배우거나 향초를 만드는 법을 공유하는 것 등을 들 수 있다. 이는 코로나19로 외출이 어려운 상황이지만, 디지털기술을 통해 건강한 라이프스타일을 유지하는 하나의 방법으로 자리매김해가고 있다.

뉴노멀 교육, 에듀테크의 시대

2020년 초·중·고등학교 학생들은 등교한 날보다 원격수업으로 수업을 진행한 날이 더 많았다. 대학교도 마찬가지다. 1학기 전면 비대면화로 진행한 것에 이어 2학기 수업도 상당 부분 비대면 수업으로 전환된 추세이다. 코로나로 인한 교육의 공백은 가장 우려스러운 부분 중 하나인데, 학생들의 교육은 어떤 분야보다 공백 없이 지속되어야 하지만 갑작스럽게 학교 수업이 온라인으로 전환되면서 학생들의 학업 성취도가 하락하는 현상이 나타나고 있다고 한다.

이에 따라 기존 수업의 온라인화뿐 아니라 온라인 내에서 신규 교육모델이 창출되는 등 변화가 가속화되고 있다. 온라인 원격수업만으로는 오프라인에서 직접 받는 대면 교육만큼 효과를 거두기 어렵다. 또한 빈약한 콘텐츠 등 일정 수준을 충족시키지 못하는 부분이 발생할 수도 있기 때문에 이를 보완할 수 있는 이러닝 시장 비중이 높아지고 있는 것이다. 국내 교육 기업들의 온라인 교육 관련 매출도 증가하고 있는 추세이다. 대표적인 사교육 기업 중 한곳인 대성학원의 디지털대성 이러닝 사업의 매출 규모는 코로나 이후 증가했으며, 2019년 디지털대성 매출액의 54.7%를 차지했던 온라인 강의 사업은 2020년 1분기 65%까지 증가했다.

학부모들이 육아, 업무 등으로 온라인 학교 수업 지도에 한계를 느끼고 있는 상황과 맞물려 에듀테크Edu-Tech 서비스에 의존하는 추세 역시 강화되고 있다. 에듀테크란 교육Education과 기술Technology의 합성어로 이러닝을 넘어 학습자 맞춤 교육, 교사 업무 경감 등 교육 효과를 높이기 위한 신기술을 말한다. 가상현실, 증강현실, 인공지능, 빅데이터Big Data 등의 기술을 콘텐츠, 솔루션, 하드웨어 및 시스템에 접목한 제품 및 서비스 전반을 의미하는데, 최근 교육에 대한 관심이 증가하면서 온라인 교육 플랫폼을 포함한 서비스, 전자기기, 에듀테크를 접목한 장난감 등의 수요가 급증하고 있다.

AI 영어 학습 앱인 듀오링고와 산타토익은 영어를 기반으로 67개 언어의 학습을 제공한다. 개개인 수준에 맞춰 읽고 듣고 쓰고 말하는 학습을 진행하도록 해준다. 특히 산타토익은 20~40개의 문제만 풀면 학습자의 취약점을 AI가 분석하여 해당 부분에 특화된 학습을 하도록 하여 성취도를 월등하게 향상시킬 수 있다. 페이스북이 개발한 AI 학습 로봇Nerdybot도 주목할 만하다. 수학 공식을 풀거나 그래프를 그려주는 AI 로봇으로, 채팅 형태로 물어보면 거의 100%의 확률로 정답을 말해준다. 아직까지 완벽하지는 않지만 1대 1 맞춤 수업의 가능성을 보이는 사례이다.

평생 공부하는 인류의 출현

한편 성인층의 교육에 대한 니즈가 증가하고 있는 부분도 주목해

봐야 한다. 이는 불투명한 미래에 대한 불안감에 기인한 것으로 늘어난 개인 시간에 더해 사회적 불안감, 경제적 타격, 그리고 미래 고용 형태의 변화로 인한 온디맨드 기반의 긱이코노미Gig Economy*가 현실화되면서 그 니즈가 더욱 확대되었다. 평생직장의 개념이 사실상 사라지고, 투잡, 쓰리잡, 조기 은퇴 등이 가속화되는 사회에서 성인들의 배움에 대한 욕구가 높아지고 있는 것이다. 이로 인해 직장인의 취미이자 자기계발 니즈를 충족하기 위한 교육 플랫폼이 급부상하고 있다. 최근 국내 강의계의 넷플릭스라고 불리는 온라인 취미·커리어 교육 플랫폼 클래스101은 언택트 기반의 강의를 제공하는 툴로 각광받고 있다. 클래스101은 강의의 다양성뿐 아니라 각 분야 전문가들의 강의를 통해 양질의 콘텐츠를 제공한다는 점이 차별화 포인트이다. 그중 시그니처⁺서비스는 각 직업을 경험해볼 수 있는 기회를 제공한다. 외식 사업으로 유명한 방송인 홍석천, 마술사 최현우, 격투기 선수 김동현부터 프로파일러 표창원, 경제 전문가, 유명 유튜브 크리에이터 등의 강의가 다양하게 제공되고 있다. 또한 각 분야에서 종사하고 있는 개인 크리에이터가 자유롭게 자신이 보유한 기술, 재능을 제공하고 수입을 확보한다. 구독형 서비스 형태로 수익을 확보하며 수업에 필요한 재료를 DIY 키트 형태로 제공함으로써 양질의 수업을 받을 수 있는 기반까지 통합 제공한다. 해당 플랫폼에서 제공하는 강

• 필요에 따라 기업들이 단기 계약직이나 임시직으로 인력을 충원하고 대가를 지불하는 형태의 경제

의는 일러스트, 요리, 홈트레이닝 등 취미부터 직무 관련 강의까지 약 200여 개에 달하고, 이용자 수는 2020년 1분기 기준 전년 동기 대비 약 300% 증가한 것으로 나타났다. 향후에도 이런 성인 대상 언택트 교육 등은 더욱 확장될 것으로 판단된다.

06

최고의 부담으로 등극한
가사 양육 서비스의 미래

코로나19가 불러온 일상생활의 변화 중 큰 부분으로 가사·육아의 부담이 증가한 것을 들 수 있다. 초등학생 이하 자녀가 있는 가정의 부모를 각각 육아 남성과 육아 여성으로 정의한 후, 가사·육아의 부담, 가족과 소비에 대한 인식, 가사·육아 도우미 서비스에 대한 니즈 세 가지 관점에서 코로나19가 미친 영향에 대해 일본 소비자들을 대상으로 설문조사를 실시한 결과 대부분 각 항목에 대해 '부담이 가중되었다'고 답했다.

먼저 가사·육아의 부담에 대해 육아 남·여 공통적으로 약 70%가 '가사·육아에 할애하는 시간이 늘었다'고 답했다. [도표 4-17]에서 나타난 것처럼 그중 27%는 하루 2시간 이상으로 '매우 늘었다'고

도표 4-17 **코로나 이후 가사 및 육아 소요 시간 변화 추이**

(단위 : %)

육아
남녀
(N=353)

| 27 | 42 | 27 | 2 | 2 | 0 |

■ 매우 늘었다(2시간 이상)　　■ 다소 늘었다　　■ 똑같다
■ 다소 줄었다　　■ 매우 줄었다(2시간 이하)　　■ 모르겠다

코로나 이후 늘어난 가사 · 육아 시간 확보 방법

(단위 : %)

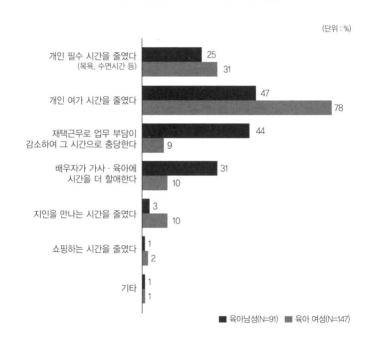

	육아남성(N=91)	육아 여성(N=147)
개인 필수 시간을 줄였다 (목욕, 수면시간 등)	25	31
개인 여가 시간을 줄였다	47	78
재택근무로 업무 부담이 감소하여 그 시간으로 충당한다	44	9
배우자가 가사 · 육아에 시간을 더 할애한다	31	10
지인을 만나는 시간을 줄였다	3	10
쇼핑하는 시간을 줄였다	1	2
기타	1	1

출처 : 노무라종합연구소 2020년 4월 조사 결과.

답했는데, 이는 유치원 및 학교의 휴교령에 의한 것으로 분석된다. 가사·육아 시간을 어떻게 마련하고 있는지에 대한 질문에 대해서는 여성 78%, 남성 47%가 '자신의 여가시간을 줄였다'고 답해 응답자의 대다수를 차지했다([도표 4-17]). 또한 남성의 44%가 '재택근무 등 업무 환경의 변화로 인해 일에 대한 부담이 감소했다'고 답했고, 재택근무로 인해 길어진, 집에서 보내는 시간을 가사·육아에 할애하고 있는 것으로 나타났다. 한편 '배우자가 가사·육아에 시간을 더 할애한다'는 항목에 대해서는 남성 31%가 '그렇다'고 답했으나 여성의 경우 10%만이 '그렇다'고 답했다. 또한 '배우자가 아닌 친척, 지인, 친구 등의 도움을 받았다'고 답한 사람은 여성 10%, 남성 3%가 '그렇다'고 답했다.

가족과 소비에 대한 인식에 대해서는 '육아에 남녀 모두가 평등하게 참여해야 한다' 또는 '가사는 부부가 함께 책임진다'라고 답한 사람이 모두 증가했다. 코로나19 확산에 따라 가사·육아를 공동으로 해야 한다는 인식이 강화된 것이다. 다만 소비의식에 대해서는 '가격을 이전보다 더 중요시한다'라고 답한 비율이 여성 65%, 남성 49%로 남녀 차가 나타났다. 이런 성별간 인식 차는 '감염 확대에 대한 불안'에 대해서도 나타났는데, '불안감이 높아졌다'고 답한 비율이 여성 69%, 남성은 55%였다.

마지막으로 코로나19 이후 가사·육아 도움 서비스를 이용할 의향이 있는지에 대한 질문에 대해서는 가사·육아 관련 서비스 중 자

● 도표 4-18 **코로나19 확대 후 소비 인식의 변화**

코로나19 이후 제품 구매시 가격을 더 중시하는가? (단위 : %)

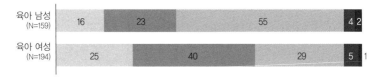

코로나19 이후 감염 확대에 대한 불안감이 더 커졌는가? (단위 : %)

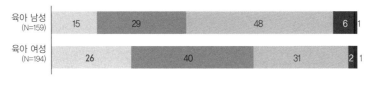

■ 매우 그렇다 ■ 그렇다 ■ 보통이다 ■ 그렇지 않다 ■ 매우 그렇지 않다

출처 : 노무라종합연구소 2020년 4월 조사 결과.

녀용 유료 동영상 콘텐츠 제공 서비스, 온라인 학습 지원 서비스, 음식 배달 서비스 등 온라인 서비스를 이용하겠다고 답한 비율이 높았다([도표 4-19]). 특히 온라인 학습 지원 서비스는 코로나19 이전에 비해 두드러지게 높아졌다. 코로나19로 이후의 원격 학습으로 인한 학습 기회 손실에 대한 문제의식이 높아지고 있는 것으로 판단된다. 한편 임시 자녀 돌봄 서비스, 방문형 가사 지원 서비스 등은 가사 부담이 줄어드는 것임에도 불구하고 이용 의향이 각각 10% 정도 증가하는 것에 그쳤다. 이는 코로나로 인한 대면 서비스에 대한 불안이 작

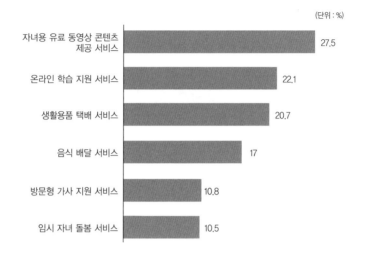

● 도표 4-19 **코로나19 이후 가사·육아 도움 이용 의향 변화**

(단위 : %)

- 자녀용 유료 동영상 콘텐츠 제공 서비스 — 27.5
- 온라인 학습 지원 서비스 — 22.1
- 생활용품 택배 서비스 — 20.7
- 음식 배달 서비스 — 17
- 방문형 가사 지원 서비스 — 10.8
- 임시 자녀 돌봄 서비스 — 10.5

출처 : 노무라종합연구소 2020년 4월 조사 결과.

용한 것으로 분석된다. 그러나 남녀 간 비율의 차이는 있었다. 남성은 대부분의 서비스에 대한 이용 의향이 증가했다. 특히 유료 전자책 서비스 외에도 육아 공유 서비스, 방문형 가사 지원 서비스처럼 대면 접촉 기반이더라도 근본적으로 가사 부담을 감소시켜줄 수 있는 서비스에 대해 여성에 비해 이용 의향이 높은 것으로 나타났다. 여성이 남성에 비해 현저하게 이용 의향이 높게 나타난 것은 음식 등의 택배 서비스뿐이다. 비용에 민감한 육아 여성은 새로운 서비스의 활용·지불에 신중한 한편, 코로나19를 계기로 가사·육아에 참여하기 시작한 남성은 비용에 대한 민감도나 대면 접촉에 대한 우려가 육아 여성만큼 크지 않아 새로운 서비스의 이용 의향이 상대적으로 확대되는 것으로 분석된다.

남녀 모두에게 필요한 가사·육아 서비스

지금까지 살펴본 바에 따르면 코로나19의 영향으로 가사·육아 부담은 늘었음에도 불구하고, 대면 서비스에 대한 이용 니즈는 커지지 않는 모습이 나타났다. 따라서 가사·육아를 지원하는 서비스 제공자는 코로나19 감염에 대한 우려를 어떻게 불식시킬지에 대한 대안을 마련해야 한다. 예를 들어 일본의 경우 베이비시터 파견 서비스를 제공하는 키즈라인은 2020년 4월부터 과외 서비스 및 육아 상담을 온라인으로 제공하고 있다. 가사 대행 서비스인 베어스 역시 2020년 5월부터 가사 대행 서비스에 대한 온라인 상담, 방문시 고객과 거리를 두고 청소 작업을 하며 종료시 살균 방역을 실시하는 가사 대행 소셜 디스턴스Social Distance 서비스를 시작했다. 이러한 서비스의 온라인화, 사회적 거리에 대한 배려는 가사·육아로 부담을 겪고 있는 가정의 서비스 이용 장벽을 낮추는 데 도움을 줄 수 있을 것이다.

또한 코로나19가 안정화되거나 종식된 이후에도 재택근무 등의 업무 스타일 변화가 뉴노멀로 자리 잡는다면 코로나19 기간 동안 증가한 남성의 가사·육아 참여가 유지될 것으로 예상된다. 따라서 지금까지는 가사·육아 서비스를 결정시 여성 중심으로 구매를 결정했다면 향후에는 남성의 의견이 더 개입될 수 있음을 염두에 두고 변화에 대응해야 한다. 이미 언급한 바와 같이 남성은 여성에 비해 가사·육아 부담을 줄일 수 있다면 비용은 신경을 덜 쓰고 새로운 서비스 활용에도 적극적이기 때문에, 공급자 측면에서는 가사 대행 서비스와 온라인 기반의 신규 서비스 마케팅 기회 확대에 호재로 작용할 것으로 보인다. 예를 들어 남성이 담당하는 비교적 단순한 가사 활동(청소·설거지 등)의 지원을 주요 홍보 포인트로 삼거나, 가사 업무를 돕기 위한 클래스 등을 제안한다면 남성 입장에서 활용 가능한 서비스 니즈도 높아질 것이다.

한편 의사결정자가 기존 여성 중심에서 여성과 남성 모두로 확대됨으로써 합의 결정이라는 새로운 니즈가 발생할 가능성도 있다. 만일 집안일을 부담하려고 한 남성(또는 여성)이 외부에 가사 서비스를 의뢰하고 싶어도 부부 간 합의가 되지 않는다면 서비스를 사용하지 못할 것이다. 이러한 부분을 서비스 제공업자가 보완하는 것이 쉽지는 않겠지만 공략할 수 있는 요소는 생각해볼 수 있다. 예를 들어 가사 분담 이전의 업무를 가시화해주는 것을 생각해볼 수 있다. 가사 분담 응용 프로그램을 통한 온라인 상담을 진행하여 부부가 해야 할 가사·육아 업무가 얼마나 있고, 어느 정도 부담이 되고 있는지를 가시화해서 보여준다면 부부가 각자 분담하는 것이 효과적인 부분과 비용을 지불하더라도 외부 서비스를 이용할 것이 무엇인지 결정하기 쉬워질 것이다. 남성의 가사·육아에의 참여는 여성의 사회 활동을 보다 수월하게 할 뿐만 아니라 가정생활의 만족도 향상에도 직결된다. 코로나19를 계기로 확대된 남성의 가사·육아 동참 의식이 단순히 생각에 그치지 않고 실제로 참여에 이를 수 있게끔 관련 산업에서 보다 혁신적인 사업 형태를 제공한다면 육아 가정의 생활의 질을 높이고 만족감을 향상시키는 데 큰 도움이 될 것이다.

07

지역 공동체와
슬세권이 뜬다

코로나19가 장기화되면서 지역주의로 회귀하는 트렌드가 나타나고 있다는 점은 주의 깊게 살펴볼 필요가 있다. 대표적으로 최근 주목받고 있는 '슬세권'이 그 예이다. 슬세권이란 슬리퍼와 세권勢權의 합성어로, 슬리퍼를 신은 채 편안한 복장으로 다양한 활동을 즐길 수 있는 권역을 칭하는 단어이다. 코로나19가 등장하기 이전부터 1인 가구의 증가로 인해 주거시설에 쇼핑, 여가를 즐길 수 있는 주상복합단지에서 더 나아가 업무 영역까지 결합된 라이프스타일 복합 단지가 부동산시장에서 각광받았었다. 그러나 최근 뉴노멀이 본격화되면서 부동산시장에서뿐 아니라 유통업체를 중심으로도 슬세권에 대한 관심이 높아지고 있다. 외출은 하고 싶지만 코로나로 인한 불안감에 행

(단위 : %, 전년 동기 대비)

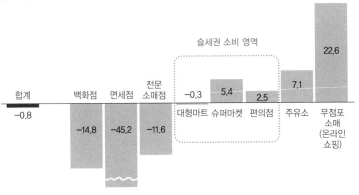

슬세권 소비 영역

| 합계 | 백화점 | 면세점 | 전문 소매점 | 대형마트 | 슈퍼마켓 | 편의점 | 주유소 | 무점포 소매 (온라인 쇼핑) |

-0.8 / -14.8 / -45.2 / -11.6 / -0.3 / 5.4 / 2.5 / 7.1 / 22.6

출처 : 통계청 자료 바탕으로 노무라종합연구소 작성.

동반경이 좁아진 소비자들이 거주지 근처의 편의시설만 제한적으로 이용하려는 경향이 강화되고 있기 때문이다. 상권이 슬세권 반경으로 좁아지는 현상은 소비 데이터를 통해서 살펴볼 수 있다. 코로나19 영향이 가시화된 2020년 2월~7월 사이의 소매업태별 매출액 변화를 살펴보면(전년 동기 대비) 슬세권 소비로 대표되는 대형마트(개인 대형 마트에 준하지만 편의상 전체로 보고자 함), 슈퍼마켓, 편의점 등 근린 채 널 매출 성장률은 전체 매출액이 0.8% 감소한 것에 비해 양호한 수준 으로 나타났다.

슬세권 중심의 생활 반경으로의 변화는 코로나 이후의 뉴노멀로 지속될 트렌드로 예상된다. 전통적인 우량 상권이었던 역세권(역에서

500m 이내 지역), 학세권(학군이 좋은 지역)에서 슬세권으로 트렌드가 변화한 것에는 중요한 의의가 있다. 기존에는 공급자 주도로 형성된 상권이라고 한다면 슬세권은 수요 변화로 인한 상권 트렌드의 형성이라는 점이다. 따라서 부동산, 유통 등 각 업계의 접근 방식은 소비자 라이프스타일이 로컬 커뮤니티 중심의 생활권으로 이동한다는 점에 초점을 두어야 한다. 지역별 소비자 특성에 맞는 세분화된 구색, 소비자의 경험 극대화, 직장·주거의 근접성 강화를 통한 편의성 증대 등이 그 방법일 것이다. 또한 슬세권의 인기에는 코로나19 감염 불안이라는 사회적 변화뿐 아니라 1인 가구의 증가, 밀레니얼세대의 집순이·집돌이 성향인 인구구조학적인 변화가 가세되어 있기 때문에 향후 새로운 성장 모멘텀으로 활용할 수 있는 기회의 포착이 필요하다.

코로나19의 역설, 로컬 커뮤니티의 성황

코로나19로 인해 사회적 거리 두기가 계속되고 대면 기반의 모든 모임에 제한이 가해짐에 따라 사회적 욕구가 충족되지 않고 있다. 여기에 소비자 생활권의 변화, 인구구조학적인 변화 그리고 언택트가 보편화됨에 따라 온라인과 로컬 커뮤니티 기반 비즈니스가 결합된 형태의 비즈니스가 성장하고 있다. 지역 기반 온라인 커뮤니티인 당근마켓이나 맘카페 등이 더욱 활성화되고 있는 것이 그 예이다.

당근마켓은 '당신 근처의 마켓'이라는 의미의 중고거래 애플리케이션으로 동네 주민들과 중고 물품을 직거래할 수 있는 지역 기반의 C2C 중고거래 서비스이다. GPS를 기반으로 동네 인증을 하고 반경 6km 내에 위치한 사용자들에 한해 물건을 직거래할 수 있다. 당근마켓의 2020년 5월 월간 순이용자수는 800만 명에 달하는데, 이는 국내 코로나19 확산 전인 1월 485만 명이던 것에 비해 2배 정도 증가한 수치이다. 직접 만나서 물건을 건네고, 돈을 받아야만 거래가 성사되는, 절반쯤은 오프라인에 속하는 서비스임에도 불구하고 소비자들이 코로나19 시기에 더 몰린 셈이다. 이처럼 당근마켓이 급성장한 요인은 신뢰 기반의 직거래, 억압된 사회적 욕구, 온라인 쇼핑 시간의 증가, 소소한 물건 구색 때문으로 파악된다. 일정 반경 범위 내의 자기 동네에서만 거래가 가능하다는 점은 물건을 구매하기 위해 거주 지역을 벗어나 멀리까지 나가야 하는 번거로움과 불안감을 해소해준다. 슬세권 생활 반경 내에서의 직거래이기 때문에 오프라인 직거래에 대한 심리적 거부감도 낮게 형성된다. 기존의 온라인 기반 직거래가 불특정 다수와의 거래인 것에 비해 동일 지역에 거주하는 이웃이라는 심리적 연결고리가 만들어지면서 신뢰를 갖게 되는 것이다. 여기에 더해 코로나에 따른 거리 두기로 가족, 지인과의 친목 모임을 자제하면서 사회적 욕구가 억압되어 있던 소비자들에게 이웃과의 교류라는 요소가 가미된 것도 적용되었다.

또한 코로나로 인해 온라인에서 소비하는 시간 자체가 늘어난 것도 당근마켓 수요 증가를 견인했다. 단순히 쇼핑이 아니라 소소한 제품 구색으로 인해 제품 구매라는 직접적인 목적 외에도 상품을 구경하고 사람들과 소통하는 등 소셜네트워크서비스라는 간접적 목적까지 충족시켜준 것도 하나의 성공 요인으로 볼 수 있다. 더불어 필요 없는 물건을 팔아 수익을 얻고 중고 물건을 값싸게 살 수 있다는 점은 코로나19로 인한 경제적 부담을 감소시켜주어 당근마켓의 인기에 힘을 싣고 있다.

08

복합 공간으로
진화하는 집

전통적으로 집은 내 가족, 또는 나 자신을 돌보는 보금자리이자 위험을 방어하는 울타리라는 의미를 가지고 있다. 현대인의 삶이 바쁘고 치열해질수록 집이 주는 심리적 의미는 더욱 중요해졌지만 실제로 개개인이 하루 중 가장 많은 시간을 보내는 장소는 직장이나 학교인 경우가 대부분이라 집에서 보내는 시간은 길지 않았다.

하지만 코로나19 사태 이후 집이라는 공간의 중요성은 더욱 확장되었다. 지금 상황에서 집은 단순한 주거 공간을 넘어 감염병의 피신처이자 자가 치료 공간의 역할까지 담당하고 있다. 더불어 직장인에게는 업무 공간으로, 학생들에게는 학교가 되었고, 보다 다양한 취미를 즐기는 공간이자 운동을 하는 피트니스센터가 되었다. 집이라는 공간은 물리적, 정서적으로 코로나 이전보다 중요도가 강화되고 있으며 더 이상 휴식을 취하고 잠을 자는 곳이 아니라 개개인의 라이프 스타일의 근간이 되는 복합 공간으로 변모하고 있는 것이다.

시장조사 전문 기업인 마크로밀엠브레인 트렌드모니터에서 2020년 4월 스마트폰을 사용하는 전국 만 19~59세의 성인 남녀 1,000명을 대상으로 조사한 결과에서도 집에 대한 인식이 달라진 것을 확인할 수 있다. 코로나 이후 집에서 보내는 시간의 변화에 대해 '이전보다 늘어났다'고 답한 응답자수는 2015년 23.8%에서 2020년 49.9%로 증가해 집에서 보내는 절대적인 시간이 증가한 것을 확인할 수 있다.

집에서 머무는 시간이 늘어나면서 집을 여가활동과 취미를 즐기는 공간으로 인식하고 있다는 것도 확인할 수 있다. 전체 응답자의 76.1%가 굳이 밖에 나가지 않더라도 집에서 할 수 있는 것들이 충분히 많다는 것에 공감했으며, '집에서 할 수 있는 활동에 관심이 많아지고 있다'는 답변이 74.5%에 달했다. 또한 '집 안에 나만의 공간을 만들고 싶다'고 답한 응답자도 85.6%에 달해 집에서 나만의 안식처를 갖고자 하는 니즈가 높은 것을 확인할 수 있다. 이런 인식 변화는 집이라는 물리적 공간을 정비하는 움직임으로 나타나고 있다. 최근 홈 인테리어가 인스타그램 등 소셜네트워크 서비스에서 가장 각광받는 주제로 떠오르고 있다. 이는 오프라인에서 경험했던 요소를 집 안에 구현하여 만족도를 높이고자 하는 목적이 바탕이 된 것으로 집에 대한 관심의 증가를 반증하는 일례이다.

코로나 이후 집에 대한 인식 변화

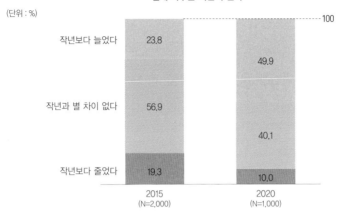

집에 머무는 시간의 변화

(단위 : %)

작년보다 늘었다 — 2015: 23.8 / 2020: 49.9
작년과 별 차이 없다 — 2015: 56.9 / 2020: 40.1
작년보다 줄었다 — 2015: 19.3 / 2020: 10.0

2015 (N=2,000)　　2020 (N=1,000)

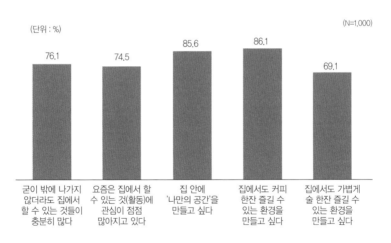

집 안에서의 활동에 대한 인식 변화

(단위 : %)　　　　　　　　　　　　　　　　　　(N=1,000)

- 굳이 밖에 나가지 않더라도 집에서 할 수 있는 것들이 충분히 많다 : 76.1
- 요즘은 집에서 할 수 있는 것(활동)에 관심이 점점 많아지고 있다 : 74.5
- 집 안에 '나만의 공간'을 만들고 싶다 : 85.6
- 집에서도 커피 한잔 즐길 수 있는 환경을 만들고 싶다 : 86.1
- 집에서도 가볍게 술 한잔 즐길 수 있는 환경을 만들고 싶다 : 69.1

출처 : 마크로밀엠브레인 트렌드모니터 조사 결과.

홈오피스가 필요해

한국의 경우 전면 도시봉쇄가 아닌 단계별 거리 두기 지침을 기반으로 기업의 재량에 따라 선택적으로 재택근무를 시행해왔지만 미국 등에서는 전면적인 도시봉쇄로 인해 기업들이 원하든 원치 않든 필수적으로 재택근무를 실시해야 했다. 이 시기에 글로벌 주요 기업은 그간 의문을 가져온 재택근무의 생산성과 효율성을 검증하게 되었다. 우선 재택근무의 효율성을 높이기 위한 전제 사항으로 기업 차원에서는 재택 업무 시스템 구축에 큰 비용을 투자했고, 실제 재택근무 실행을 통해 비용 절감 및 직원의 업무 효율 측면에서 재택근무가 긍정적 효과를 낸다는 것이 검증되었다. 이에 따라 재택근무는 뉴노멀로 자리 잡을 것이 분명해 보인다. 그런 변화는 향후 일하는 방식의 변화에도 큰 영향을 미칠 것으로 파악된다.

재택근무의 활성화로 집 안에 나만의 사무실, 즉 홈오피스를 조성할 필요가 생겨났다. 이에 따라 원격 회의를 위한 IT제품과 홈오피스 제품의 수요가 폭발적으로 증가했으며, 재택근무에 필수적인 효율적 협업을 위한 온라인 화상 및 채팅 플랫폼, 클라우드 컴퓨팅에 대한 수요가 확대되고 있다. 미국의 조사 결과를 보면, 직장인이 사용하는 주요 원격 협업 툴은 줌Zoom을 비롯해 마이크로소프트팀Microsoft Teams, 스카이프Skype 등이 있으며, 이 툴들은 한국에서도 학교, 직장을 가리지 않고 활발히 사용되고 있다. 실제로 줌은 코로나

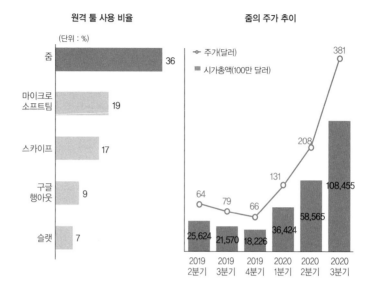

원격 툴 사용 비율

(단위 : %)

줌 ▬▬▬▬▬▬▬▬▬ 36

마이크로
소프트팀 ▬▬▬▬▬ 19

스카이프 ▬▬▬▬ 17

구글
행아웃 ▬▬ 9

슬랫 ▬ 7

줌의 주가 추이

◦– 주가(달러)
▪ 시가총액(100만 달러)

381

208

131

64   79   66

25,624 21,570 18,226 36,424 58,565 108,455

2019 2019 2019 2020 2020 2020
2분기 3분기 4분기 1분기 2분기 3분기

출처 : Clutch 2020 Survey, IR 자료를 바탕으로 노무라종합연구소 작성.

19 기간 동안 주가가 약 400배 성장이라는 놀라운 기록을 달성하기도 했다. 홈오피스용 기기 및 액세서리, 가구 등 관련 상품의 매출 역시 급증하고 있다. 소셜커머스 업체 위메프에 따르면 2020년 4월 웹캠 매출액은 전년 동기 대비 2987.36% 증가했고, 에누리닷컴도 관련 매출이 전년 동기 대비 934% 증가한 것으로 나타났다. 한샘 온라인몰의 홈오피스 관련 가구 매출은 전년 동기 대비 2020년 4월 31%, 5월 41%, 6월 52%가 증가한 것으로 나타났다.

홈트 전성시대의 기회

집에 머무는 시간이 많아지고, 다중이용시설인 피트니스센터가 기피 장소가 되면서 홈트레이닝Home Training 열풍은 더욱 거세지고 있다. 사람들은 이제 집에서 운동하는 것을 자연스럽게 받아들이고 있으며, 이를 위한 공간 구성, 상품군, 서비스 등 관련 시장이 진화하고 있다. 사실 과거에도 홈트레이닝 제품은 꾸준하게 출시되었지만 단순한 콘텐츠 또는 케틀벨 등 운동 기구 판매 형태에 머물렀다. 하지만 코로나19 이후 피트니스센터를 집 안으로 옮겨오는 솔루션 전체를 판매하는 업체 등 홈트레이닝 비즈니스의 범위가 확대되고 있다. 미국의 홈트레이닝 디바이스 업체인 템포Tempo는 홈짐Home Gym 시스템을 판매하고 있는데, 3D센서를 부착한 디바이스를 통해 사람의 동작을 스캔하고 AI 기술을 활용하여 1대 1 코칭과 운동 방식을 분석해 클래스를 제공하고 있다. 기기의 가격은 1,995달러이며, 매월 39달러를 지불하는 구독형 서비스를 통해 1대 1 맞춤형 서비스를 제공하고 있다.

미국 홈 피트니스계의 넷플릭스로 평가받는 펠로톤Peloton은 소셜네트워크상에서 '코로나 팬데믹 동안 미국인의 필수품은 고기와 휴지, 그리고 펠로톤'이라는 말이 나올 정도로 코로나 기간 동안 폭발적으로 성장하고 있다. 펠로톤은 2012년 뉴욕에서 고정식 실내 자전거 판매 및 운동 콘텐츠 제공 서비스로 시작했고, 2019년 9월 나스닥에 상장했다. 펠로톤이 코로나 기간 동안 폭발적인 인기를 얻은 요

템포의 홈짐 시스템. 3D 센서를 부착한 디바이스를 통해 이용자의 동작을 스캔하여 1대 1 맞춤코칭을 제공한다.

인은 크게 네 가지로 살펴볼 수 있다. 커넥티드 피트니스 기구, 구독형 콘텐츠 제공, 콘텐츠의 압도적인 품질, 그리고 커뮤니티 서비스이다. 좀 더 자세히 살펴보면 첫째, 홈트레이닝의 최대 단점인 혼자 운동하는 건 지루하다는 인식을 보완하기 위해 운동 기구 앞에 커다란 모니터를 달았다. 운동기구는 크게 실내 자전거, 트레드밀 및 기타 덤벨을 포함하여 다양한 운동이 가능하게 했는데, 펠로톤에서는 디바이스를 통해 콘텐츠를 제공함으로써 높은 매출을 확보하는 비즈니스모델을 구축했다. 커넥티드 피트니스 제품은 펠로톤 전체 매출의 80%를 차지하고 있다. 둘째, 구독형 콘텐츠를 통해 펠로톤만의 독점적인 스포츠 콘텐츠를 구독할 수 있게 했다. 유저들은 펠로톤이 매주 수십 개씩 새로 제공하는 콘텐츠 라이브러리에서 마음에 드는 수업을 선택해서 운동할 수도 있고, 라이브 클래스에 참여하여 다른 참여자와 운동할 수도 있다. 셋째, 콘텐츠의 압도적인 품질인데, 펠로톤은 이를 위해 실력 있는 강사를 육성하는 데 집중했다. 타 업체 대비 높은 수준의 수업료를 지불하고 특히 초창기에는 인기 강사를 섭외하기 위해 스톡옵션까지 제공했다. 또한 소비자들이 원격 수업 때 느끼는 긍정적 경험을 극대화하기 위해 콘텐츠 제작 환경에 막대한 투자를 하여 실감나는 스트리밍 콘텐츠를 만드는 데 주력했다. 펠로톤 전용 스튜디오를 제작하고, 에미상을 수상한 전문가들로 촬영 스태프를 구성하여 최고의 콘텐츠를 만드는 것이다. 이뿐만 아니라 B2B 음악 스트리밍 서비스인 뉴로틱미디어Neurotic Media를 인수하여 고객 경험을 극대화하고 있다. 넷째, 집에서 혼자 운동을 하게 되면 쉽게 지루해지기 때문에 펠로톤은 커뮤니티 활성화에 많은 노력을 기울였다. 페

●
(위) 펠로톤의 커넥티드형 실내 자전거.
(아래) 펠로톤이 직접 제작한 수준 높은 콘텐츠를 제공하여 고객 경험을 극대화시키고 있다.

● 도표 4-23 **펠로톤의 주가 추이**

(단위 : 달러)

미국 코로나19 확산 본격화

펠로톤인터렉티브(NasdaqGS:PTON) – Share Pricing

출처 : Clutch 2020 Survey, IR 자료를 바탕으로 노무라종합연구소 작성.

이스북, 인스타그램을 통해 참여자들이 피트니스 경험을 공유하도록 커뮤니티를 만들었는데, 배우 휴 잭맨, 육상선수 우사인 볼트, 버진 그룹Virgin Group의 리차드 브랜슨과 같은 유명인까지 참여하고 있다. 또한 매일 14개 정도의 라이브 스트리밍 클래스에는 수백, 수천 명이 참여한다. 이러한 라이브클래스에 참여할 경우 누가 어느 정도 성과를 냈는지, 순위를 보여주어 경쟁심을 고취시키고, 동기부여를 해준다.

이런 홈트레이닝 관련 시장은 향후에도 분명 더욱 성장할 것이다. 집이라는 공간이 새로운 역할을 할 수 있도록 해주는 이 같은 비즈니스는 소비자들의 니즈만 면밀하게 파악한다면 새로운 기회를 열어주는 출구가 될 수 있다는 의미이기도 하다.

놀이하는 공간으로서의 집

코로나19 이후 집은 놀이공간으로서의 기능도 겸하게 되었다. 자신만의 행복을 찾고 여가를 즐기는 놀이의 공간으로 재정립되고 있는 것이다. 언택트와 집에서 여가를 즐기는 트렌드가 확산되면서 비대면 콘텐츠인 게임 산업도 가파르게 성장하고 있다. 게임 산업의 호황은 글로벌 공통적으로 나타나고 있는 추세이다. 글로벌 게임시장 분석기업 뉴주Newzoo가 조사한 게임 산업의 규모는 2020년 194조 원으로, 2019년 대비 9.3% 증가할 것으로 예상했다.[•] 또한 코로나의 영향에 따른 게임 산업의 지속적 호황으로 향후 연평균 8.3% 성장하여 2023년 246조 원 규모에 달할 것으로 전망했다. 특히 모바일 게임과 콘솔 게임의 성장이 PC 기반 게임 대비 성장세가 높은 것으로 나타났다.

특히 모바일 게임 산업의 성장이 두드러지는 것은 언택트 트렌드를 기반으로 하고, 기본적으로 무료로 제공되며(인앱 결제를 통해 수익을 확보) 세계 인구의 40% 이상이 스마트폰을 소유함에 따라 접근이

• 여기에서 말하는 게임이란 모바일게임, PC 게임 및 비디오 콘솔 등을 통한 게임을 아우른다.

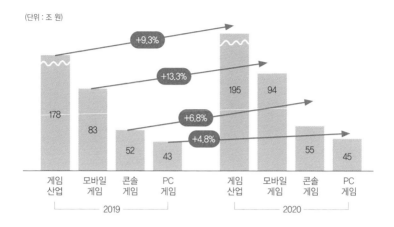

● 도표 4-24 **글로벌 전체 게임 산업 및 모바일 분야 시장 규모**

(단위 : 조 원)

출처 : 뉴주 발표 리포트를 바탕으로 노무라종합연구소 작성.

용이하기 때문이다. 특히 국내에서는 사회적 거리 두기로 인해 PC방 이용이 제한되면서 이의 대체재로 모바일 게임이 증가한 것도 영향을 미쳤다. 또한 PC 및 콘솔 게임에 비해 개발 부담이 적다는 점도 리스크를 상대적으로 낮춰주어 업계가 확대되고 있다. 미국 시장 조사업체 센서타워의 조사 결과를 분석해보면 구글 플레이와 앱스토어의 게임 다운로드 수는 코로나 팬데믹이 본격화된 2020년 1분기 134억 건, 2분기 151억 건으로 나타났다. 코로나 이전의 분기 평균 성장률은 2.2%에 불과했지만 코로나 이후 16.6%로 성장세가 급격하게 높아진 것이다.

유연한 공간 구성의 필요성 대두

살펴본 바와 같이 코로나 이후 집은 라이프스타일 복합 공간으로 변화했다. 이에 각자의 라이프스타일에 맞춰 공간을 유연하게 구성하고자 하는 니즈가 증가하면서 이러한 변화의 모습을 반영한 건축·설계 방식이 새로운 주거 트렌드의 중심이 되고 있다. 개개인의 라이프스타일에 따라 필요한 공간의 형태가 다를 뿐 아니라 코로나19로 가속화된 생활방식 변화가 집안에 필요한 공간의 영역을 확장시켰기 때문이다. 유연한 공간 구성을 위한 변화는 초개인화에 따른 것으로 크게 수직적 공간 구성의 다양화(단독주택 등)와 평면 구성의 유연화(아파트 등) 두 부분으로 나뉘어 나타나고 있다. 우선 수직적 공간 구성의 다양화를 차별화 요소로 강조하는 블록형 단독 주택이 코로나 이후 유연한 공간을 확보할 수 있는 주거 형태로 주목받고 있다. 블록형 단독주택이란 아파트와 단독주택의 장점을 결합한 형태로 밀집된 아파트에서 벗어나 단독주택의 장점을 누리고 싶어 하는 소비자들을 타깃으로 등장했으나, 코로나 이후 야외에 대한 선호도가 높아지면서 층고(층별 높이)를 조정하여 방 배치도를 바꾸거나 맞춤형 추가 공간을 제공하는 형태로 진화하고 있다.

한편 수평적 공간 구성의 다양화는 아파트와 같은 평면형 주거 공간에서 유연한 공간 구성을 위한 노력으로 나타나고 있다. 기존의 내력벽 대신 기둥식 혹은 가변형 설계 구조를 도입하는 형태로 공간을 차별화하고 있다. 내력벽 형태의 구조에서는 벽으로 가로막혀 리모델링이 불가능했지만 기둥식·가변형 구조를 통해 벽과 기둥의 골조를 최소화하여 공간 활용 여지를 넓힐 수 있다. 이러한 방법을 통해 구분된 방 형태의 공간 구성이 아니라 집 안에 다양한 구역을 나눌 수 있게 된다.

또한 집 안에서 자연을 접할 수 있는 공간의 필요성도 대두되고 있다. 구글은 2020년 4월, 코로나19 기간 동안의 131개국 인구 동선에 대한 통계 분석 결과를 발표했다. 그 결과 중 한국만 한정해서 보면 대부분의 장소에 대한 방문 횟수는 줄었지만, 특이하게도 공원을 비롯한 야외를 방문한 횟수는 51% 이상 증가한 것으로 나타났다. 이는 주요국의 경우 22%인 것에 비해 높은 숫자이다. 이 같은 수치가 나타난 이유는 한국의 주거 구조가 대부분 아파트에 거주하는 형태이기 때문에 집 안에서 햇볕을 쬐고 바람을 쐴 공간이 절대적으로 부

캐나다 몬트리올에 위치한 해비타트 67Habitat 67. 이 아파트는 각 가구의 테라스가 마당 역할을 하고 있다.

족하기 때문으로 파악된다. 이런 한국적 주거 상황에서 최근 전문가를 중심으로 테라스의 필요성이 대두되고 있다. 혹시 모를 격리 중에도 실내에서 자연을 접할 수 있는 이용할 수 있게 하자는 취지이다. 코로나 기간 동안 증폭된 스트레스와 불안감을 해소할 수 있는 방법으로 야외 활동의 중요성을 다시 한 번 체감했기 때문에 향후 공간 구성시 차별화 요소로 부각될 가능성이 높다고 판단된다.

보다 넓은 공간에 대한 수요 확대

코로나로 인해 나타난 주거 공간의 트렌드로는 절대적으로 넓은 공간에 대한 니즈가 증가하는 모습도 나타나고 있다. 코로나19로 인해 본연의 기능인 주거 기능 외에도 피신처, 재택근무, 보육, 여가활동 공간 역할까지 수행해야 하는 공간으로 변화함에 따라 좁은 공간에 대한 스트레스가 늘어난 것이다. 따라서 코로나19 이후 사람들은 주택을 선택할 때 '어디에 살 것 인가' 하는 위치보다 '얼마나 쾌적한 주택에 살 것인가' 하는 규모와 질에 대한 부분이 보다 중요해질 것이다. 이는 단순히 면적의 증가뿐 아니라 더 높은 층고를 요구하는 전체적인 부피의 증가를 의미한다. 코로나 이전에는 소형 평형을 선호하는 트렌드로 인해 침실과 부엌 정도만 필요하다고 느꼈던 반면, 코로나19 이후 시대에는 집에서도 업무용 방이나 온라인 강의를 위한 공부방, 홈트를 위한 방 등이 필요한 것이다. 하지만 경제적 제약에 따라 무조건 대형 면적을 추구할 수는 없으니 비교적 저렴한 도시 외곽에 대한 선호가 보다 높아지는 형태로 나타날 수 있다. 최근의 수도권 외곽 지역의 주택가격 상승 추세가 이를 뒷받침하고 있다. 국토부에서 발표한 주거실태조사에 따르면 1인이 소비하는 적정 면적은 9평(전용면적 29.7m²)이나, 코로나19 이후 이 기준이 12평(39.6m²)로 늘어날 것으로 예측하고 있다. 따라서 3~4인 기준 30~40평대의 중대형 아파트에 대한 수요가 높아질 수밖에 없다. 하지만 현재 시중에 공급된 아파트는 대부분 20평~30평형대였기 때문에 주택 공급 시장에도 변화가 나타날 것으로 예상된다. 국토교통부에서 2020년 7월 집계한 아파트 평형대별 매매 거래의 전년 동월 대비 증가율을 보면 전체 평균은 131%인 것에 비하여 중대형(86~165m²) 154%, 대형(165m² 이상) 148%로 평균치를 상회하고 있다. 이는 최근 몇 년간 중소형 아파트가 인기였던 것과 대비된다. 또한 현재의 층고 기준인 2.4m에서 3m 이상 수준으로 높이고자 하는 트렌드도 등장하고 있다. 집이 업무 공간으로 탈바꿈한다면 집의 면적뿐 아니라 높이까지 확장되어야 업무 효율이 높아지고 창의성이 발현된다는 것이다. 또한 층고가 높아지면 공간의 밀도가 낮아져 바이러스 전파 가능성도 줄어드는 방역 효과도 일정 수준 기대할 수 있을 것이다.

지금까지 코로나19로 인해 우리의 라이프 스타일이 어떻게 바뀌고 있는지 소비 측면, 시간을 보내는 방식, 그리고 집의 의미 변화라는 측면으로 구분하여 살펴보았다. 코로나로 인해 어떤 새로운 트렌드가 생성되는 것보다는 언택트로 변화하고 있던 소비 양상이 극대화되고 이르면 10년 내에 도래할 것이라고 예상했던 기술이 갑작스러운 도입되는 등 기존에 조금씩 변화하고 있던 트렌드가 가속화되는 형태가 향후에도 지속될 것이다. 거기에 불황 시기에 나타나는 소비의 행태, 사회 전반에 점점 짙게 깔리는 코로나 블루로 인한 보상 형태의 새로운 트렌드가 만들어지고 있다.

코로나가 완전히 종식된다고 하더라도 우리는 완전히 예전의 일상으로 돌아가는 것이 쉽지 않을 것이라고 한다. 포스트 코로나의 시대가 아닌 위드코로나의 시대를 살아야 할 것이라는 의미이다.

감염의 확산을 막기 위해 단절했던 대면 소통은 다른 형태의 소통으로 승화될 것이며 우리의 삶을 풍요롭게 하는 새로운 방식을 만들어낼 것이다. 로컬 커뮤니티의 활성화, 라이브 스트리밍의 등장 등이 그러한 새로운 방식의 한 예로 봐야 한다. 동네 커뮤니티 또는 원격으로 삼삼오오 모여 예전 유럽의 살롱Salon 문화처럼 서로의 삶을 나누고 지식을 교환하면서 갈수록 거세지는 위기의 돌풍 앞에서 견뎌나갈 힘을 기르는 새로운 소통의 문화도 가능할 것으로 판단된다.

5장

일하는 방식의 대전환,
워크스타일 시프트

01

코로나가 앞당긴
일의 미래

코로나19 이전부터 미국과 일본 등의 선진국에서는 일하는 방식 (워크스타일)의 변화가 나타나고 있었다. 그리고 이를 지원하기 위해 업무조직의 변화(팀 중심의 조직), 자율좌석제Free-adress, 협의 공간 확대 등 오피스 레이아웃의 변화가 이미 나타나고 있었다.

미국에서는 실리콘밸리에 위치한 정보통신기술ICT 기업들이 업무 방식의 변화를 선도하였다. 미국의 경우 정보통신산업의 급성장으로 인력 수요가 급격히 증가하였다. 더욱이 이들 기업에는 일반 대졸 인력이 아니라 ICT 관련 전문 기술을 익힌 고급 전문 인력이 필요하기에 인재의 지속적 확보가 중요했다. 이러한 환경에서 직원 개개인의 가치가 상승했고, 동시에 기업은 직원의 생산성을 최대한 높일 수 있

● 도표 5-1 **일본의 출생아 수 추이(1990~2019)**

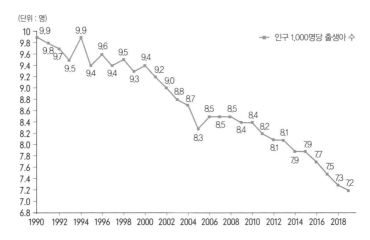

(단위 : 명)

출처 : Euromonitor 자료를 바탕으로 노무라종합연구소 작성.

는 업무방식과 업무 환경에 대해 고민하였다.

일본은 다소 상황이 다르다. 일본에서 업무방식의 변화에 대한 이슈가 대두된 이유는 인구구조 변화에서 비롯되었다. 일본은 지속적인 저출산˙과 고령화˙˙로 인해 2019년 생산가능인구 비율이 60% 이하로 감소하였다. 그 결과 기업과 정부에서는 기존의 남성 중심의 고용에서 여성, 고령자, 외국인에 대한 고용 확대가 필요하다고 인식하

˙ 일본의 인구 1,000명당 출생아 수는 2017년 7.5명, 2019년 7.2명으로 나타났으며 합계출산율(가임기 여성이 평생 낳을 것으로 예상되는 평균 출생아 수)는 2017년 1.43명으로 나타났다.

˙˙ 일본의 65세 이상 인구 비율(고령화율)은 2019년 9월 기준 28.4%로 세계 최고이며, 일본의 평균연령은 2020년 기준 48.4세이며, 2050년에는 54.7세로 전망된다.

였다. 하지만 일본에서는 한국과 같이 장기 근로가 자리 잡고 있어서 다양한 계층의 고용을 가로막고 있었으며, 민간과 정부는 이를 개선하기 위해 동일한 장소에서 장시간 근무하는 기존의 업무방식을 개선할 필요가 있다고 판단하였다. 후지쓰나 파나소닉 등 민간 기업에서는 2000년대 후반부터, 정부 차원에서는 2016년부터 '일하는 방식의 개혁'을 통해 기업에 유연한 근무체계를 도입하고자 하는 움직임이 시작되었다.

한국에서의 워크스타일 시프트 조건

한국에서도 코로나19 이전부터 업무 환경의 변화는 조금씩 나타나고 있었다. 인공지능, 빅데이터 등 디지털기술로 촉발되는 초연결 기반의 차세대 산업혁명인 4차 산업혁명이라는 용어가 대두되면서 각 기업들은 이에 대응하기 위한 변화를 꾀하던 상황이었다. 삼성전자는 2015년부터 자율출퇴근제를 도입했으며, 2016년에는 '스타트업 삼성 컬처혁신'이란 이름으로 연공주의 중심 인사제도를 업무와 전문성을 중시하는 직무·역할 중심의 수평적 인사체계로 개편했다. ICT 기업인 카카오는 2018년 10월 탄력적 근로시간제를 도입하여 직원들이 일하는 시간을 자율적으로 선택하고 있다. 네이버는 책임근무제에서 선택적 근로시간제를 적용하고 있다. SK하이닉스는 2018년부터 공유좌석제를 본격화하였으며, SK이노베이션, SK에너지, SK트레이딩인터내셔널은 공유오피스를 통해 회사 및 조직의 구분 없이 자유롭게 좌석을 선택하게 하는 등의 변화가 있었다.

한국의 지식 및 정보통신서비스 부가가치 규모는 이미 12대 주력 산업의 부가가치 규모를 넘어섰으며, 업체수도 높은 증가세를 보이고 있다. 즉 한국의 산업구조가 중기술 제조업 중심에서 고기술 제조업, 그리고 지식 기반 서비스업으로 변화하고 있는 상황이다.

실제로 한국 기업들의 시가총액도 이러한 변화를 보여주고 있다. 2000년과 2020년의 시가총액 상위 10위 기업을 비교해보면 삼성전자가 1위를 유지하고 있는 것은 동일하지만, 2위부터 10위까지는 다수가 바뀐 것을 알 수 있다. 2000년의 시가총액의 우위를 보인 기업들은 SK텔레콤, KT와 같은 내수 기반의 통신업체, 포스코와 같은 철강업체, 건설업체였다. 반면 2020년 시가총액 상위 10위 기업들은 반도체(삼성전자, SK하이닉스), 바이오 제약(삼성바이오로직스, 셀트리온), 2차전지(LG화학, 삼성SDI)와 같은 고위기술 제조업, 그리고 네이버, 카카오와 같은 IT 플랫폼 업체가 차지하고 있다.

이러한 상황에서 사무 공간은 지적 생산기지의 역할을 담당하는 것이 훨씬 중요해졌다. 특히 고위 제조업의 경우에는 오피스가 신제품 개발이나 기술 혁신을 위한 연구개발R&D기지 역할을 하고 있고, ICT 기업은 오피스 전체가 생산기지의 역할을 담당하고 있다.

더욱이 한국의 경우 세계 최저 수준의 합계출산율(2019년 기준 0.92

● 도표 5-2 **2000년과 2020년 시가총액 상위 기업 비교**

(단위 : 억 원)

2000년 시총 상위 기업				2020년 시총 상위 기업			
2000년 순위	종목명	시가총액	2020년 순위	2020년 순위	종목명	시가총액	2000년 순위
1위	삼성전자	55조 6,825	1위	1위	삼성전자	315조 2,045	1위
2위	SK텔레콤	32조 5,407	15위	2위	SK하이닉스	61조 9,530	5위
3위	KT	30조 6,580	36위	3위	삼성바이오로직스	51조 2,778	2016년 상장
4위	한국전력	22조 1,474	21위	4위	네이버	43조 8,583	25위
5위	SK하이닉스	10조 7,894	2위	5위	셀트리온	41조 2,914	2018년 상장
6위	포스코	9조 1,270	16위	6위	LG화학	34조 6,255	22위
7위	삼성전기	5조 2,210	27위	7위	삼성SDI	24조 9,959	25위
8위	KB금융지주	4조 2,545	17위	8위	카카오	23조 4,865	2017년 상장
9위	KT&G	3조 8,962	24위	9위	삼성물산	23조 4,865	32위
10위	LG유플러스	3조 8,667	40위	10위	LG생활건강	21조 220	2001년 상장

출처 : 한국거래소.

명)과 높은 고령인구 비율(2019년 기준 15%로 세계 51위)을 보이고 있으며, 2045년에는 고령인구 비율이 37%로 일본을 넘어 세계 1위에 이를 전망이다. 이로 인해 생산인구는 2017년부터 10년간 250만 명이 감소할 것으로 전망되는 상황이어서 일본과 마찬가지로 여성, 고령층 등의 노동인구 풀Pool의 확대가 필요하며, 이를 위한 업무 문화의 개선이 요구된다.

미리 경험한 유연한 근무

코로나19는 한국의 대기업과 ICT 기업 등 일부 기업에서만 시도하고 있던 유연한 근무Flexible Work, Smart Work를 넘어 재택근무를 도입하는 계기가 되었다. 고용노동부가 2020년 7월에 5인 이상 사업장에 대해 조사한 결과에 따르면 48.8%가 코로나19 상황에 따라 재택근무를 시행한 것으로 나타났으며, '코로나19가 종식된 뒤에도 재택근무를 활용하겠다'는 응답이 51.8%로 나타났다.

코로나19의 추세에 대한 시나리오는 여러 가지가 나타나고 있으나, 일반적으로 백신 개발에 성공할 경우 2021년 말에나 종식될 것으로 예상하고 있다. 즉 향후 1년 정도는 최소한 사무직에 있어 재택근무 같은 업무방식의 변화가 국내 기업에 적용될 것으로 예상해볼 수 있다.

코로나19에 따른 재택근무 도입이 1년 이상 지속될 경우, 기업은 재택근무에 따른 생산성 감소를 최소화하기 위해 전자결제, 클라우드 기반의 업무시스템 등 인프라를 적용하게 될 것이며, 보안 부분도 더욱 강화될 것이다. 동시에 업무 지시 역시 구두 지시에서 사내 메신저나 기업용 메신저를 통한 텍스트 기반 지시로 변화될 것이다. 이러한 변화는 분명히 갈등과 부작용이 있겠지만, 결국에는 유연한 근무의 도입을 가로막고 있던 한국의 비즈니스 문화를 개선하는 계기가 될 것이다.

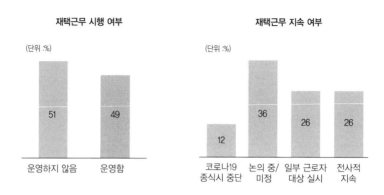

● 도표 5-3 **코로나 기간 중 한국 기업의 재택근무 현황**

재택근무 시행 여부

(단위 :%)

51 | 49
운영하지 않음 | 운영함

재택근무 지속 여부

(단위 :%)

12 | 36 | 26 | 26
코로나19 종식시 중단 | 논의 중/미정 | 일부 근로자 대상 실시 | 전사적 지속

출처 : 고용노동부, '재택근무 활용실태 설문조사'(2020. 7) 결과를 바탕으로 노무라 종합연구소 작성.

앞서 살펴본 미국에서 나타나고 있는 인재 확보에 대한 이슈나 일본에서 나타나고 있는 인구구조 변화에 따른 인력 다양성에 대한 이슈는 향후 한국에서도 대두될 주요한 문제이다. 즉 국내 기업에 있어 업무방식과 업무 환경의 변화는 필연적인 수순이었다.

앞에서도 이야기했듯이 일반적으로 업무 환경의 변화는 다음의 구조로 이루어진다. 산업구조 변화나 인구구조 변화로 인해 노동시장(고급 인력)에서 수요와 공급의 불균형이 발생(내부 요인)하고, 이로 인해 직원(인재)의 가치가 상승한다. 기업은 직원의 생산성 향상을 위해 업무방식을 변화시키고, 오피스 내부 공간을 업무 활동에 기반하여 변화시킨다ABW, Active-based Workplace. 그리고 활동 기반의 업무 공간 측면에서 오피스 입지도 변화하게 되는 것이다.

● 도표 5-4 **업무 환경 변화 전개도**

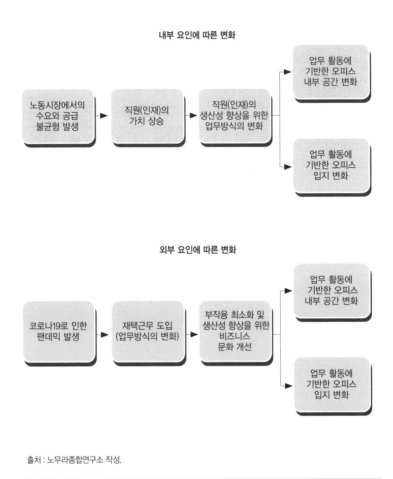

내부 요인에 따른 변화

노동시장에서의
수요와 공급
불균형 발생
→
직원(인재)의
가치 상승
→
직원(인재)의
생산성 향상을 위한
업무방식의 변화
→
업무 활동에
기반한 오피스
내부 공간 변화

업무 활동에
기반한 오피스
입지 변화

외부 요인에 따른 변화

코로나19로 인한
팬데믹 발생
→
재택근무 도입
(업무방식의 변화)
→
부작용 최소화 및
생산성 향상을 위한
비즈니스
문화 개선
→
업무 활동에
기반한 오피스
내부 공간 변화

업무 활동에
기반한 오피스
입지 변화

출처 : 노무라종합연구소 작성.

하지만 코로나19라는 외부 요인으로 인해 한국에서는 다음의 방식으로 업무 환경의 변화를 이루게 될 것으로 전망된다. 코로나19 전염이 발생했고(외부 요인), 이로 인해 재택근무가 도입되었다(업무방식의 변화). 재택근무에 따른 부작용을 최소화하고 생산성을 향상시키기 위해 비즈니스 문화를 개선하게 되고, 이에 따라 업무가 재정의될 것이다. 오피스 내부는 언택트 확대 및 업무방식 변화에 대응하기 위해 활동 기반 업무 공간의 개선이 나타나고, 활동 기반 업무 공간 측면에서 오피스 입지의 변화가 나타날 것이다([도표 5-4] 아래 부분).

여기에서는 이에 따른 한국에서의 코로나19로 인한 워크스타일 시프트에 대해 업무방식Workstyle, 근로자Worker, 업무 공간Workplace의 측면에서 어떠한 변화가 나타날 것인지에 대해 미국과 일본의 사례를 중심으로 살펴보겠다. 크게 업무방식 측면에서 역할 중심에서 개인화된 직무 중심으로의 변화, 근로자 측면에서 화이트칼라의 몰락과 골드칼라의 부상, 업무 공간의 변화 측면에서 네트워크형 직주 근접의 시대라는 주제로 논의하고자 한다.

02

유연한 근무는
안착할 수 있을까

코로나19는 미국과 일본과 더불어 한국에서도 재택근무를 촉진시켰으며, 재택근무와 같은 텔레워크Telework 방식*이 업무방식의 뉴노멀로 자리 잡게 될 것이라는 전망이 나타나고 있다.

미국은 오바마 정부 때부터 환경 문제의 해결 방안**으로 텔레워크를 도입하고자 하여 2010년에 '연방공무원 텔레워크 촉진법'을 제정해 모든 연방정부 기관이 텔레워크 추진 실적을 의회에 보고하도

---

* 텔레워크는 리모트워크Remote Work로 불리기도 하며, 이는 집에서 근무하는 재택근무Work-at-Home, Telecommuting와 외부에서 업무하는 모바일워크Mobile Work를 포함하고 있다.
** 미국의 경우 출퇴근시 자가용 이용으로 인해 탄소 배출이 문제가 되기 때문에 환경오염의 저감 차원에서 재택근무 등의 텔레워크를 도입하고자 하였다.

록 의무화하였다. 이를 위해 2010년에 인사관리처OPM에서는 직원들을 성과와 실적으로만 평가하기 위한 결과 중심 업무 환경Results-Only Work Environment 시범사업을 하였으며, 2011년 예산 성과 계획에서는 15만 명의 공무원을 텔레워크 시킨다는 목표를 수립하기도 하였다. 민간 기업들은 오피스 비용 및 교통비 절감이라는 관점에서 IBM 등 IT 기업과 뱅크오브아메리카BOA, Bank of America Corporation 등 금융업체를 중심으로 재택근무를 도입하였다. 하지만 미국에서도 재택근무 비중은 2015년 24%, 2018년 25%로 크게 증가하지 않았으며, 콜센터 등 일부 직종에 그치고 있었다.

하지만 코로나19에 따른 도시봉쇄로 미국의 기업들은 재택근무에 따른 효율성과 생산성 검증 기회를 경험하게 되었고, 그 결과 기업들이 직원들의 재택근무 전환을 진지하게 고려하고 있다.

여론조사 기관인 가트너Gartner가 2020년 3월 말 250명의 CFO를 대상으로 설문조사를 실시한 결과, 응답자의 74%가 '코로나19 이후 최소 5% 이상의 인력을 재택근무로 영구 전환할 계획을 가지고 있다'고 답했으며, 23%는 '20% 이상의 인력을 재택근무로 영구 전환할 것'이라고 응답하였다. 컨퍼런스보드CB, Conference Board가 2020년 4월 미국 소재 기업의 152명 인사 담당 임원을 대상으로 실시한 조사에서는 응답자의 77%가 '주 3일 이상 재택근무를 하는 직원 수가 더 많아질 것'이라고 예상했다. 특히 이미 높은 재택근무 비율을 보이고 있는 IT 기업과 금융서비스 기업이 이를 주도할 것으로 내다봤다.

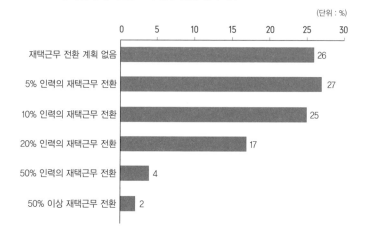

● 도표 5-5 **각 기업의 재택근무로의 영구 전환 계획 여부**

(단위 : %)

재택근무 전환 계획 없음	26
5% 인력의 재택근무 전환	27
10% 인력의 재택근무 전환	25
20% 인력의 재택근무 전환	17
50% 인력의 재택근무 전환	4
50% 이상 재택근무 전환	2

주 : 250여 개 기업 CFO 대상으로 조사.
출처 : Gartner, 2020년 4월 설문조사 결과.

특히 IT 기업에서는 재택근무가 뉴노멀로 자리 잡아가는 분위기로 나타났다. 단적으로 트위터 CEO인 잭 도시Jack Dorsey는 "향후 코로나19가 종료되더라도, 직원이 원한다면 무기한 재택근무를 시행할 것"이라고 밝혔고, 페이스북 CEO 마크 주커버그Mark Zuckerberg는 "앞으로 5~10년 내 전 직원의 50%가 텔레워크를 하게 될 것"이라고 하였다. 구글 CEO인 순다르 피차이Sundar Pichai 역시 "향후 오피스로 출근하는 비중을 20~30%로 제한할 예정"이라고 밝혔다.

재택근무의 확산은 IT 기업만의 이야기는 아니다. 〈월스트리트저널The Wall Street Journa〉에 따르면 도시봉쇄가 해제된 2020년 7월말 뉴욕 맨해튼의 사무실 복귀 비율은 8%에 불과하다. 피츠버그에 소재한 PNC파이낸셜은 코로나19 이후에도 콜센터 담당 직원 400명은 재택근무를 영구화하고, 이들이 사용하던 사무 공간에는 다른 부서가 이전하기로 결정했다. 기업 관계자에 따르면 재택근무의 시행은 오피스 비용 절감 외에도 인력 확보의 용이성이라는 부수효과를 고려해서 결정한 것이라고 한다.

일본은 앞에서도 언급했듯이 정부 차원에서 '일하는 방식의 개혁'을 통해 텔레워크를 추진하고 있었다. HR총연이 실시한 조사에 따르면 2019년 4월 이후로 텔레워크(재택근무, 모바일워크, 위성 오피스 이용 포함)를 도입한 기업의 비율은 전체 중 25%이며, 그중 제조업체는 28%, 비제조업체는 23%로 나타났다.

이 비율은 코로나19 이후 증가해 도쿄상공리서치TSR, Tokyo Shoko Research의 조사에 따르면 2020년 5월초에 재택근무를 도입한 기업의 비율은 56%로 나타났다. 6월에 실시한 조사 결과, 300인 이상 기업의 재택근무 도입률은 90%로 나타났으며 30인 미만 기업에서도 재택근무 도입률이 45%로 나타났다.

일본에서는 아직 재택근무가 뉴노멀로 인식되고 있지는 않지만, 대기업을 중심으로 재택근무를 본격화하는 사례가 나타나고 있다. 히타치Hitachi는 기업 운영방식을 변화시키기 위해 2020년 5월 말 일본 내 직원의 70%인 2만 3,000명이 코로나19 이후에도 영구적으로 일주일에 3일은 재택근무를 지속할 것이라고 발표했다. 후지쯔Fujitsu

출처 : 한국경영자총협회, '사회적 거리 두기에 따른 매출 100대 기업 재택근무 현황 조사' 결과.

도 공장 내 제조인력을 제외한 사무직 직원의 출근율을 25% 이하로 하고 오피스를 기존의 절반 수준으로 축소하겠다고 발표하였다. 현재 약 8만 명의 사원 중 80%가 재택근무를 하고 있는데 앞으로도 이를 표준으로 삼겠다는 것이다.

한국에서는 한국경영자총협회가 2020년 9월 매출 100대 기업 중 69개사를 대상으로 조사한 결과에 따르면 대상 기업의 88.4%가 사무직에 대한 재택근무를 시행하였다. 재택근무 시행 방식으로는 구성원을 2~3개조로 나누어 재택근무를 하는 교대조 편성 등 순환 방식이 44.4%로 가장 많았으며, '필수 인력을 제외한 전 직원 재택근무'를 시행한 기업도 15.9%로 나타났다. 재택근무의 업무 생산성에 대해서는 46.8%가 '정상근무 대비 90% 이상'이라고 답했다. 또한 코로나19 위기 상황이 해소된 이후의 재택근무의 활용 여부에 대해서는 53.2%의 기업이 '코로나19 이전보다 재택근무가 확산될 것으로 전망한다'고 응답했다. 전경련 산하 한국경제연구원이 국내 500대 기업을 대상으로 조사한 결과에서는 코로나19 이후 기업의 75%가 유연근무제를 새로 도입하거나 확대한 것으로 나타났다. 유연근무제 형태로는 재택근무와 원격근무가 가장 많이 나타났다. 기업의 절반 이상은 유연근무제가 생산성 향상에 긍정적이고, 코로나19가 진정된 이후에도 유연근무제를 유지 및 확대하겠다고 응답했다.

재택근무의 장점

코로나19에 따른 갑작스러운 재택근무 시행에도 불구하고, 재택근무에 대해 긍정적인 응답을 하는 데에는 몇 가지 이유가 있다.

먼저 재택근무에 따른 경제적 효과 때문이다. 직원 1인당 사무 공간 면적의 감소, 그리고 통근에 드는 시간 및 비용의 감소에 따른 비용 절감이 가능하다. 일본에서 공표된 자료를 바탕으로 통근에 따른 직원 1인당 비용을 계산하면 다음과 같다. 직장인 1인당 사무실 바닥 면적은 평균 3.8평°으로 나타나며, 일본 내 도심의 평당 오피스 단가는 월평균 약 3만 엔으로 나타난다. 또한 1인당 통근수당으로 월평

● 도표 5-7 **코로나19 확대 이후 시행한 업무방식**

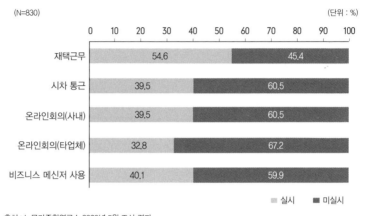

(N=830)   (단위 : %)

업무방식	실시	미실시
재택근무	54.6	45.4
시차 통근	39.5	60.5
온라인회의(사내)	39.5	60.5
온라인회의(타업체)	32.8	67.2
비즈니스 메신저 사용	40.1	59.9

■ 실시   ■ 미실시

출처 : 노무라종합연구소 2020년 5월 조사 결과.

균 약 1만 2,500엔**을 지불하고 있다. 이를 계산하였을 때, 직원 1인
당 비용은 연간 약 152만 엔으로 나타나며, 직원 1인당 평균 매출을
5,000만 엔으로 본다면 3%에 해당되는 수준이다.

두 번째로 사회적 효과 측면에서 '육아와 일의 양립성'과 '일과 삶
의 균형Work-Life Balance의 가능성'이 있다. 노무라종합연구소가 2020
년 5월 자녀를 둔 30~40대 남성을 대상으로 조사한 결과, 54.6%가
재택근무를 실시하였다고 답하였고, 이들의 56%는 가족 및 아이와

●   일본 빌딩협회 연합회 및 자이맥스 2019년 자료 바탕
●● 일본 노동정책연구 자료 바탕

출처 : 노무라종합연구소 2020년 5월 조사 결과(복수 응답).

보내는 시간이 늘어나 생활의 충실도가 높아졌다고 응답하였다. 가사 및 육아에 대해 약 50%가 재택근무 이후 시간과 빈도가 늘어났다고 응답하였는데, 이는 코로나19의 일본 내 본격 확산 이전인 2020년 3월 말 약 40%였던 것에 비해 약 10%포인트 상승한 수치이다.

유연한 근무의 장애물

재택근무에 따른 생산성 저하 이슈는 한국에서만의 일은 아니다. 과거 텔레워크를 수행한 미국 기업은 물론이고, 일하는 방식의 개혁과 코로나19 이후 텔레워크를 확대한 일본 기업 역시 혼란을 겪은 부분이다.

미국에서는 2010년대 말 주요 기업에서 재택근무를 축소하는 일이 발생하기도 했다. IBM, 뱅크오브아메리카, 레딧Reddit 등에서는 그동안 실시하였던 재택근무를 폐지하거나 대폭 축소했다. 특히 IBM은 1993년도부터 업계 최초로 재택근무를 도입하였고 전체 직원 38만 명 가운데 40% 가량이 재택근무로 일했었는데 24년 만에 재택근무를 폐지하였다. 재택근무로 인해 직원 간 소통이 단절되면서 아이디어 교환이 어려워졌고, 생산성이 떨어진 것이 이유였다. 그런가 하면 2013년 온라인 보안 전문업체 베리존Verizon에서는 소프트웨어 개발자가 자신의 일을 중국 업체에 하도급을 주고 자신은 일을 하지 않은 모럴 해저드가 발생하여 재택근무의 문제점이 대두되기도 했다.

여전히 팩스와 종이문서가 중심인 일본에서도 재택근무에 따른 어려움을 겪고 있다. 2020년 5월에 노무라종합연구소에서 실시한 설문조사 결과 '텔레워크에 지장을 느낀다'고 응답한 근로자가 전체 응답자의 60%였다. 업체별로 구분하면 코로나19 이전부터 텔레워크를 시행한 업체의 근로자 중 44%, 코로나19에 따른 조치로 텔레워크를 처음으로 도입한 업체의 근로자 중 64%가 '지장을 느꼈다'고 답했다. 이로 인해 평상시에도 텔레워크를 희망하는 근로자의 비율은 46%로 3월의 66%에 비해 20%포인트나 감소하였으며, '텔레워크를 희망하지 않는다'는 의견도 13%로 2020년 3월의 8%에 비해 증가한 것으로 나타났다.

물론 이러한 결과만 놓고 재택근무가 효과가 없다고 단정하기에는 무리가 있다. 스탠포드 대학교의 니컬러스 블룸Nicolas Bloom 교수는 "코로나19 시기에 재택근무에서 평소와 같은 높은 생산성을 기대하는 것은 어렵다"고 하였다. 그 이유에 대해 현재의 재택근무는 선택이 아니라 강요로 이루어졌기에 직원들의 재택근무에 대한 준비가 부족하며, 아이들이 학교나 유치원에 등교하지 못하는 상황이라 아이를 돌보거나 공부를 봐주면서 업무를 수행해야 하기에 업무에 전념하기 어렵고, 재택근무가 본격화된 것이 아니기에 아직 업무에 집중할 수 있는 사무 공간을 집안에 확보하지 못하였기 때문이라고 지적하였다.

노무라종합연구소의 조사 결과는 이 같은 지적을 뒷받침한다. 재택근무자 중 초등학교 이하의 자녀와 동거하는 사람의 65%는 '자녀의 공부를 도와주면서 일을 했다'고 응답했으며 이들 중 66%는 '이로 인해 업무에 지장을 느꼈다'고 답했다. 또한 재택근무를 실시한 장소로는 거실과 식당이 54%로 나타났는데, 이러한 장소는 배우자와 자녀가 들락날락하기 좋은 위치로 업무에 집중할 수 있는 개인 공간이라고 보기 어렵다. 무엇보다 74%가 회사의 지시로 재택근무를 한 것이기에 이러한 어려움에도 재택근무를 할 수밖에 없었다.

가정 내 업무 환경에 따른 문제 외에도 재택근무를 어렵게 만드는 요소는 또 있다. 앞의 조사 결과 재택근무에 지장을 느낀 사람에게 있어 가장 큰 문제는 '소통의 어려움(47%)'으로 나타났다. 이에 대해서는 미젠트 후이저Mijnd Huijser가 제시한 비즈니스 문화 모델*을 참고할 필요가 있다.

그는 국가별로 비즈니스 문화가 다르게 나타나는데, 이를 '결과 중시Action – 과정 중시Process'와 '직무 중심Task – 역할 중심Role'의 차원에서 유형화하였다. 업무 진행 측면에서 결과 중시는 리더의 지시에 따른 일의 완수가 중요하며 과정 중시는 내부 규정과 절차에 맞춘 업무의 진행이 더욱 중요하다.** 직무 중심은 직원별로 업무가 규정되어 할당된 일의 완수가 중요하며 역할 중심은 각자가 상황에 따라 다양한 역할을 담당하여 업무를 수행하는 것이 더욱 중요하다.

이런 관점에서 구분해보면 일본의 비즈니스 문화는 절차 중시와 역할 중심의 비중이 높다. 역할 중심의 비즈니스 문화에서 직원 각자는 팀의 일원으로서 상황에 따라 다양한 역할을 수행한다. 이런 문화에서는 개개인의 업무 내용이 모호하기 때문에 일을 할 때는 팀원 간의 협업이 중요하며, 이를 위해서는 지속적이고 깊이 있는 커뮤니케이션이 요구된다. 또한 일본의 경우 고맥락High-Context 메시지***를 사용하는 사회로 업무 지시가 불명확한 경우가 많은데, 이로 인해 메신저나 메일과 같이 문자언어로 소통해야 하는 경우 커뮤니케이션에 어

• Mijnd Huijser, 《The Cultural Advantage: The New Model for Succeeding with Global Teams》, 2006.

•• 결과 중시의 경우에도 준수Compliance는 매우 중요하며, 과정 중시는 결과 중시에 비해 근무태도, 보고 절차 등을 더욱 중요하게 여기는 것을 의미한다.

● 도표 5-9 **비즈니스 문화에 따른 모델 유형**

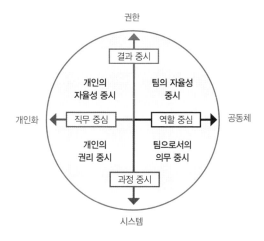

출처 : Mijnd Huijser, 《The Cultural Advantage: The New Model for Succeeding with Global Teams》를 바탕으로 노무라종합연구소 작성.

려움을 겪게 된다. 또한 절차 중시 비즈니스 문화에서는 일에 있어 결과보다 과정과 자세를 중요하게 여기며, 빈번한 협의와 보고를 요구한다. 이러한 부분으로 인해 노무관리나 커뮤니케이션 측면에서 재택근무에 적합하지 않다.

이러한 비즈니스 문화는 정도의 차이는 있으나, 한국 기업에도 유사하게 적용되는 부분이 있다. 따라서 재택근무 실제적인 시행에 있

●●● 미국의 인류학자 에드워드 홀이 제시한 개념으로, 저맥락 문화에서는 직설적으로 의사를 분명히 밝히기에 텍스트로 내용을 이해할 수 있으나, 고맥락 문화에서는 우회적이고, 함축적이며, 애매하게 의사를 표현하여 텍스트만으로는 내용을 이해하기 어려우며 당시의 상황 맥락을 이해해야 한다.

어 한국에서도 일본과 같은 어려움이 발생할 수 있을 것으로 보인다.

비즈니스 문화 전환이 반드시 필요한 이유

재택근무에 적합한 비즈니스 문화는 '결과 중시, 직무 중심형' 문화이다. 이러한 문화에서는 직원들이 수행해야 하는 업무 내용이 명확하게 정의되어 있고 사내 규칙은 결과 중심으로 단순하다. 일은 지속적인 내부 조정을 거치는 것이 아니라 업무 초기에 내용과 방식이 정해졌다면 그 뒤로는 직원 스스로 일을 처리한다. 결과 중시와 직무 중심의 수치가 높은 네덜란드 및 북유럽 국가의 경우 프리랜서의 비중이 높으며, 코로나19 이전부터 재택근무 비율이 높았다. 네덜란드 근로자의 60% 이상이 '재택근무를 쉽게 수행할 수 있다'고 응답하였으며 70%는 '이전과 동일한 수준으로 생산성을 유지할 수 있다'고 응답하였다.

앞에서 언급하였듯이 한국의 비즈니스 문화는 일본과 유사하게 절차 중시, 역할 중심이다. 이는 텔레워크나 재택근무와 같은 유연한 근무에는 적합하지 않다. 하지만 비즈니스 문화가 국가별로 차이가 있다고 해서 이것이 변화되지 않는 고유한 특성이라고 할 수는 없다.

예컨대 실리콘밸리의 IT 기업은 결과 중시, 직무 중심 비즈니스 문화를 가지고 있다. 이러한 문화는 미국 기업 전체의 문화이기보다 실리콘밸리 IT 기업의 고유한 문화이며, 이는 기업의 일하는 방식 변화를 통해 이루어진 결과이다.

실리콘밸리 IT 기업의 일하는 방식 변화는 크게 두가지 요인으로 인해 발생했다.

첫째는 '인재의 유동화'*에 따른 기업의 인재 유치 경쟁 때문이었다. 당시 실리콘밸리에서는 급성장하는 IT 산업으로 인해 인재 확보가 중요했다. 게다가 수많은 벤처기업들은 성장 단계에 따라 필요로 하는 인재풀이 달랐기에 인재의 수급과 교체가 빠르게 이루어져야 했다. 이러한 상황에서 기업들은 인재를 유치하기 위해 임금 외에도 다양한 메리트를 제공할 수 있어야 했다.

둘째, 실리콘밸리의 가구 구성에 따른 직원 생산성 향상 노력 때문이다. 미국 서부 실리콘밸리에는 젊은 IT 인재들이 많았으며 이들은 미국인 외에도 인도, 한국, 중국 등 아시아 및 동유럽 이민 1, 2세대들이 많으며, 세대구성도 전통적인 3~4인 가구가 아닌 1~2인 가구의 비중이 높다. 이민 1, 2세대의 1~2인 가구는 전통적인 미국의 3~4인 가구와 비교했을 때, 업무방식에 있어 차별화가 필요했다. 전통적인 3~4인 가구는 남편이 회사를 다니며 일을 하고, 아내는 집안의 모든 일을 담당하였다. 하지만 1~2인 가구가 되면 모든 집안일을 직접 해야 한다. 예를 들어 자신이 감기에 걸려 병원에 가는 것 외에도, 집에 배수관이 고장났거나 은행업무를 봐야 하는 등의 일이 발생하면

• 인재들의 취업 및 이직이 매우 용이한 상태를 의미한다.

최소 하루는 결근해야 한다. 또한 여성 인재의 경우, 아이가 학교를 다니게 되면 등하교를 시켜주느라 퇴사하는 경우가 발생했다.

많은 실리콘밸리의 기업들은 1~2인 가구의 결근이나 여성 인재의 퇴사에 따른 생산성 저하 문제를 겪었고, 이를 해결하기 위해 우선 유연한 근무방식을 적용하게 되었다.● 즉 집에 일이 있다면 결근을 해서 하루를 버리기보다는 2시간 일찍 출근하고 퇴근하는 것이 더 효율적이고, 집안일로 직원이 퇴사하는 것보다는 재택근무를 하도록 하는 것이 기업 차원에서 보다 더 높은 생산성을 얻어낼 수 있기 때문이다.

한국에도 1~2인 가구의 비율이 증가하고 있다. 고학력의 인재들이 더 많이 필요해지는 상황임에도 저출산, 고령화로 인력 확보는 어려워질 수 있다. 이러한 상황에서 유연한 근무의 확대는 코로나19에 따른 특수성 이외에도 앞으로 한국 기업이 당면하게 될 이슈일 것이다.

기업과 개인 모두에 던져진 과제

현재 재택근무나 유연한 근무의 도입은 일부 대기업이나 정보통

● 이와 더불어 이러한 직원들을 관리하는 관리자들을 고용하기도 하였다. 이들의 업무는 직원들이 가정 문제가 없는지 확인하고 이들(특히 이민자들)의 어려움을 해결해주거나 상담해주는 일이다. 이는 직원들이 최고의 컨디션일 때 최대의 생산성을 얻어낼 수 있다는 과거의 경험에 따른 것이다.

신기술 기업에게는 문제가 없지만 여전히 많은 한국 기업에 있어서는 어려움이 있다. 기업에 있어 유연한 근무가 뉴노멀이 되어 한국 사회 변화에 대응할 수 있기 위해서는 업무 재정의를 통한 비즈니스 문화의 개선이 전제되어야 한다. 즉 역할이 아닌 직무 중심의 업무로 조직과 업무를 변화시켜야 한다.

기업에서의 업무란 팀원 모두가 협력하여 일을 완수하는 것이고, 이는 앞으로도 변함이 없을 것이다. 다만 기존에는 소위 '사수-부사수'의 팀워크로 이뤄지고 상사에게 수시로 지시를 받는 구조였기에, 팀원 모두가 같은 공간과 시간을 공유할 수밖에 없었다. 또한 이러한 업무방식에서는 팀원 개인의 일이라는 것이 불명확하기에 지시받은 자신의 일을 끝마쳐도 퇴근하는 것이 아니라 다른 사람의 일을 돕거나 해야 한다.

재택근무를 포함한 유연한 근무는 업무의 시간과 장소를 개인의 재량에 맡기는 방식이다. 팀 내에서도 업무 시간과 공간을 모두 공유하는 것은 어렵기에 기본적으로 업무가 개인화될 수밖에 없다. 따라서 유연한 근무가 이루어지기 위해서는 업무 지시는 수시가 아니라 한 번에 이루어져야 하며, 그렇기에 개인의 업무는 명확하게 문서화된 업무 지시서를 근간으로 해야 할 일을 완료 시간 내에만 마무리하면 되도록 하며, 팀의 업무는 각 팀원들의 업무를 조합하면 완성되도록 설계되어야 한다. 실제로 실리콘밸리에서는 초기 단계에서 과업의 비전과 목표는 물론 포맷의 구성, 사용 프로그램을 통일하는 등 작업

방식을 맞추는 데 시간을 투자하여 회의와 협의를 이루고, 이것이 결정된 이후에는 각자 흩어져서 일하는 방식을 취하고 있다.

결국 유연한 근무를 상시화하기 위해서는 기업과 개인 차원에서 여러 노력들이 요구된다. 개인 차원에서는 팀원 모두가 과업을 이해할 수 있도록 방향성과 자료가 공유되어야 하며, 팀 리더의 역할이 확실해야 한다. 무엇보다 과거에 비해 팀원 각자가 일정 수준 이상의 퀄리티를 갖춘 결과를 일정에 맞춰 제출해야 한다. 기업 차원에서도 보안 문제 없이 자료를 공유할 수 있는 인프라 구축이 필요하다. 작업 내용에 있어서도 공통된 포맷과 템플릿 등이 갖추어져야 하며, 실시간으로 업무 성과가 업데이트될 수 있도록 클라우드 기반의 공동 작업 환경이 갖추어져야 한다.[*] 인사관리 측면에서도 이에 맞추어 과업의 책임 소재를 명확하게 하고, 성과 중심 평가가 이뤄져야 한다.

기업 차원에서 업무의 개인화는 우연한 만남과 직원 간 대화를 통해 생겨나는 혁신의 기회를 잃어버리는 것이 될 수도 있다. 이를 방지하기 위해서는 재택근무 등의 텔레워크 중에도 체크인Check-in 대화나 점심시간의 커뮤니케이션 등 온라인 회의On-line Meeting를 통해 다양한 아이디어 교류와 혁신을 이루고 팀워크를 유지할 수 있도록 해야 한다. 영업지원 데이터업체인 세일즈프레소Salespreso는 아침과 오후에 체크인 대화를 하고 점심시간에는 커뮤니케이션을 통해 재택근

• 구글 독스, 구글 스프레드시트 등이 이러한 공동 작업을 위해 만들어진 앱이다.

무 중에서도 팀워크와 활발한 대화를 유지하고 있다. 교육 테크기업인 컴퍼스에듀케이션Compass Education은 100명 이상이 텔레워크를 하고 있는데 비디오 킥오프 회의Video Kick-off Meeting 외에도 매주 원격 게임을 하거나 금요일에는 화상앱인 줌을 통해 온라인 파티를 개최하고 있다.

직원 차원에서는 각각의 업무 지시와 피드백들이 이메일이나 메신저 등을 통해 전달되는 텍스트만으로도 이해할 수 있도록 작성해야 하며, 언제 어디에서나 진행 상황을 알 수 있도록 일일 단위로 진행상황을 공유해야 한다. 이런 공유는 업무 성과 확인을 위해서도 중요한 부분이 되었다. 또한 직원 개개인은 할 수 있는 만큼의 업무를 받고, 이를 일정 내에 완수하도록 해야 하기에 노력보다 결과에 초점을 맞추고 자기 주도적으로 스케줄을 관리하는 일에 적응해야 한다. 마지막으로 업무에 집중할 수 있는 워크스테이션Workstation의 조성이 필요하다.

03

골드칼라가 주도하는
시대가 온다

코로나19로 비롯된 재택근무의 경험은 인재의 생산성 확대를 위한 유연한 근무의 확대를 앞당길 것이다. 이러한 언택트 기반의 업무 방식은 앞에서도 언급하였듯이 저맥락의 업무 지시와 표준화된 업무 포맷에 기반한 분업화되고 개인화된 업무로의 변화를 더욱 가속화시킬 것이다.

분업화되고 개인화된 업무방식이란 결국 근로자 개개인이 지원 인력 없이 스스로 일을 처리해야 한다는 의미이다. 동시에 자료 수집이나 단순 정리 등에 있어 직원의 일을 도울 수 있는 업무 보조 프로그램이 필요하다는 뜻이기도 하다. 이러한 업무 보조 프로그램은 로봇기술과 인공지능의 발달을 통해 이루어지고 있는데, 특히 인공지

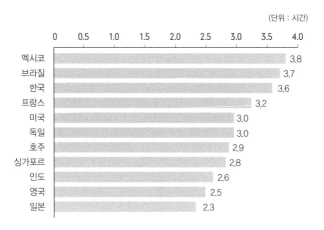

(단위 : 시간)

멕시코	3.8
브라질	3.7
한국	3.6
프랑스	3.2
미국	3.0
독일	3.0
호주	2.9
싱가포르	2.8
인도	2.6
영국	2.5
일본	2.3

출처 : Automation Anywhere 2019년 10월 설문조사 결과.

능의 학습은 업무 활동의 디지털화가 진행될수록 더욱 용이해진다.

실제로 오토메이션 애니웨어Automation Anywhere와 글로벌 시장조사 기관 원폴OnePoll이 2019년 10월에 전 세계 11개국 사무직 근로자 1만 5,000명을 대상으로 설문조사를 실시한 결과, 한국 근로자들은 매일 3.6시간을 핵심 업무가 아닌 부수적 관리 업무에 사용하고 있다고 답했다.

유연한 근무는 업무 지시의 텍스트화, 업무 일정의 데이터화, 업무포맷과 프로세스의 표준화 및 데이터화를 가져온다. 즉 업무방식의 변화가 업무 활동의 디지털 전환을 가속화시킨다. 기업의 디지털 전환은 업무 활동의 데이터화를 촉진하며, 이는 인공지능 기반의 업무 보조 프로그램에 있어 머신러닝 데이터가 될 것이다.

런던 정치경제대학교의 레슬리 윌콕스Leslie Weillcocks 교수는 "일류 기술 기업 외에는 기업에 강력한 인공지능이 곧바로 배치되지는 않겠지만, 몇 년 내로 AI 기술이 기업에 배치되는 전환기가 올 것이다"라고 전망한 바 있다. 코로나19는 이러한 전환기를 앞당기는 계기가 되었다.

결국 코로나19에 의한 업무방식 변화는 기업의 디지털 전환을 가속화하며, 반복적이고 단순한 사무업무의 자동화를 유인할 것이다. 이러한 업무자동화는 화이트칼라White Collar라고 불리는 사무직의 업무 부담을 줄여주겠지만, 결국에는 고학력·고기술의 창조적 생산자인 골드칼라Gold Collar가 아닌 단순 사무직으로서의 화이트칼라는 설 자리가 사라지는 결과를 불러올 것이다.

실제로 이런 흐름은 이미 나타나고 있는데 업무자동화는 국내에서도 도입되고 있으나, 화이트칼라의 생산성이 낮은 일본에서 더 많이 진행되고 있다. 노동력 부족을 겪고 있는 일본은 2010년대부터 기업에서 로보틱 데스크톱 오토메이션RDA, Robotoc Desktop Automation*과 로보틱 프로세스 오토메이션RPA, Robotic Process Automation**을 도입하였으며, 현

---

* 사람의 개입이나 협업이 필요한 업무나, 비정기적인 자동화처리가 필요한 업무를 대행하는 것을 말한다.
** 과거에 사람이 수행했던 단순하고 반복적인 업무를 표준화·규칙화하여 자동화하는 것을 말한다.

재는 은행 및 보험사의 계약서류, 제조업의 기술문서 및 설계도면, 연구논문 등의 데이터 입력 업무, 대출 관련 정보 조회, 시세 평가, 재고 관리 등 데이터 조회 업무, ERP 등을 이용한 전표 처리 및 정산·청구 업무, 일일·주간 보고자료 및 주문 내역 작성, 메일 발송 등과 같은 지원 업무의 자동화를 이루고 있다.

2015년 노무라종합연구소와 옥스퍼드 대학교가 수행한 공동연구 결과 일본은 노동력의 49%, 미국은 47%, 영국은 35%가 자동화될 것으로 전망했다. 이후 브루킹스 연구소Brookings Institution의 2019년 연구에서는 AI 기술 발달에 영향을 받는 근로자는 고학력자가 더 많을 것이라고 내다봤다. 그 규모는 고졸자에 비해 대졸자는 5배, 석사 이상의 학위자는 4배 수준이다.

이미 금융업계에서는 감원이 나타나고 있는데 저금리 상황과 금융 활동의 디지털화가 맞물리면서 2019년에 전 세계적으로 7만 8,000명의 인력을 감원했다. 이 중 유럽의 인력이 전체의 82%를 차지하고 있는데, 도이체방크Deutsche Bank는 2019년에만 주식 조사 및 거래, 서류 확인 등을 담당하던 백오피스 인력 1만 8,000명을 감원했다.

창조적 생산자 중심의 수평적 조직

살펴본 바와 같이 향후 기업에서 단순 사무 업무나 보조 업무를

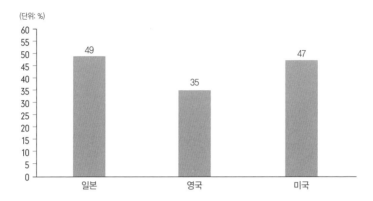

출처 : 노무라종합연구소 2015년 연구결과.

담당하였던 화이트칼라는 최소화되고, 골드칼라라고 하는 핵심인력
의 비중이 높아질 것이다. 골드칼라의 개념은 1985년 카네기멜론대
학의 로버트 켈리Robert Earl Kelley 교수가 〈골드칼라 근로자The Gold Collar
Worker〉라는 연구논문에서 최초로 제시하였는데, 고학력 · 고숙련의 창
조적 생산자를 지칭하는 말이다. 이들은 기업과 고용 관계를 맺어도
기업 조직에 종속되어 일하는 것이 아니라 자신의 전문성과 경영 능
력을 바탕으로 주체적으로 활동하는 인력이다.

앞으로의 기업은 IT기술 및 고위기술 기업을 중심으로 화이트칼
라 조직이 아닌, 골드칼라 조직으로 변화될 것이다. 즉 전문성과 창조
성을 바탕으로 한 인재들로 구성되는 팀으로 변화될 것이며, 더 이상

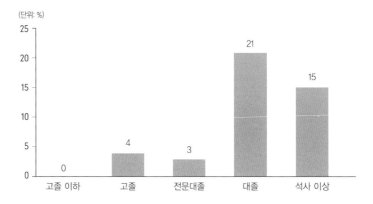

● 도표 5-12 **학력별 AI의 노동력 대체 비율**

(단위: %)

출처 : Mark Muro, Jacob Whiton and Robert Maxim, 'What jobs are affected by AI?', Brookings Institution, Metropolitan Policy Program, 2019. 11. 연구결과.

산업사회의 위계적 조직이 아닌 각 개인이 해당 분야의 스페셜리스트Specialist로 성장하는 수평적 구조로 변화될 것이다.

이에 따라 기업은 전문 분야에 대한 식견과 전문성을 가지고 창조적으로 일하는 소수의 골드칼라 인재를 더욱 필요로 할 것이며, 이는 기업의 채용방식에 있어서도 변화를 일으킬 수밖에 없다. 과거에는 기업이 성장함에 따라 필요한 규모의 인력을 채용하고 그 이후에 작업을 할당하는 회원형 고용체계가 일반적이었다. 이는 일정 수준의 학력이 되는 사람들을 채용한 뒤 회사에서 직원을 교육시키면 된다는 관점으로, 어떠한 역할이든 수행할 수 있는 종합적 수행 능력(학력과 대학 성적)과 팀워크를 해치지 않는 사회성을 채용 기준으로 삼는다.

하지만 앞으로는 소수의 인재와 파트타임 인력을 기업의 필요성에 따라 수시로 채용하는 방식으로 변화하게 될 것이다. 이러한 상황에서 기업은 당장 실무에서 성과를 낼 수 있는 인재를 요구하게 된다. 단순한 학벌보다는 해당 분야에 대한 전문성(학위)과 경험(인턴 활동이나 이전 직장에서의 경력)이 더욱 중요해질 것이며, 국내 기업은 이미 이러한 방향으로 나아가고 있는 추세이다. 앞으로 이런 흐름은 더욱 공고해져 공채가 아닌 인턴십 프로그램이나 대학교 연구실을 통해 인재를 확보하는 방향으로 변화될 것이다.

04

네트워크형
직주근접 오피스의 부상

앞으로 기업의 업무 공간은 화이트칼라를 위한 사무처리 및 관리 공간에서 골드칼라의 지적 생산 공간으로 변화될 것이다. 일본의 오피스 조사 기업인 자이맥스Xymax가 2019년에 조사한 바에 따르면(중복응답), 사무실 이전 이유로 직원의 생산성 향상이 가장 중요한 것으로 확인됐다(약 56%). 이 외의 목적은 동기 제고(51%), 사무실의 쾌적성 향상(38%) 등이 있다. 향후에도 이런 흐름은 지속될 것이다.

오피스에 있어 관리·행정 공간은 축소되는 대신 직원의 생산성을 제고하거나 팀의 창조성을 높이기 위한 공간은 증가될 것으로 파악된다. 따라서 오피스 내부 공간은 공간의 효율적 배치에서 업무 활동 기반의 환경 조성으로 바뀔 것이다.

● 유니레버 헤드쿼터의 다양한 공간들. 직원들 간의 교류, 회의 및 미팅이 가능한 공간과 1인 사무실 등을 갖추고 있다.

생산성 향상 측면에서, 미국과 일본에서 최근 개발되는 오피스에는 개인 사무공간의 개선과 더불어 비일상성을 느끼기 위한 자율공간, 교류를 위한 회의실, 직원의 능력 향상Uplift을 위한 도서관, 세미나실, 휴식 공간, 헬스장 등을 도입하고 있다.

미국의 유니레버Unilever 헤드쿼터에는 1인 사무실Solo Office, 허들룸 Huddle Room, 라운지 등 다양한 업무 환경을 제공하고 있다. 리복Reebok 헤드쿼터 역시 100여 개의 회의실 및 자율좌석을 도입하였다. 넷플릭스 재팬도 소규모 회의실과 더불어 직원의 집중 업무를 위한 1인실을 마련하고 있다. 또한 일본의 모리빌딩은 오피스 직원들의 멤버십 교육 공간인 아카데미힐스 스쿨Academyhills School, 멤버 전용 도서관, 자기계발과 네트워킹 모임이 가능한 아크힐스 복합공간ARK Hills Complex 등의 부동산서비스ReaaS, Real Estate as a Service를 운영하고 있다.

업무 이외의 측면에서, 최근 건설하고 있는 아마존 헤드쿼터에서는 맞벌이 부부와 워킹맘을 위한 육아센터를 도입하였으며, 어도비Adobe 헤드쿼터에는 헬스장, 음악실, 옥상정원 등의 휴식 공간을 마련하였다. 이미지 서비스업체인 셔터스톡Shutterstock 헤드쿼터에는 요가 스튜디오를 만들고 전문강사를 섭외하여 운영하고 있다.

언택트에 대응하는 오피스 내부 공간의 변화

코로나19에 따른 오피스 내 위생의 중요성은 식당, 휴게실, 흡연실 등 불특정 다수가 모일 수 있는 장소와 더불어 공조시설 및 엘리베이터와 같은 내부 시설에 대한 변화를 요구하게 되었다. 예를 들어 커피포트는 스마트폰을 이용하여 터치가 필요없게 한다거나, 휴게실이나 흡연실, 엘리베이터의 최대 수용 인원은 과거에 비해 제한될 것이며, 공조시설도 에어컨 등을 통해 바이러스가 전파되지 않도록 독립된 공조시스템이 도입되어야 할 것이다. 위생의 관점에서 앞으로의 오피스는 병원과 같은 환경 수준을 갖추어야 한다는 뜻이다.

코로나19에 대응하는 오피스 친환경 인증제도는 아직 없으나, 이와 유사한 인증제도로 WELL이 있다. WELL은 공기, 물, 영양, 조명, 움직임, 쾌적한 온도, 소음, 재료, 정신건강, 커뮤니티라는 10가지의 요소에 대해 119개의 항목을 검토하여 인증심사를 받는다.

● 세계 최초로 WELL 인증을 받은 CBRE 헤드쿼터. 대기질, 소음을 실시간으로 관리하고, 자연을 접할 수 있는 공간을 실내에 두었다. 또한 서서 일할 수 있는 책상을 도입하는 등 직원 건강까지 고려한 오피스이다.

미국 LA에 위치한 CBRE의 헤드쿼터는 세계 최초로 WELL 인증을 받은 오피스이다. CBRE 글로벌 본사는 리모델링할 때, 사무실의 대기질과 소음을 실시간으로 관리하도록 내부 공조시설과 배관을 교체하였다. 또한 직원의 건강 측면에서 앉거나 서서 일할 수 있는 책상을 도입하였고, 직원들에게 헬스업체 쿠폰을 지급하고 일일 권장 영양분에 맞는 간식도 무료로 제공하여 생산성을 향상시키고자 하였다. 그 결과 직원의 82%가 쾌적함과 조용함을 통해 생산성 제고를 체험하였으며, 리모델링 이전에 비해 이직률이 65% 감소하여 인력 교체로 인해 발생하는 비용을 절감하는 효과도 얻을 수 있었다.

05

미래형 오피스의
조건

부동산시장에 있어 코로나19 이후의 오피스에 대한 주요 관심은 오피스 면적과 오피스 입지 두 가지로 볼 수 있다.

먼저 오피스 면적의 변화를 이끄는 요소는 크게 세 가지로 나타난다. 첫째, 직원의 생산성 향상을 위한 시설 도입에 따른 직원 1인당 공간의 증가이다. 앞서 살펴본 자이맥스의 2019년 조사 결과에 따르면 일반적으로 일본의 직원 1인당 오피스 면적은 3.8평이다. 하지만 최근 미국과 유럽의 주요 기술 기업Tech Giants, 기업서비스 기업, 창조 기업The Creatives의 직원 1인당 면적은 최소 4.8평에서 최대 17.3평으로 나타났다. 한국에서는 카카오가 직원 1인당 면적을 현재 5평에서 10평으로 확대하고자 계획하고 있다. 둘째, 언택트에 따른 직원 개인 공

주요 기술 기업	기업서비스 기업	창조기업
애플 • 연면적: 78,650평 • 직원 수: 약 12,000명 • 직원당 면적: 6.5평	스웨드뱅크 • 연면적: 13,613평 • 직원 수: 2,700명 • 직원당 면적: 5.0평	아디다스 • 연면적: 15,737평 • 직원 수: 2,000명 • 직원당 면적: 7.9평
구글 • 연면적: 24,200평 • 직원 수: 4,500명 • 직원당 면적: 5.4평	보스턴컨설팅그룹 • 연면적: 5,423평 • 직원 수: 500명 • 직원당 면적:10.8평	유니레버 • 연면적: 9,134평 • 직원 수: 1,450명 • 직원당 면적:6.3평
어도비 • 연면적: 5,817평 • 직원 수: 1,200명 • 직원당 면적:4.8평	페롯 인베스트먼트 • 연면적: 5,199평 • 직원 수: 300명 • 직원당 면적: 17.3평	리복 • 연면적: 6,182평 • 직원 수: 750명 • 직원당 면적: 8.2평

출처 : 각사 자료를 바탕으로 노무라종합연구소 작성.

간의 확보와 개개인의 사무 공간의 이격거리 확보에 따른 직원 1인당 공간의 증가이다. 신축이 아닌 기존 오피스 내에서 협의 공간 등 생산성 향상을 위한 다양한 시설을 도입한 경우, 자율좌석이나 개인 책상의 면적이 매우 좁아지는 문제가 발생하였다. 하지만 개인당 2피트(약 61cm) 수준의 이격거리를 확보하기 위해서는 직원 1인당 면적은 보다 증가할 수밖에 없을 것이다.

마지막으로는 재택근무 등 유연한 근무의 도입에 따른, 오피스 내 동시 상주 직원 수의 감소이다. 일부 IT 기업과 같이 코로나19 이후에도 당분간 재택근무를 시행하는 기업도 있겠지만, 그렇지 않더라도 많은 기업들은 1주일에 1~3일 정도 오피스에 근무하고 나머지는 재택근무를 하는 형태를 보일 것으로 판단된다. 백오피스 업무 등 재택근무만 수행하는 직종도 일부 있겠으나, 그런 직종은 다수가 AI로 대체될 가능성이 높기 때문에 실제적으로는 재택근무와 오피스근무를 혼합하는 형태로 업무가 이루어질 전망이다.

대규모로 재택근무를 시행하지 않더라도, 보수적 관점에서 보아도 코로나19 이후의 오피스 규모는 축소될 것이다. 일별로 오피스에 출근하는 직원 수를 기존의 약 70%로 줄이는 경우에는* 전체 직원 1인당 오피스 면적을 1.4배 늘리더라도(직원당 면적은 5.3평으로 증가) 필요 오피스 면적은 2%포인트 감소하며, 오피스 출근 직원을 약 50%로 줄이는 경우에는** 전체 직원의 1인당 면적을 1.7배 늘리더라도(직원당 면적은 6.5평으로 증가) 필요 오피스 면적은 15%포인트 감소된다.

캠퍼스 확대를 통한 오피스 입지의 네트워크화

오피스 입지 측면에서 코로나19 이후의 업무 공간은 과거의 중앙

---

* 직원의 3분의 1은 오피스에 상시 출근하고, 직원의 3분의 2가 주 2~3일은 오피스근무를 하고 나머지는 재택근무 하는 경우.
** 전 직원이 일주일에 2~3일 오피스근무를 하고 나머지는 재택근무를 하거나, 직원의 4분의 1은 오피스에 상시 출근하고 직원의 4분의 3은 주 1~2일 오피스근무하고 나머지는 재택근무를 하는 경우.

집중형, 프론트오피스 및 백오피스의 분화를 넘어 네트워크형으로 변화될 것이다. 즉 오피스는 도심 오피스, 캠퍼스Campus, 자택Work-at-Home으로 분화될 것으로 전망된다.

이 중 캠퍼스는 외근직의 업무 효율성 향상을 위한 위성 오피스, 근로자의 직주근접을 위한 주거지 인근의 거점 오피스, 그리고 기획·연구·개발 기능 중심의 R&D오피스를 포함한 개념으로 정의할 수 있다. 이러한 캠퍼스는 공간적으로 네트워크화되어 있고, 지방에도 위치할 수 있어서 백오피스나 지사와 유사하지만, 백오피스는 본사의 지원 기능을 담당하며 지사는 해당 지역의 업무를 수행하는 곳인 반면, 캠퍼스는 본사의 주요 업무를 수행하는 곳이라는 점에서 차이가 있다. 캠퍼스를 구성하는 위성 오피스, 거점 오피스, R&D 오피스를 이미 도입한 사례를 살펴보자.

위성 오피스

일본에서는 외근직 근로자를 위한 위성 오피스를 활용하고 있었다. 1980년대 말부터 주요 기업에서 위성 오피스를 도입한 일본은 버블 붕괴 이후 별도의 위성 오피스 개발이 이루어지지 않았으나, 몇 년 전부터 공유오피스의 도입으로 부도심 및 교외 지역에 위성 오피스를 설립하여 이용하고 있었다. 세일즈포스 재팬Salesforce Japan의 경우 본사는 도쿄에 있으나 2015년에 와카야마현에 영업사원들을 위한 위성 오피스를 설치하였다. 그 결과 6개월간 상담 건수는 20% 증가하

● 도표 5-14 **오피스 공간의 분화 구조도**

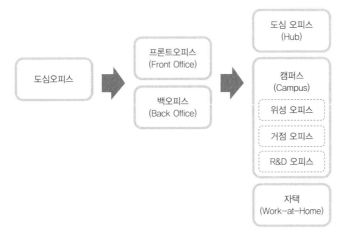

출처 : 노무라종합연구소 작성.

고 계약 금액은 31%가 증가하는 성과를 거두었다. 후지쓰는 2017년
에 출장 중에도 일할 수 있는 장소를 마련하고자 위성 오피스를 설치
하였다. 부동산 업체인 CBRE 재팬의 리서치 헤드인 오쿠보 히로시는
"위성 오피스의 수요는 증가할 가능성이 있다"며 "대규모 사무실의
용도는 변화할 것으로 보인다"라고 전망하며 향후 위성 오피스의 확
대 가능성을 시사한 바 있다.

거점 오피스

미국에서는 인재 유치의 방안으로 거점 오피스가 개발되었다. 즉

인재들이 본사가 입지한 도시로 가는 것이 아니라 인재가 많이 있는 도시에 거점 오피스를 설치하는 것이다. 인텔Intel, 어도비, 오라클Oracle 등 샌프란시스코와 실리콘밸리 지역에 위치한 회사들은 본사 외에도 시애틀에 거점 오피스를 두고 있다. 일본에서도 도쿄도 츄오구에 본사를 둔 내일의 팀은 도쿠시마현 미요시시에 거점 오피스를 설치하고 현지에서 일하고 싶은 인재를 채용하고 있어 지역 균형 발전 차원에서도 도입 가능함을 보여주었다. 한편 코로나19로 텔레워크를 시행하였으나 주택 내 업무 공간 부족으로 재택근무가 어려운 근무자들이 거점 오피스에서 집중 근무할 수 있도록 활용되기도 하였다.

이러한 거점 오피스는 코로나19로 인해 기존 근로자의 직주근접을 위한 방안으로 고려되는 중이다. 미국의 부동산회사 RXR리얼티RXR Realty는 뉴욕의 금융회사들이 교외 사무실에 대해 문의하고 있다고 밝혔다. 루벤슈타인 파트너스Rubenstein Partners도 뉴욕에 위치한 미디어 및 기술 기업, 로펌들로부터 뉴저지 북부의 사무실에 대해 문의를 받았다고 밝혔다.[*] 미국 시티그룹Citi Group은 뉴욕 교외 지역인 롱아일랜드, 웨스트 체스터, 뉴저지 등에 거점 오피스를 개설하는 것을 검토하고 있다. 시티그룹은 기차나 지하철 등 대중교통을 이용하여 통근할 경우 감염 위험이 불가피하다고 보고, 직원들이 집에서 자가용으로 출퇴근이 가능한 거리에 거점 오피스를 두고자 하는 것이다. 한

---

[*] 'Citi Eyes Offices in Suburbs to Ride Out Manhattan;s Recovery', 〈Bloomberg〉, 2020. 5. 21.

국에서는 SK텔레콤이 2020년 4월부터 서울 서대문, 종로, 경기도 판교, 분당에 거점 오피스를 운영하여 인근에 거주하는 직원들이 출퇴근하도록 하고 있으며, 강남, 송파, 일산, 강서, 마포 등에 추가 개설을 검토하고 있다.

이러한 거점 오피스는 코로나19 이후 공유오피스 외에 비즈니스 호텔에서도 사업을 전개하고 있다. 일본의 호텔 체인인 코트The Court는 객실층을 거점 오피스로 활용하는 서비스를 제공하고 있으며, APA호텔도 전국 호텔 거점을 활용한 위성 사무실 서비스를 실시하고 있다. 여행사와 IT 솔루션 업체가 협력하여 프롭테크Proptech* 사업을 전개하는 사례도 있다. 일본의 여행사인 JTB와 솔루션 업체인 NEC는 협력사업으로 도쿄 도심과 교외 호텔의 유휴 공간을 활용한 거점 오피스 사업을 2020년 8월 말부터 시작하였다. 이 사업에서 JTB는 작업 공간을 제공할 수 있는 시설과 거점 오피스를 찾는 기업을 매칭해주고, 정산 업무를 수행하고 있다. NEC는 이용자가 거점 오피스를 검색하고 예약할 수 있는 응용 프로그램의 개발, 운영 및 유지보수를 담당하며, 호텔 전용으로 거점 오피스 위치 및 좌석 수, 시간대 등을 설정하고 예약 상황을 확인할 수 있는 서비스를 클라우드로

---

* 부동산Property과 기술Tech의 합성어로 부동산 관련 기술을 의미한다. 국내에는 다방 등의 부동산 앱 등이 있으며, 해외에는 질로우Zillow(부동산 중개 플랫폼), 펀라이즈Funrise(온라인 부동산 크라우드 펀딩), 하우마HowMa(AI 기반의 단독주택 및 맨션의 감정평가 서비스), 에어비앤비(숙박 예약·결제 플랫폼) 등이 있다.

제공하고 있다. 현재는 도쿄의 7개 호텔이 참가하고 있으며, 2020년 내에 30개, 2021년에는 50개 호텔의 참가를 목표로 하고 있다.[*]

국내에서도 서울 앰배서더 강남 쏘도베 호텔, 목시 서울 인사동 호텔, 롯데시티호텔 등이 호텔을 오피스로 이용하는 패키지를 운영하고 있는데 이들은 객실 1박을 포함해 얼리 체크인과 다음날 저녁 체크아웃 시간 동안 비즈니스 라운지 사용 및 음료와 다과를 무제한으로 제공하는 서비스를 제공하고 있다.

R&D 오피스

R&D 오피스는 기술 기업 및 혁신 기업의 고용 접근성 측면에서 새롭게 도입 가능한 오피스이다. 한국에서는 대기업을 중심으로 과거 생산 공장 인근에 입지한 R&D센터들이 점차 서울과 수도권에 입지하고 있고, 그 형태도 교외형 오피스와 유사하게 개발되고 있다. 미국에서는 도심의 고층 오피스에 대한 틈새시장으로 샌디에이고, 샌프란시스코, 보스턴 등 주요 도시 및 교외 지역에 R&D 오피스가 개발되어 IT나 BT 기업들이 테넌트로 이용하는 상황이다.

이렇게 네트워크화된 캠퍼스는 다음의 장점을 가지고 있다. 첫째, 도심에 집중되어 있었던 오피스를 분산시켜 부동산 비용을 절감시

---

[*] 'JTB와 NEC 호텔 유휴 공간을 활용한 공유오피스 사업', 〈Impress Watch〉, 2020. 7. 28.

킬 수 있다. 둘째, 자사 내 확진자 발생 또는 외부 확진자 방문에 따른 오피스 폐쇄 리스크를 줄일 수 있다. 셋째, 외근직 근로자의 생산성을 높이고 교통 비용을 줄일 수 있다. 넷째, 도심으로의 출퇴근 시간을 감당하기 어려운 여성 및 고령자 등 채용 인력의 풀을 넓힐 수 있다. 다섯째, 기존에 출퇴근시간 절감 목적으로 오피스 인근에 거주하던 직원들의 교외 이주에 따른 주거비 절감(간접적인 임금 인상) 효과를 제공한다. 실제로 일본 내각부가 발표한 코로나19 관련 조사에 따르면 도쿄에 거주하는 20대 중 '지방 이주에 관심이 있다'고 응답한 사람은 전체의 35.4%로 나타났으며, 실제로 텔레워크 도입에 따라 고향으로 유턴하는 사례도 나타났다.

서비스 제공처로서의 도심 오피스

코로나19로 인해 재택근무를 경험한 한국 기업들은 코로나19가 종식되더라도 6피트(2m) 오피스 조성 차원에서라도 오피스 내 상주 직원 수를 줄일 수밖에 없을 것이다. 전체 직원이 출근하면서 오피스 면적을 확대하기보다는, 재택근무를 병행하면서 직원 1인당 오피스 면적을 늘려주는 것이 비용 측면에서 유리하기 때문이다. 이에 따라 교대근무 방식의 재택근무가 유지될 것으로 보인다. 더욱이 통합 본사로의 이전을 계획하던 기업들은 제로베이스에서 다시 검토할 것으로 보인다. 업무방식의 변화로 재택근무의 생산성이 유지되거나 더욱 향상되는 경우, 업무 공간의 유연성은 보다 높아질 것이다.

한국의 경우 직원 1인당 면적이 증가하더라도 재택근무의 병행을 통해 기업의 오피스 필요 면적은 기존의 80~90% 수준으로 감소할 것이며, 특히 중심업무지구CBD, 강남업무지구GBD, 여의도업무지구YBD 에 입지한 도심 오피스 면적은 캠퍼스의 확대가 본격화되는 경우 그 수요가 감소할 것으로 보인다.

미국의 경우 소위 타미TAMI*라 불리우는 기술 기업들이 최근의 오피스 수요를 이끌어왔다. 쿠시먼앤웨이크필드Cushman & Wakefield의 2019년 4분기 자료를 바탕으로 미국 대도시 주요 오피스 지구의 임대료와 주요 업체들을 분석한 결과, 뉴욕에서 월임대료가 가장 높은 지역은 미디타운 사우스 지역으로 허드슨야드 개발 및 실리콘앨리의 IT 기업 입주가 임대료 상승을 이끌었다. 샌프란시스코 역시 구글과 아마존이 입주한 사우스 파이낸셜디스트릭트과 소마SOMA 지역의 임대료가 높게 나타났으며, 보스턴의 경우에도 바이오테크 기업이 밀집한 백베이의 임대료가 가장 높았다. 일본의 경우에도 롯본기와 시부야의 오피스 수요는 타미 기업들이 견인하고 있었다.

하지만 기존에 오피스 수요를 견인하던 타미 기업들이 재택근무

● 기술Technology, 광고Advertising, 미디어Media, 정보Information의 영어 단어 앞글자를 따서 만든 용어로, 글로벌 오피스 투자 트렌드가 금융회사 및 로펌 밀집 지역에서 타미 기업이 선호하는 지역으로 변화하는 과정에서 등장한 말이다.

에 가장 발 빠르게 대응하고 있다. 아마존은 클라우드 인재 등 총 3,500명을 추가 채용하면서 뉴욕과 텍사스 댈러스의 사무실 확장에 14억 달러를 투입하였다. 이에 비해 트위터, 페이스북, 구글 등은 재택근무를 확대하는 상황이다. 한국에서도 최근 직원 증가 및 1인당 면적 증가에 따라 대규모 오피스 이전 및 개발을 추진하던 판교 소재 IT 기업들의 오피스 수요에 대한 재검토가 진행될 수 있을 것으로 보인다.

과거에는 도심에 입지한 오피스가 생산성, 문화, 인재 전쟁에서 보다 유리하였다. 도심은 기업의 본사가 입지하고, 이러한 기업들을 지원하는 기업서비스 업체가 입지하는 장소였다. 하지만 기업의 본사가 네트워크화된다면, 기존에 고객 근접형의 입지를 보이는 기업서비스 업체들은 고객사의 본사가 입지한 도심부가 아닌 주요 인재들이 거주하는 지역에 입지할 수도 있게 된다.

기존의 오피스는 많은 사람들이 함께 모여 일사분란에게 일하는 공간이었다. 코로나19 이후 유연한 근무가 확산된다면 이제 함께 모이는 활동의 많은 부분은 온라인으로 이루어질 것이다. 그리고 개별적인 업무 장소는 자택이나 거점 오피스가 될 것이다.

이런 상황에서 앞으로의 도심 오피스는 함께 모여 협의하는 장소로서의 역할을 담당할 것이며, 특히 중요한 순간에 모이는 장소가 될 것이다. 즉 도심 오피스는 보안이 매우 중요한 의사결정이나 TF 업무를 위한 공간으로 활용되는 동시에 프로젝트 등의 진행에 앞서 팀

● 도표 5-15 **도심오피스의 기능 변화**

Workplace(As-is)		Workplace(To-be)
• 사무 처리 및 관리의 공간 • 직원을 관리하기 위한 배치 • 공간의 효율화(비용 절감 대상) • 같은 시간, 같은 장소에 모임 • 업무 수행만 고려	→	• 지적 생산 공간으로서의 오피스 • 좋은 인재를 채용하고 그 능력을 최대한 발휘하기 위한 환경 조성 • 새로운 아이디어와 부가가치 향상 위한 공간 투자 필요 • 프로젝트의 목적 및 직원의 상황에 따라 유동적으로 모임 • 여성 및 1인 가구 증가에 따른 일과 라이프의 조화 중요

출처 : 노무라종합연구소 작성.

원 간에 과업의 목표와 방향을 결정하는 1~2일간의 워크숍 공간, 직원의 심화교육 공간 등의 역할을 담당하게 될 것이다. 즉 과거에는 휴양지 등에서 진행하던 워크숍을 도심에서 빠르게 진행하고 결정하는 방식이 도입될 가능성이 높으며, 온라인 교육만으로는 부족한 부분을 보강하는 심화 교육 장소로서 도심 오피스가 활용될 것이라는 뜻이다. 도심 오피스는 사무 공간보다는 회의실 등의 협의시설 및 이의 지원시설(객실, 도서관 및 자료실, 휴식시설 등)이 중심이 되는 회의실이 있는 고급 호텔과 같은 오피스로 변화할 것으로 판단된다.

　이러한 변화에 대해 본사 건물이 있는 대기업이나 중견기업의 경우에는 협의시설과 지원시설 중심으로 내부 인테리어를 변화시킬 것이다. 하지만 도심의 임대 오피스의 경우에는 테넌트의 시설 니즈를 해결할 필요도 도출되었다. 따라서 부동산업은 테넌트의 서비스 니즈를 해결하고, 이를 수익모델로 창출해야 할 것이다. 즉 사용 수수료, 시간당 사용료를 부과하는 방식으로 수익을 거둘 수 있는 휴식 공간, 지원시설 제공 등으로 서비스 형태를 다변화할 필요가 있다.

일본의 부동산업체인 미쓰이부동산은 최근 셰어SHARE와 MOTMitsui Office for Tomorrow 등 서비스로서의 부동산ReaaS사업을 전개하고 있다. 셰어에서는 업체 미팅, 고객사 방문을 위한 개인 및 공동 작업 공간을 지원함과 동시에 수면실, 샤워실, 복합기, 카페, 파우더룸 등 업무 외 지원시설을 제공하고 있다. 특히 출입관리 시스템, 와이파이 암호화, 보안커튼, 소음 차단 등의 보안 시설을 갖추고 있어 기업에서 안심하고 이용할 수 있도록 하고 있다.

또한 MOT 서비스를 통해 오피스 건물 내 테넌트 직원들을 위한 라운지, 휴게실, 피트니스, 이벤트 공간 등의 전용 휴식시설을 제공하고 있으며, 일과 생활의 연계를 통해 맞벌이 부부나 워킹맘을 위한 영유아 케어서비스를 제공하고 있다.

모리빌딩 역시 롯본기 힐스 모리타워에서 아카데미힐스라는 지식 허브Intellectual Hub 서비스를 제공하고 있다.

기존의 오피스 부동산업은 오피스의 내부 면적을 판매하는 임대 사업이었다. 하지만 앞으로의 오피스 부동산업은 서비스를 지속적으로 판매하는 서비스 운영회사로 변화할 것이다.

6장

뉴노멀과
비즈니스모델 시프트

01

디지털 전환과
혁신 모델

코로나 이후 디지털 의존도는 급격하게 높아지고 있다. 사실 이전부터 디지털기술 혁신 및 소비자 가치관 변화 등으로 지금까지 통용되던 경쟁의 룰과 성공 방식이 대전환기를 맞고 있었다. 기존 사업을 기반으로 성장해왔던 기업들은 물리적 제품 또는 오프라인 서비스 기능 기반의 비즈니스를 영위해왔다. 이들의 사업모델은 각각 특정 산업 축을 중심으로 B2B, B2C로 분류된 산업체계 안에서 상품을 제조, 유통, 판매, 서비스하는 방식으로 제조마진, 유통마진, 서비스 제공 비용으로 수익을 창출하는 것이었다.

그러나, IABC*로 대표되는 디지털기술의 혁신은 시장의 룰을 바꾸어 놓았다. 외부 환경 변화에 즉각적으로 대응할 수 있는 체제 변화를 통해 기존 비즈니스모델의 효율화를 요구하고, 새로운 비즈니스모델을 창출하면서 시장의 성장패턴을 완전히 바꿔놓고 있는 것이다.

디지털기술 혁신을 통해 기존 사업자들을 넘어서 성장하고 있는 기업들은 대표적으로 디지털 사업 분야와 디지털 플랫폼 사업 부문에서 찾아볼 수 있다. 결국 이제 사업을 영위하기 위해서는 이런 디지털기술을 통한 혁신의 흐름에 올라타야 한다는 의미이다. 이런 흐름은 향후 더욱 강력한 파도로 나타날 가능성이 높다. 게다가 인류가 이전에 경험한 적 없는 코로나19 상황까지 맞물리면서 이런 혁신에 대한 요구는 더욱 강해지고 있다.

기존의 룰이 더 이상 통하지 않을 것이며, 변화만이 생존의 전제조건이라는 점, 특히 디지털 기반의 사업모델이 뉴노멀이 될 수밖에 없음을 증명하는 요소가 몇 가지 있다. 사실 변화에 발빠르게 대처하지 못해 몰락한 기업은 역사 속에서 무수히 많이 찾아볼 수 있다. 이를 단적으로 보여주는 것 중 하나가 기업의 시가총액 순위 변화이다. 2000년대 이후 시가총액 상위에 랭크되어 있던 대표적 글로벌 기업은 제조, 화학, 유통 기업 등이었다. 하지만 2010년 이후 이들 부문의 기업가치는 하락하고, 구글, 애플, 아마존, 알리바바 등 디지털 및 플랫폼 기반의 기업들로 재편되었다. 2000년대 이후 최근 20년간 기업

● IoT·IoE, AI, 빅데이터, 클라우드를 칭한다. 국내에서는 ICBM, 즉 IoT, 클라우드, 빅데이터, 모바일을 칭하기도 한다.

가치를 유지하고 지속 성장하고 있는 기업의 생존 확률은 30% 미만이다.

또한 미국 다우존스 산업지수의 추이를 보더라도 그 차이는 극명하게 나타난다. 다우지수는 미국 증권거래소에 상장된 30개 우량기업 주식 종목으로 구성되는 지수로 1884년 다우지수가 만들어지던 당시 미국의 최고 우량주 12개사를 선정하여 다우평균지수를 발표하였다. 여기에는 아메리칸 코튼 오일American Cotton Oil, 아메리칸 슈가American Sugar, 아메리칸 토바고American Tobacco, 시카고가스Chicago Gas, 제너럴일렉트릭Ge,General Electric, 라클리드 가스Laclede Gas, 내셔널 리드National Lead, US피혁U.S. Leather 등 총 12개사가 편입되었다. 하지만 이들 기업은 1900년대 초반부터 인수합병 등 여러 형태로 업계에서 사라졌고, 유일하게 111년간 다우지수에서 상위권에 속해 있던 GE마저 2018년 실적 악화로 인해 다우지수에서 퇴출당했다. 이후 그 자리를 차지한 것은 3M, IBM, 애플, 마이크로소프트, 비자Visa, 시스코Cisco, 인텔, P&G, 코카콜라Cocacola, 존슨앤존슨Johnson&Johnson, 월트디즈니, 캐터필러Caterpillar, 홈데포Home Depot 등이다.

여기서 눈여겨볼 것은 GE의 몰락이다. 한국을 비롯해 일본의 제조업체들이 글로벌 벤치마킹 사례로 삼았으며, 100년 이상 '기업 경영의 교과서'로 불리던 GE가 몇 년 사이 급격히 기업가치가 폭락하고 구조조정된 것은 기업들이 얼마나 디지털 혁신으로 내몰리고 있는지를 보여주는 단적인 사례이다.

우리는 지금 대전환의 시대를 목도하고 있다. 이런 변화의 시대에 살아남고 지속적으로 성장하기 위해서는 단순히 기존의 비즈니스모델을 확장해나가는 것에서 탈피해야 하며, 일탈적Deviant 아이디어를 기반으로 한 혁신적 접근 방식을 시도해야 한다. 스탠퍼드 대학교 윌리엄 바넷William P. Barnett 교수는 "구글, 애플도 처음엔 아무도 성공하리라 생각하지 않았다. 혁신 기업 성공의 방정식이란 없다. 성공 방정식을 좇는 대신 일탈적 아이디어를 허용해야 혁신 기업이 생겨난다"고 말한 바 있다. 이는 현재 우리가 마주한 디지털 전환기에 시사하는 바가 남다르다.

플랫폼 개념을 뒤집어야 생존한다

새로운 리딩 플레이어로 대두된 기업들의 성장 비결 키워드는 크게 디지털, 플랫폼, 에코시스템 구축이며, 이를 추진하는 인재와 리더십 등으로 정리해볼 수 있다.

디지털, 플랫폼 등은 이미 대부분의 기업이 검토하거나 추진하고 있는 사업전략이다. 다만 성장하는 기업과 실패하는 기업의 디지털 추진의 차이가 있다. 먼저 아마존, 구글, 페이스북, 알리바바Alibaba, 텐센트Tencent 등과 같이 새로이 성장한 기업들은 대부분 스타트업Start-up 형태로 시작하였고 플랫폼 비즈니스를 시작으로 사업을 확장, 이후 기업 내 에코시스템 구축을 통해 전체 사업의 시너지를 확보하고 있다.

특히 이들 기업의 전략의 중심에는 데이터와 디지털화 추진이 있다. 몇 가지 공통점을 살펴보면 초기 고객 아이디를 중심으로 고객 정보와 니즈를 파악하고 여기에서 수집한 데이터를 플랫폼을 통해 제조사와 브랜드로 연결하는, 즉 고객과 제조사의 연결을 통한 사업모델을 구축했다. 초기 사업모델의 핵심성과지표KPI, Key Performance Indicator는 매출이나 수익보다는 트래픽Traffic이 중심이 되었고, 고객의 트래픽을 높이기 위해 차별화된 서비스를 제공하여 고객을 락인Lock in*했다는 점이다.

아마존은 초기 10년간 e커머스 사업이 적자임에도 불구하고 꾸준히 배송 및 물류서비스를 차별화하면서 고객의 트래픽과 충성도를 높였다. 현재 아마존은 '미국에서 아마존을 제외하고 생활하는 것은 상상할 수 없다'고 평가받을 정도로 미국인의 생활에 있어 중요한 인프라로 자리 잡았다. 이렇게 되기까지 제프 베조스의 리더십을 통해 일관된 정책으로 사업을 유지하였다는 점도 매우 주효하게 작용했다. 여기에 더해 확보된 고객 트래픽을 기반으로 수익모델을 e커머스가 아닌 아마존웹서비스AWS, Amazon Web Services 사업 및 물류 사업을 통한 B2B 영역으로 설정하고, 이 부문에서 이익을 확보한 점을 들 수 있다. 또한 구축된 트래픽 및 데이터를 통해 더 많은 상품을 모으고

---

* 고객을 자사의 상품이나 서비스에 묶어두는 방식을 말한다.

고객이 원하는 제품을 직접 제조하고, 더 좋은 서비스를 고객에게 제공하면서 그 트래픽을 기반으로 새로운 플랫폼 사업을 추가를 전개하고, 아마존 내 에코시스템을 구축한 것이 아마존의 기업가치를 높인 요인이다.

한국에도 많은 e커머스 회사들이 있지만 사업모델과 수익모델의 구축 전략에서 아마존과 큰 차이를 보이고 있다. 국내 e커머스 기업들도 이미 상품구색, 물류 및 결제 서비스 부문에서는 아마존에 뒤지지 않는 수준이다. 게다가 포인트제도나 할인쿠폰 등 더 많은 고객 서비스를 제공하고 있다. 그럼에도 국내 e커머스 기업들은 계속 적자를 내고 있으며, 강력한 브랜드파워 없이 차별화되지 않고 있다. 이런 차이가 나타나는 가장 큰 이유는 사업을 바라보는 전략적 관점 차이 때문으로 판단된다. e커머스 사업은 먼저 커머스 사업으로 접근할 때와 B2B 플랫폼 사업으로 볼 것인지에 따라 방향이 달라진다. e커머스를 상품 판매 자체를 목적으로 하는 커머스 사업으로 볼 것인지, e커머스를 매개로 한 커머스 지원 사업에 목적을 둘 것인지에 대한 사업 전략의 차이라는 뜻이다. 전자로 접근한다면 고객에게 많은 상품을 판매하는 것을 목표로 하게 되고, 후자로 접근한다면 확보한 고객을 기반으로 제조사 및 브랜드의 판매를 지원해주는 B2B 서비스, 솔루션 제공 서비스가 가능하다. 아마존은 후자의 기능을 강화하여 성공한 사례이며, 이는 비단 아마존뿐만 아니라 알리바바, 텐센트 등도 마찬가지로 구사한 전략이다. 알리바바그룹과 텐센트 역시 초기 트래픽 확보 및 고객의 락인(충성 고객 확보)을 위해 플랫폼 및 이용 수수료를 받지 않고 고객을 확보하였고, 이를 기반으로 클라우드 서비스, 광고 및 마케팅 사업 등으로 사업모델을 구축했다.

e커머스 기업 외에도 구글도 정보 검색포탈 사이트라는 표면적인 사업 이외 클라우드, 디지털 솔루션 사업 등으로 수익을 창출하고 있다. 구글은 정보사이트라는 특성에 맞게 엄청난 양의 데이터 정보를 기반으로 디지털 및 IT, IoT 솔루션 중심으로 사업을 확장하고 있다. 마이크로소프트도 시스템 구축 서비스 이외에 솔루션 사업을 강화하고 있다. 이외에도 국내 기업인 네이버, 카카오 등 플랫폼 기업 역시 e커머스 및 페이서비스를 강화하고 있다. 이런 움직임은 수익 확대 측면도 있지만 실제 고객이 어떤 상품을 구매했는지와 같은 고객 및 상품 데이터 확보를 사업 확장에 있어 중요한 요인으로 파악했기 때문으로 보여진다. 이를 통해 타 제조사 및 브랜드를 대상으로 데이터, 마케팅, 광고 솔루션 등 새로운 사업모델로 확장시킬 수 있고 새로운 금융상품을 기획·판매할 수 있기 때문이다.

AI시대라도 결국 사람이 주체

기업이 성장하는 데 있어서 인재와 조직문화 혁신 또한 중요한 요소이다. 아무리 디지털기술이 변혁의 선도적 역할을 한다고 하더라도 혁신의 주체는 사람이라는 의미이다. 혁신에 성공한 기업들은 초기 실험적인 HR 조직관리 체계 및 성과관리 방법의 변화를 적극적으로 도입했고 생산성 극대화를 목표로 우수 인재의 확보와 육성에 공격적으로 투자하고 지원했다.

구글은 '다수 사람들의 삶에 긍정적인 변화를 가져온다'는 이념 하에 인간 생활 전반에 걸쳐 독자적으로 신규 시장을 창출하며 혁신하는 회사를 지향하며, 구글의 가치를 지켜갈 수 있는 지속 혁신 동력으로 인재 확보 및 조직문화 구축을 들고 있다. 이에 따라 인사를 인재관리HR가 아닌 사람운영People Operation으로 칭하고 인재 관련 모든 의사결정은 데이터와 분석에 기반하여 기술 결정과 같은 수준의 정밀성을 적용하도록 하여 직원분석팀People Analytics Team이라는 조직에서 총괄하도록 하고 있다. 직원분석팀에서는 인재의 채용에서 운영, 교육, 평가와 보상체계까지 면밀하게 구성하고 있다. 최고의 성과를 내는 좋은 인재를 채용하는 것은 기본이고, 직원의 생산성을 최고로 유지할 수 있도록 공간의 온도, 제공되는 음식의 칼로리까지 모든 요소를 데이터를 기반으로 관리한다. 또한 수평적 조직문화 및 소통을 중요시하는 문화를 만들어가고 있다. 협업하고 재미를 추구하며, 발견을 독려하는 관리체계를 구축하고, 임직원 모두 데이터를 근거로 의사결정을 내리도록 체계화하였다. 이런 점 등이 오늘날 구글을 만든 핵심 성장 요인으로 작용하였다.

아마존 또한 최고의 인재가 지속 성장의 원천이라고 판단하여 높은 채용 기준을 유지하고 있다. 이들은 좋은 인재를 채용하는 것이 성공을 이끄는 유일한 요소이자 원동력이라고 강조한다. 엄격한 인사 운영제도의 실시, 기준 미달인 사람을 채용하기보다 역할 자체를 없앤다는 기조하에 강력한 리더십과 아마존 경영 철학에 맞는 사람들로 기업의 성장을 도모해왔다. 다만 카리스마적이고 탁월한 리더십을 가진 제프 베조스도 최근 코로나 및 사회 환경 변화에 따라 자신의 조직 철학 및 리더십을 조금씩 유연하게 변화시키고 있다고 한다.

핵심에 혁신 요소를 더하라

플랫폼 기반의 신성장 기업 이외에도 혁신을 추진하여 성장하고 있는 기업들이 있다. 마이크로소프트, 존슨앤존슨, 월마트, 네슬레 등이 그 예이다. 이들 기업은 기존 사업의 강점을 기반으로 혁신 요소를 도입하여 점진적으로 사업을 확대해나가는 한편, 보수적인 조직 구조를 바꾸며 혁신을 추진했다.

특히 가장 눈여겨볼 만한 곳은 앞서 살펴본 월마트이다. 가장 고된 시련을 겪으며 혁신에 성공한 월마트는 오프라인 기반의 종합소매업GMS, General Merchandise Store 사업을 기반으로 아마존의 저돌적인 공격에도 꾸준히 혁신을 추구하며 성장을 추구하고 있다. 월마트는 기술적인 혁신 이외 조직문화에서도 혁신을 추구하였다. 수직적 구조로 운영되어오던 것을 최근 수평적 요소를 여러 부문에 도입하여 신사업 혁신 기반을 마련하고, 더 좋은 일터를 만들기 위한 노력을 기울이고 있다. 온라인 사업을 강화하고 오프라인에 부족한 기술 개발을 목적으로 하는 기술 부서 내 조직을 초기에 설립했다. 하지만 기술 조직의 특성상 기술 중심 사고와 수직적 문화로 업무가 효율적으로 운용되지 못해 높은 성과를 거두지는 못했다. 게다가 기술 혁신 및 적용을 위해서 기술 부문의 우수한 인재를 채용해야 했지만 해당 분야의 기술 인력 시장인 실리콘밸리의 인재가 월마트에 입사하려면 아칸소 벤턴빌 본사 인근으로 이주해야 하는 어려움이 있었기에 좋은 인재를 채용하기가 어려웠다. 이에 월마트는 기술 부문 자회사인 월마트 랩스Walmart Labs를 설립, 2011년에 기업분리를 단행하고 해당 기술 인력을 중심으로 혁신을 도모하였다.

월마트의 기본 사업을 기반으로 한 디지털 전환, 혁신 전략의 성과가 가시화된 것은 이처럼 10년 이상 혁신과 변화를 추구하면서 이뤄진 것이다. 월마트가 다른 오프라인 기반 유통 기업들과 달리 생존할 수 있었던 것은 오프라인 매장을 단순히 온라인에 옮기는 웹사이트가 아닌, 아마존과 경쟁 가능한 수준의 사업모델을 구축하기 위해 많은 기술 인력을 투입하고, 적극적으로 투자를 시행한 덕분이란 뜻이다.

이외 성공 사례로 얘기할 수 있는 기업이 마이크로소프트이다. 애플과 아마존웹서비스AWS 사이에서 PC 기반의 IT 기업으로 시장의

● 도표 6-1 **글로벌 선도 기업의 성장 핵심 성공 요인**

출처 : 노무라종합연구소 작성.

팔로워Follower로 위기를 맞은 마이크로 소프트는 변화에 대응하지 못
하고 2016년 노키아를 인수한 지 3년 만에 매각했다. 이러한 위기에
서 마이크로 소프트가 다시 시가총액 1위의 기업으로 도약할 수 있

었던 것은 사티아 나델라Satya Nadella가 CEO로 취임한 뒤 쏘아올린 혁신 덕분이었다.

그는 '마이크로소프트는 모바일 퍼스트, 클라우드 퍼스트 세상을 위한 생산성 기업이자 플랫폼 기업'이라고 기업전략을 정의하고 플랫폼과 생산성을 지원하는 회사로 업을 재정의했다. 이후 기존 윈도우즈 중심이던 사업 부문에서 벗어나 클라우드 등 성장성 있는 사업에 집중하고, 과거의 사업 기반에 얽매이지 않으면서 개선이 필요한 부분은 과감히 변화시키는 히트리프레시Hit Refesh 전략을 추진하였다. 그 결과 클라우드 시장에서의 서비스형 소프트웨어SaaS, Software as a Service 분야에 집중 투자하면서 급성장할 수 있었다. 또한 마이크로소프트 역시 기업을 지탱하고 운영하는 동력을 최고 인재라고 판단, 최고 인재를 채용하고 내부 직원의 스케일업에 주력하며 평가제도 전환 등 협업 문화를 강화시켰다. 가장 큰 문제가 노후한 조직문화라고 판단, 인재를 평가하는 기준도 기존의 상대평가에서 절대평가 제도로 변화를 꾀하는 한편, 등급제 등의 정량적 평가 요소를 폐지하고, 데이터를 기반으로 한 인재 분석HR Analytics을 통해 평가 제도의 공정성, 객관성, 투명성을 확보하여 직원의 만족도를 높였다. 비효율적인 경쟁 요소는 제거하고 구성원들의 창의력을 증진시키고, 협업의 중요성을 강조하면서 단기성과에 집착하지 않았으며, 이를 통해 하나된 마이크로소프트One Microsoft를 실현시키고자 하였다.

절대 빠지지 말아야 할 덫

디지털, 플랫폼 등의 키워드가 등장한 것은 2010년대이며, 본격화되기 시작한 것은 2010년 중·후반부터이다. 많은 기업들이 디지털 전환 전략과 데이터, 기술 관련 조직을 만들고 투자를 하고 있다. 국내 기업들도 이미 많은 성공 기업들을 벤치마킹하고 전략을 수정하는 등 많은 케이스 스터디와 전략의 변화를 추진하고 있다. 국내 시가총액 10위 안에 카카오와 네이버가 진입했고, 주목받는 스타트업 기업들이 성장세를 이어오고 있다. 다만 지금까지의 한국 경제가 재벌 대기업 위주의 편향도가 높았던 것에 비해 대기업의 디지털 혁신, 사업 혁신의 대표적 성공 사례는 아직 가시화되고 있지 않다. 사례를 꼽는다면 삼성바이오로직스, SK바이오팜 등이 그룹 신사업으로 성장한 정도이다.

더 많은 자본력과 인력, 인프라를 보유하고 있음에도 혁신과 변화에 속도가 늦은 까닭은 조직문화와 사람에 있다. 업의 특성과 기업의 성격에 따라 다를 수는 있으나 대부분 신사업, 사업 혁신과 디지털 전환을 추진하는 데 있어 경영진과 임원들이 보수적이고 방어적인 조직이 많다. 필요는 느끼나 그 변화의 주체가 본인은 아니라는 인식이 기저에 깔려 있는 경우가 많다는 뜻이다. 어떻게 하면 되는지, 내가 뭘 하면 되는지가 아니라 왜 안 되는지, 왜 어려운지에 대한 이유와 시각을 가지고 변화와 혁신을 추진하고자 하는 경향이 강하다. 이러한 조직문화에서는 선도적으로 새로운 분야로의 진출이나 기존 사업의 틀을 깨는 것이 쉽지 않다. 먼저 움직이면 손해라는 인식과 경쟁 기업의 성과를 보고 따라 올라타려는 팔로워 경향이 짙기 때문에 조직문화 자체가 경직되어 있고, 실적 중심의 사고에서 벗어나지 못해 기존 사업의 틀을 깨지 못하는 것이다. 수많은 전략 보고서가 보고 이후에 없어지고 실행이 안 되는 이유이기도 하다.

물론 이러한 신중한 태도가 시장의 성장기에는 경영자로서의 중요한 역량이 될 수 있다. 그러나 지금과 같이 급변하는 사업 환경에서 과도하게 복잡한 의사결정 프로세스, 돌다리도 두들겨보고 건너자는 식의 사업 속도로는 생존하기 힘들다. 한 국내 기업은 국내 시장점유율 50% 이상의 선도 기업이었고 해외 사업에서의 성과도 좋았지만 최근 관련 플랫폼 기업들의 등장과 공유경제, 대체재 기업의 등장 등으로 기존 사업이 위축되고 성장이 둔화되면서 미래 신사업을 찾고자 하였다. CEO는 향후 성장 산업 중 기존 보유 리소스와 역량을 기반으로 새로운 아이템을 찾고자 하였다. 어떻게 실행하면 될까라는 의지를 가지고 조직 구성원 모두가 실행을 위해 사업을 검토한 결과 기존 보유 역량이나 계열사 네트워크를 활용하지 않는 완전히 다른 분야의 시장으로 진출하기로 결정하였다. 타기업이 10년 이상 미래사업을 준비하고 진행했던 것에 비해 3년 정도의 기간을 목표로 사업들이 추진되고 있다. 이런 노력 덕분에 이 기업은 기업가치 하락에서 벗어나 성장세를 나타내고 있다. 조직문화, 변화와 혁신에 진취적인 리더십이 효과를 나타내고 있는 것이다.

혁신을 위해서, 생존을 위해서 우선 제일 먼저 바꿔야 할 부분은 혁신에 임하는 자세와 이를 추진하기 위한 조직문화 개선이다. 이러한 조직문화 개선은 강력한 리더십과 오너십에 의해 추진될 수 있으며 이러한 문화가 정착되어야 창의적인 아이디어 및 혁신이 꽃을 피울 수 있다.

한편 대기업이 혁신에 실패하는 또다른 이유는 혁신의 목적과 방향성이 불분명한 상태로 수단과 방법만이 존재하기 때문이다. 왜 바꾸어야 하는지, 무엇을 바꾸어야 하는지가 정의되지 않은 상태에서 이것저것 보여주기 식의 패턴으로는 성공을 거두기 어렵다. 대기업과 스타트업의 차이는 사업 규모와 조직 규모의 차이로 변화를 위해 바꿔야 할 부분도 많고, 의사결정의 프로세스도 길다는 점이 혁신의 장애물이 된다. 따라서 쉽게 단기간에 리스크가 없는 사업을 찾다보니 할 수 있는 부분이 한정되고 그 영향도 미미해지고 마는 것이다. 따라서 혁신을 위해서는 우선 기업에서 무엇을 위한 혁신인지를 명확히 정의하고 이를 추진하기 위한 강력한 리더십 체계와 장기적인 관점에서 실패와 도전을 반복하면서 방향성과 결과를 만들어가는 것이 중요하다.

02

가속화되는
비즈니스모델 초혁신

    파괴적으로 사업모델을 혁신하고 성장하는 새로운 기업들이 대두되는 상황에서 코로나19는 디지털 자본주의형 경영전략의 초가속화를 초래하였다.

    IMF는 2020년 6월 전 세계 GDP성장률이 −4.9%가 될 것이라는 예측을 발표하였다. 특히 선진국 중에서도 미국이 −8.0 %, 독일이 −7.8 %, 이탈리아는 −12.8 %, 일본은 −5.8 %로 예측하였다. 경제협력개발기구OECD는 도시봉쇄나 외출 제한 등의 조치로 인해 경제에 미치는 영향에 대해 전형적인 선진국의 경우, 생산액의 20~25%를 감소시킬 수 있다고 내다봤다. 실제로 기업 실적도 크게 침체되고 있다. 2020년 5월 3일 〈니혼게이자이신문〉은 세계 주요 기업의 2020년 1분기 연결 순이익이 전년 동기 대비 40% 감소하였고, 특히 일본은 78%로 최대로 침체되었다고 보도했다.

앞서도 살펴본 대로 코로나로 인한 이 같은 경기 침체 상황은 쉽게 회복되지 않을 것이라는 예상이 대부분이다. 코로나 이후 대부분의 산업에서 70% 경제 축소 즉 슈퍼 축소 경제 상황이 될 것이라는 전망이 나오고 있을 정도로 코로나 문제가 경제에 미치는 영향은 과거 경기 불황과 비교해도 그 영향의 속도와 규모, 산업과 국가에 대한 파급 정도 등이 현저히 다르다. 아무리 뷰카VUCA 시대*라고 해도, 대부분의 기업은 그 어떤 준비도 없는 상태에서 코로나의 기습을 받게 되었다.

지금까지의 글로벌 불황과 위기는 대부분 일정 시간이 지나면 다른 산업과 시장이 올라가는 풍선 효과로 시장이 원래 상태로 복구되곤 했었다. 글로벌 경제 위기는 10년 정도의 주기로 발생하였다. 먼저 1987년 일어난 블랙먼데이는 플라자합의** 후 미국의 달러 약세 및 금리

---

* 변동성Volatility, 불확실성Uncertainty, 복잡성Complexity, 모호성Ambiguity의 약자로 변동적이고 복잡하며 불확실하고 모호한 사회 환경을 말한다.
** 1985년 미국, 프랑스, 독일, 일본, 영국(G5) 재무장관이 외환시장에 개입해 미국 달러를 일본 엔과 독일 마르크에 대해 절하시키기로 합의한 협정. 당시 레이건 정부가 들어서면서 개인 소득세를 삭감하고 재정지출은 유지함으로써 대규모 재정적자가 발생했는데, 이러한 재정정책은 대규모 무역수지 적자를 불러왔다. 그럼에도 불구하고 1980년 중반까지 미 달러화는 고금리정책을 유지하며 자금 유입이 끊이지 않았고, 미국의 정치·경제적 위상 때문에 강세를 유지하고 있었다. 이로 인해 통상에서 미국의 국제 경쟁력이 약화되었다. 미국은 자국 화폐가치의 하락을 막기 위해 외환시장에 개입할 필요가 있었고, 다른 선진국들은 미 달러화에 대한 자국 화폐가치의 하락을 막기 위해 과도한 긴축통화정책을 실시해야 했으며 그 결과 경제가 침체되고 말았다. 이에 미국, 영국, 프랑스, 독일 및 일본은 미 달러화 가치 하락을 유도하기 위하여 공동으로 외환시장에 개입하기로 합의했다.

인상 등으로 인해 글로벌 증시가 폭락했던 사태이고, 다음으로 일어난 글로벌 경제 위기는 1997년에 발생한 아시아 외환 위기이다. 1995년 미국 클린턴 정권의 달러 강세 정책이 시작되면서 미 달러의 고정환율제를 사용하던 태국 등의 아시아 통화가치도 일제히 상승, 경기침체에 대한 우려가 커지면서 해외로 투기자본이 대거 유출되었고 아시아 각국의 외환보유고가 고갈되면서 통화가치가 하락하여 한국을 비롯한 아시아 전역으로 외환 위기가 확산되었다. 그 이후 2000년대 초반 IT 버블 붕괴, 9·11테러, 아프간·이라크 전쟁, 2008년 리먼사태 등이 있었다. 이 외에도 2015년 중국 위안화 절하 및 2018년 터키리라화 가치 절하 등 환율 관련 위기와 미국과 터키 간 외교 문제, 미국과 중국 간 무역 마찰 등이 최근의 일어난 주요 글로벌 금융 및 경제 위기라고 할 수 있다.

이러한 글로벌 위기는 배경에 따라 두 가지 형태로 나눠볼 수 있다. 첫째는 미국의 금리와 환율 등 금융 및 통화 관련 이슈로 인해 발발한 형태이고, 둘째는 무역 마찰 등으로 인한 연계국을 포함한 수출 감소 및 경제 위축의 형태이다.

그 외 바이러스로 인한 경제 위기는 2003년 중국에서 발생한 사스를 들 수 있다. 하지만 이 때의 바이러스는 2002년 11월 최초로 확진자가 보고된 이후 약 8개월 만에 종식되었고, 확진자 수도 32개 국가 및 지역에서 8,096명으로 100명 이상 확진자가 발생한 국가 및 지역은 중국, 홍콩, 대만, 캐나다, 싱가폴 등 5개국에 한정되어 감염의

주 : 2010~2019년 운용 중 혹은 운용되었던 리츠 총 736개를 대상으로 함.
출처 : S&P Capital IQ 데이터를 기반으로 노무라종합연구소 작성.

지리적 확산이 적었다. 글로벌 경제 전반에 미치는 피해 역시 한정적
이었다.

　이러한 지금까지의 글로벌 경제 위기 및 사건에 따른 경제 회복
시점은 시간이 얼마나 걸릴지 과거의 각 국가별 주식 시장의 변동성
을 기반으로 분석을 해보았다.

　미국의 경우 IT 버블 붕괴에 의한 경제 위기, 리먼사태 이후 주식

● 도표 6-3 경제 위기 후 주식시장 및 경제 회복 추세(일본)

(단위: %)

주 : 10년 만기 일본 국채 데이터는 1986년부터 존재하여 이에 따라 시점 조정.
출처 : 일본 재무성, S&P Capital IQ 데이터를 기반으로 노무라종합연구소 작성.

시장이 하락에서 성장세로 리바운드하는 데까지 2~3년, 기존 수준
으로 회복하는 데까지 6~7년 정도의 시간이 소요되었다. 일본의 경
우에도 1991년 버블 붕괴 이후 아직까지 주식시장은 당시 수준까지
회복되지 않았지만 2008년 리먼사태 이후 2년 정도의 리바운드 기간
과 7년 정도의 회복기간이 소요되었다.

하지만 이번 코로나는 지금까지 경험한 위기와는 본질적으로 정

도와 대응 양상이 다르다. 앞서 자세하게 살펴본 대로 글로벌 양적완화와 저금리 상황, 기업의 불황과 소비 침체에도 불구하고 주식시장은 전 세계적으로 상승하고 있다. 게다가 좀처럼 감염의 종식을 예상하기 어려운 상황이다. 이러한 금융, 경제 상황과는 별도로 코로나로인해 가장 크게 변화된 부분은 전 세계적으로 사회 인프라 시스템 혁신의 필요성이 급격히 대두된 것이다. 언제 상황이 회복된다고 예측하기 어렵고, 언제든 다시 코로나 감염 확산이 발생할 수 있기 때문에 언택트를 통한 비즈니스모델의 변화, 라이프스타일과 일하는 방식 등 우리가 지금까지 생활하고 일하는 사회 전반의 인프라 시스템의 디지털화 및 스마트화 등의 급속한 가속화를 초래하였다는 것이다.

초디지털화, 스마트화, 효율화

여러 변화 중 가장 큰 변화는 기업이 추진하는 디지털화의 가속화이다. 재택근무가 일상화되고 비대면 업무, 소비방식이 확대되면서 기업은 디지털화를 더욱 급속하게 추진하게 되었다.

코로나 이전 일본의 노동생산성은 매우 낮은 상태였다. 취업자 1인당 노동생산성 기준으로 봤을 때 일본은 OECD 36개국 중 21위로 주요 선진 7개국 중 최하위였다. 경제 규모로 보면 일본은 미국에 이어 2위 수준이지만 1인당 생산성 측면에서 보면 1990년대 초반에는 미국의 75%정도 수준이었다가 지금은 미국의 60% 수준으로 하락하였다.

단순하게 계산하면 1인당 노동생산성을 높이기 위해서는 같은 일을 적은 인원으로 해내면 개선된다. 이를 위해서는 기술과 IT 등의 활용이 필요하다. 국제경영개발대학원IMD은 IT 활용에 대해 평가하는 국제디지털 경쟁력 순위World Digital Competitiveness Ranking를 매년 발표하고 있다. 2019년 일본의 순위는 조사 대상 국가 63개국 중 23위, 주요 선진 7개국 중 5위에 그쳤다. 특히 인력은 63개국 중 46위, 새로운 것을 경영에 빠르게 도입하고 활용하는 능력을 나타내는 비즈니스 민첩성 항목에서는 63개국 중 41위(특히 하위 항목인 빅데이터 활용은 63개국 중 최하위)로 빅데이터를 활용한 사업의 변화와 혁신에 있어 낮은 평가가 내려지고 있다. 한국은 국제디지털 경쟁력은 10위, 인력 30위, 비즈니스 민첩성 5위, 빅데이터 활용 40위를 기록했다.

물론 일본 기업도 디지털화에 전혀 무관심했던 것은 아니다. 많은 기업에서 디지털 전환을 위한 사내 프로젝트가 진행되고, 최고 데이터 책임자CDO, Chief Data Officer 등 디지털화 추진을 위한 임원과 조직을 만든 기업들도 급증하였다. 하지만 트랜스포메이션이라고 평가할 수 있을 정도의 대규모 혁신을 실현하고 성과를 올린 기업은 극히 한정되어 있다.

이런 상황에서 코로나19 감염 확산이라는 예상치 못한 환경 격변으로 인해 종전 방식으로는 업무를 계속할 수 없게 되었다. 결국 사무실에 나오지 않고 업무를 진행하기 위해 업무 흐름 자체를 재검토해야 했고, 새로운 업무 흐름을 구현하기 위해서는 IT 활용이 필수적이었다. 또한 고객과의 직접적인 대면을 할 수 없는 상황에서 상품이나 서비스를 판매·제공하기 위해 마케팅, 영업, 납품 방식을 근본적으로 재검토하고 재구축해야 했다. 좀처럼 디지털화에 드라이브가 걸리지 않던 일본에서도 코로나19로 인해 업무 자체를 근본적으로 재검토하지 않으면 안 되는 상황에 처하자 기업 전반의 경영과 사업시스템을 근본적으로 재구축하고자 하는 움직임이 활발하게 이루어지고 있는 것이다. 이 결과 2년에 걸쳐 이뤄질 디지털화가 2개월 만에 이뤄졌다고 평가받을 정도로 디지털화가 급속히 진행되었다. 또한 이로 인해 일하는 방식의 스마트화가 추진되면서 생산성의 효율화가 개선되고 있다.

실제 조사에서도 줌, 스카이프 등 화상회의 시스템의 업무 활용도가 높아지고 있고 대부분의 대기업들은 자체 화상회의 시스템을 활용해 업무를 추진하고 있는 것으로 나타났다. 이런 흐름, 즉 일하는 방식의 혁신, 고객과의 비대면 채널 구축 등을 위한 투자는 향후 더욱 활발해질 것이다. 재택근무를 위해 클라우드 및 온라인 환경에 대한 시스템 정비가 필요하고 화상회의를 위한 원격 협업 시스템에도 더욱 활발하게 투자하게 될 것이다. 하지만 여전히 어려움은 존재한다. 시스템이 익숙해지지 않아 겪는 어려움은 물론이고, 투자 환경이 갖춰져 있고 여력이 있는 대기업은 어느 정도 환경 정비가 이뤄지고 있지만 중소기업의 경우 난항을 겪고 있다. 하지만 현재 업무 프로세스의 혁신은 물론이고 기업 자체의 시스템 인프라에 대한 투자가 반드시 필요한 상황에 내몰려 있음은 부정할 수 없는 현실이다.

구조조정으로 내몰리는 기업들

앞서 코로나 이후 글로벌 경제는 70%로 축소되면서 슈퍼 축소 경제에 준비해야 한다고 밝혔다. 진짜 위기는 지금부터라는 뜻이다. 일본의 한 대형은행 임원은 '자동차, 중공업, 항공, 부동산 등과 관련한 업종에 속하는 기업은 대차대조표의 불황에 빠질 위험이 있다'고 경고했다. 국내 기업의 경우, 아직 이러한 위기나 경험이 없어 손익 중심의 관리에 초점을 맞추고 있으나 일본 기업에 있어 대차대조표 불황은 일본 버블 붕괴에 의해 대부분의 기업이 파산하거나 도산한 원인이 되었기 때문에 보다 중요한 기업 경영 관리 지표로 삼고 있다. 대차대조표 불황이란 자산가치 하락으로 인해 가계와 기업의 부채 비율이 높아지면서, 가계와 기업이 부채를 줄이려 소비와 투자를 줄이고, 이것이 다시 소득 축소와 채무 부담 증가, 자산가치 하락을 불러오는 악순환을 의미한다. 1990년대 버블 붕괴 이후 30년간 장기불황에 빠진 일본의 사례는 바로 이 대차대조표 불황의 대표적 예이다.

이번 코로나 사태로 인한 여파는 기업들의 실적 악화로 이어지고 있다. ANA홀딩스 -1,088억 엔, 닛산 -2,856억 엔, 일본제철 -421억 엔 등 2020년 1분기 결산에서 일본 대형 기업들은 대규모 적자를 예상하고 있다. 소매업 또한 비슷한 상황으로 다이마루 등 대형 백화점을 운영하고 있는 J.프론트 리테일링J. Front Retailing은 453억 엔(전년 동기 대비 -0.3%), 미츠코시 이세탄 홀딩스는 156억 엔(전년 동기 대비 -46.4%), 다카시마야는 255억 엔(-4.0%) 등 전년 대비 마이너스 성장을 예상하고 있다.

미국의 상황은 더욱 심각하다. 고가 상품을 주로 취급하던 백화점 니만마커스Neiman Marcus가 2020년 5월 파산 신청을 했고, J.C페니 J.C. Penny 역시 파산했다. 같은 해 7월에는 메이시스Macy's가 2020년 2~4월 결산 실적을 발표했는데 약 3,581백만 달러(약 4.2조 원)의 적자를 기록했다. 8월에는 미국에서 가장 오래된 백화점 로드앤테일러Lord & Taylor가 파산 신청에 들어갔다.

한국 역시 상황은 다르지 않다. 제조업 부문 대기업의 실적 및 기업가치 하락, 유통업 부문도 영업이익이 전년 대비 -40~90% 등 일본, 미국과 유사한 상황이다.

이러한 상황에서 기업들은 현금 확보 및 수익 개선을 위해 채권을 발행하거나 고정비를 삭감하려고 한다. 또한 보유 자산을 매각하거나 유동화를 통해 불확실한 미래에 대비하고자 한다. 이처럼 기업이 수익 개선을 위해서 우선적으로 검토하는 것이 구조조정 및 비용 절감인데 고용우선주의 정책으로 인적 구조조정은 쉽지 않은 상황이다. 또한 마케팅 및 영업 비용 등의 비용 절감이 이뤄져야 하지만 신규 플랫폼 경쟁자에 대처해야 하고 디지털 전환 투자는 지속해야 하며, 재택 및 비대면 업무 지원을 위한 투자 역시 계속 증가하는 상황이다. 결국 기업은 보유 자산을 매각하거나 유동화를 추진, 사채 발행, 대출 등을 통해 현금을 확보하는 수밖에 없다. 하지만 국내 기업의 경우 부동산 관련 정책 및 규제 강화 등으로 시장이 위축되어 자산 매각도 쉽지 않은 상황이다. 대안으로 공모 상장 리츠를 통한 자산 유동화 방법을 생각할 수 있는데 정책적인 의지로 공모 상장에 대한 규제 완화 및 인센티브를 부여하고 있기도 하다. 최근 이랜드 점포를 리츠로 전환한 이리츠코크랩, 롯데쇼핑 자산을 리츠로 담은 롯데리츠, SK주유소를 리츠로 담은 사례 등이 대표적이며 이런 움직임은 지속적으로 확대될 것으로 보인다.

정리하면 코로나로 인해 글로벌 경제가 더욱 위축되고 그 위험도는 높아지고 있는 가운데, 한국 기업들은 코로나 및 디지털화에 대응해야 하고 이를 위한 구조조정 및 비용 절감이 필수이다. 하지만 높아진 인건비 및 고용제도에 대한 정부의 강력한 규제가 존재하고, 부동산시장 위축으로 자산 매각도 쉽지 않은 상황에서 사전에 현금 확보 및 현금흐름 관리를 미처 준비하지 못한 기업들에게는 어쩌면 지금까지 생각지 못했던 초대형 위기가 닥쳐올 수도 있다. 특히 대차대조표 불황을 겪지 않기 위해서는 보다 적극적인 구조조정을 통해 인력과 자산을 재편하고 새로운 투자와 고용을 위해 현금을 확보할 수 있어야 한다. 또한 디지털 및 기술 부문에 대한 적극적인 투자를 통해 소비 침체를 개선할 필요가 있다. 정책적으로도 유연한 구조조정이 가능하도록 제도 완화 및 지원책을 마련해 사업 및 인력의 선순환 구조를 만들어야만 대차대조표 불황 및 부의 마이너스 효과의 위협에 대응할 수 있다.

03

지속가능 전략의
효용성

여러 차례 언급했듯이 이번 코로나19 사태의 파급효과는 그 범위와 영향력이 지금까지의 위기 때와는 다를 것이다. 노무라종합연구소는 2020년 5월 코로나에 대한 긴급 제언을 통해 '신종코로나 바이러스 트리니티 쇼크Trinity Shock로부터의 재건 방안'을 발표하였다. 트리니티 쇼크란 코로나로 인한 시간축(단기, 중기, 장기)과 사람, 상품, 자금 사이에 발생하는 거래로 생산, 소득, 지출이 동시에 삼위일체화되어 선진국과 개발도상국 전체적으로 동시에 리스크가 발생한다는 개념이다.

이러한 삼위일체 쇼크는 단순히 경제적인 측면에서의 영향 이외세계 공통의 목표인 지속가능 개발목표SDGs,Sustainable Development Goals

● 도표 6-4 **코로나19 트리니티 쇼크 개념도**

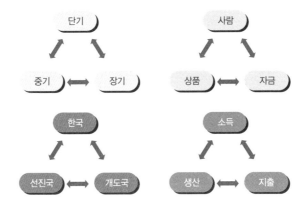

출처 : NRI 긴급 제언, 관민 · 내외 연계를 통한 리스크 매니지먼트를 통한 지속가능한 경제 사회 시스템 재구축 신
종 코로나바이러스 티리니티쇼크로부터의 재건을 위한 처방전.

의 경제·사회·환경 측면에서도 동시에 충격을 주고 있다.

지속가능 개발목표 또는 지속가능 발전목표는 2016년부터 2030
년까지 유엔과 국제 사회가 함께 이루고자 하는 공동 목표이다. 국
제 사회가 해결하고자 하는 인류의 보편적 문제(빈곤, 질병, 교육, 성평
등, 난민, 분쟁 등)와 지구 환경 문제(기후 변화, 에너지, 환경오염, 수자원,
생물다양성 등), 경제 사회 문제(기술, 주거, 노사, 고용, 생산 소비, 사회구
조, 법, 대내외 경제)에 대한 17가지 주요 목표와 169개 세부 목표를 이
행하고자 하는 것이다. 지금까지 SDGs는 정부 및 일부 환경단체 등
이 중심이 되어 추진되어 왔으나 코로나를 계기로 시민 및 소비자들

도 이러한 경제 이외에 인류, 사회, 환경 문제에 대한 중요성을 재인식하게 되었다. 코로나 이외 최근의 수해 및 태풍, 이상 기온 등 환경에 대한 인식을 다시 한번 환기시켰다. 더불어 안전한 식자재, 보건 위생에 대한 인식이 생활 전반에 걸쳐 더 중요하게 자리 잡아가고 있다. 이러한 인식 변화는 기업 및 소비, 사회 전반으로 확대되어 기업전략과 소비 트렌드에도 큰 영향을 미치고 있다. 예를 들면 농약이나 화학비료를 사용하지 않은 친환경 인증 제품, 동물복지 인증 상품, 온실가스 배출량을 줄인 농축산물 등 지속가능한 식품과 유기농 식재료에 대한 선호도가 높아지는 것을 들 수 있다. 또한 건강에 더 많이 신경쓰게 되면서 재료의 원산지 및 상품 품질을 중시하게 되었고, 신선식품에 대한 수요와 고품질 제품 선호도가 높아진 것도 단적인 예이다. 이런 흐름은 이미 가격보다 품질을 중시하는 소비패턴으로 이어지고 있으며, 이는 향후에도 지속될 것으로 보인다. 동시에 안전한 유통망과 믿을 수 있는 기업과 브랜드에 대한 선호도 역시 더욱 높아질 것으로 예상된다.

지속가능 전략은 필수불가결하다

지속가능 전략의 글로벌 성공 사례로 네슬레, 월마트 등의 유통소비재 기업 등을 들 수 있다. 네슬레는 아프리카의 가난한 농부나 실업자에게 네스카페 커피를 심고 운반할 수 있는 레드카트를 제공하고, 카트를 제공받은 주민들에게 커피를 나눠주어 맛에 대한 평가를 수집했다. 광고 비용을 쓰는 대신 일자리를 제공하고 주민들이 네스카페를 마케팅할 수 있도록 한 것이다. 이외에도 코코아 및 우유 생산 과정에서 자신들이 가지고 있는 농축산 가공 기술을 현지 주민들에게 전수하는 교육과 지원을 실시했다. 이를 통해 현지 농민의 수입은 3배가량 증가되었고, 네슬레도 양질의 원료를 값싸게 확보할 수 있었다. 이러한 경영전략과 사회적 가치의 공존을 통해 네슬레는 시장의 불황과 상관없이 4~5%대의 영업이익을 유지하고 있다.

월마트는 2000년대 열악한 노동정책과 경쟁 행위로 비윤리적 기업으로 비난을 받았다. 이후 폐기물 사용 제로화, 재생에너지 사용, 지속가능한 상품 판매 등 3대 지속가능 전략을 발표하고 이를 실천했다. 먼저 물류비용 절감과 유통구조 혁신을 이루었고, 그 결과 자동차 2만 대 분량의 이산화탄소 발생 감소 및 폐기물 80% 이상 감축이라는 성과를 도출했다. 또한 공급자 스코어카드 제도를 시행하고 있는데, 이는 상품정보, 소비자 포장재료, 운송 포장재료, 추가 정보의 4가지 부문으로 구성되어 있다. 이에 대해 제거Remove, 감축Reduce, 재사용Reuse, 재활용Recycle, 교체Renew, 수익Revenue, 검침Read에 대한 7R 관점에서 자체적으로 정한 기준으로 평가하는 제도이다. 월마트는 이 제도를 통해 공급자들도 탄소 감축 방안을 실천함으로써 환경 문제 개선에 참여하도록 유도하고 있다. 이러한 월마트의 노력은 앞서 살펴본 바와 같이 이번 코로나 상황에서도 신선식품에 대한 신뢰도 및 안전성을 소비자로부터 인정받아 아마존을 뛰어넘는 높은 성장률을 기록하는 기반이 되었다.

일본의 경우에도, 세븐일레븐을 운영하고 있는 7&I는 2019년부터 SDGs 경영 선언과 지역 과제 해결을 위한 환경선언인 그린챌린지 2050GREEN CHALLENGE 2050을 수립하였다. 7&I는 기업 신뢰에 의한 소비 확대를 기업 방침으로 삼고 다섯 가지 중점 과제를 선정하였다. 첫째, 고령화, 인구감소 시대의 사회인프라 제공, 둘째, 상품 및 점포를 통한 안전·안심 제공, 셋째, 상품, 원재료, 에너지의 낭비 없는 사용, 넷째, 사내외 여성, 청년, 노인의 활약 지원, 다섯째, 고객, 거래처의 윤리적 소비 사회 만들기와 자원의 지속가능성 향상 등이 그것이다. 또한 환경 문제 해결을 위한 과제로 이산화탄소 배출량 삭감, 플라스틱 대책, 식품 손실 및 식품리사이클 대책, 지속가능 조달을 설정하고 이를 실천 중이다.

기존 전략과 다른 점은 지금까지 투자자에 대한 수익 환원을 제일로 생각하였던 7&I가 사업전략과 지속가능 전략을 연계하면서 경제 가치와 사회적 가치를 양립시키고, 고객으로부터 신뢰받는 기업으로 성장하겠다는 의지를 경영 가치관으로 삼은 데 있다.

코로나 이후 기업전략에 있어 지속가능 전략은 소비자의 신뢰 및 선호도를 높이기 위한 마케팅 수단으로 더욱 그 중요성이 높아질 것이다. 소비자에게 신뢰받는 안전한 기업, 사회 문제와 환경 문제에 솔선수범하는 착한 기업의 전략은 단순히 남은 이익을 사회에 공헌하는 CSR Corporate Social Responsibility 개념이 아닌 경제 가치와 사회 가치를 함께 추구하는 방향으로 향후 중요한 경쟁력이 될 것이다.

소비자의식도 시프트가 필요하다

기업이 사회적 가치를 지향하도록 하기 위해서는 소비자의 역할 또한 중요하다. 소비자가 기업과 상품, 서비스를 선택할 때 단순히 가격 및 서비스 양에 집착하지 않고 현명한 사회적 소비를 해야 한다는 의미이다. 한국 소비자들은 다량의 정보를 탐색해 보다 저렴한 가격, 배송 등의 편의성을 중심으로 소비를 해왔다. 이러한 소비 트렌드로 인해 기업은 적자를 감수하더라도 배송서비스를 강화하고 가격을 더 많이 낮추는 할인 정책으로 소비자의 트래픽 및 니즈에 대응하려고 하였다. 하지만 이러한 소비는 결국 소비 생태계의 붕괴를 초래한다. 기업이 서비스로 인해 적자폭이 커지면 이를 보완하기 위해 보다 낮은 가격으로 제품을 매입해야 하고 제품을 제조, 가공하는 데 있어 인건비 축소를 위해 고용을 줄일 수밖에 없다. 또한 물류비용의 효율화를 위해 유통 경로를 축소하면 결국 관련 1, 2차 사업체들은 연쇄적으로 피해를 입거나 경영 기반이 없는 중소기업은 도산이나 파산을 면할 수 없다.

소비자 입장에서도 절대 이익이 될 수 없다. 초기에는 무료 배송에 할인을 받아 단기적으로는 혜택을 받았다고 생각할 수 있으나, 이러한 구조에서 고객 트랙픽을 확보하고 시장의 독점적 지위를 확보하게 된 기업은, 경쟁자들이 없어진 상태에서 가격 및 서비스 비용을 고객에게 부과하게 된다. 결국 장기적으로는 소비자에게도 손해가 되는 셈이다. 이는 택시 연계 서비스 및 배달 플랫폼 업체들의 사례에서도 이미 확인할 수 있다. 초기에는 소비자에게 무료 서비스를 제공하고 공급자에게는 지원금을 제공하거나 수수료를 경쟁사보다 낮추어 고객과 공급자들을 락인시키고 시장의 독점적 지위를 확보, 경쟁사들이 도태하거나 몰락하면 점차적으로 서비스 비용 및 수수료율을 높이는 방식이다. 미국의 경우에도 아마존의 독주로 유통업계가 붕괴된 사례에서도 확인할 수 있는 구조적 문제이다.

기업이 경제적 가치 이외 사회적, 환경적 가치를 함께 추구하며 성장하기 위해서는 소비자의 소비 시각과 패턴도 착한 기업, 사회적, 환경적 문제를 같이 고민하고 선도적으로 대응하고 있는 기업을 지원해주어야 한다. 공정한 공급체계, 환경을 고려한 포장재 및 용기 개발, 안전한 유통망을 구축하기 위해서는 단가가 올라갈 수밖에 없고 불편함이 수반될 수밖에 없다. 하지만 조금은 가격이 높더라도, 이용이 불편하더라도 소비자가 착한 기업을 지지해준다면 중장기적으로는 경제적 가치와 사회적 가치, 그리고 고객 가치에 대한 선순환 구조가 만들어지고 우리의 생활과 환경에 있어서도 안전하고 건강한, 신뢰할 수 있는 사회 인프라 기반을 구축할 수 있다.

04

지식생산성과
디지털 자본주의

앞에서 논의한 뉴노멀, 코로나, 지속가능 등 경영 기반을 구축하기 위해서는 디지털을 통한 사업 혁신이 필수적이다. 디지털 및 기술 혁신의 중요성 및 대응 필요성은 누구도 부인하지 못하는 전 세계적인 추세이다. 이러한 디지털 혁신 중심의 시장은 자본주의에 대한 개념도 변화시켰다. 경제 시스템이 산업 자본주의에서 그것과는 본질적으로 다른 디지털 중심의 자본주의 개념으로 전환되고 있다.

노무라종합연구소는 이러한 디지털 중심의 자본주의 개념을 '디지털 자본주의'라고 정의하였다. 디지털 자본주의란, 사람과 모든 제품이 생성하는 활동 정보의 가치를 낳는 원천으로 정보가 얼마나 부가가치로 전환될 것인지에 대한 개념이다. 즉 과거에는 노동력을 투하하여 노동의 생산성에 대한 부가가치를 높이는 개념이었다면, 디지털 자본주의하에서는 데이터 투하량에 의해 지식생산성의 부가가치가 높아진다는 개념이다. 지금까지 산업 자본주의 개념은 노동이 가치 창출의 원천이었다. 그러나 디지털화가 진전되면 될수록 소비자나 제품에 대한 활동 정보가 네트워크를 통해 집계·분석되는 것이 가치 창출의 원천이 될 것이다.

철학자 한나 아렌트는《인간의 조건》에서 인간은 노동, 일, 활동을 하는 생물에서 최근에는 노동하는 동물이 승리한 사회라고 밝혔다. 이 이론을 다시 해석해보면 로봇과 AI에 의해 인간이 수행하는 노동의 영역이 축소되는 동시에, 소셜네트워크 등의 발전이 활동 영역을 확대시키고 있다. 즉 노동 사회에서 활동 사회로 전환되고 있다는 것이고, 그렇다면 더 이상 산업 자본주의의 범주가 아닌 새로운 경제시스템이 등장하고 있다고 재해석할 수 있다.

제품을 많이 만들어 소비자에게 많이 팔고 제품을 소유시키기 위해, 기업은 생산과 판매를 어떻게 효율적으로 할 것인가에 집중해온 것이 지금까지의 산업 자본주의라면, 제품을 어떻게 소비자가 편하게 이용하여 만족 가치를 높이거나 이를 위한 효율적인 환경을 어떻게 만들 것인지에 주목하는 것이 디지털 자본주의이다.

디지털 자본주의하에서 고객은 가격 비교 사이트를 통해 원하는 제품을 최저가로 구매함으로써 지불 가격은 낮아지고 생산 및 유통 공정은 축소되는 등 한계비용의 저하를 불러오며, 이로 인해 소비자

● 도표 6-5 **노동생산성에서 지식생산성으로의 변화**

산업 자본주의	디지털 자본주의
• 인간의 노동력이 인간으로부터 분리되어, 상품으로서 거래됨. • 노동생산성이 중요한 경영 · 경제지표.	• 인간 및 모든 기기가 생산에 가담하여 주체로부터 분리되어 가치를 생산하는 원천이 됨. • 데이터 투입 대비 부가가치 전환 가능성, 즉 지식생산성이 중요한 경제 · 경영 지표.

$$노동생산성 = \frac{부가가치(원)}{노동\ 투입량}$$

$$지식생산성 = \frac{부가가치(원)}{데이터\ 투입량}$$

출처 : 노무라종합연구소 작성.

잉여는 확대된다. 소비자잉여란 고객이 이 정도까지는 지불해도 좋다는 지불 의사 금액과 실제 가격 사이의 차이를 의미한다. 소비자잉여가 증가하면 소비자는 풍요로움을 느끼게 된다. 노무라종합연구소가 분석한 디지털화에 의한 소비자잉여는 일본의 경우 42조 엔 규모로, GDP 대비 약 8%에 이른다. 즉 약 10% 정도가 이미 디지털 자본주의로 전환되며 발생하는 부가가치 규모로 볼 수 있다.

최근의 디지털 기업으로 인해 기존 산업구조가 파괴되고 기업의 제조를 통해 창출하는 제조마진에 대한 한계비용은 크게 떨어지고 소비자잉여가 확대되면서 생산자잉여(가격과 비용의 차이 = 기업의 이익)는 크게 압박 받고 있다. 소비자 입장에서 소비에 대한 부가가치가 높아지는 것은 좋을 수 있지만 우리는 소비자인 동시에 기업의 생산자이기도 하다. 즉 디지털화로 인해 소비자는 보다 많은 정보를 가지고 보다 저렴한 가격에 제품과 서비스를 받을 수 있지만, 기업은 이로 인해 이익이 압박되고 고용, 설비 투자, 세수는 감소하기 때문에 결과적으로는 구매력 자체도 감소하게 된다. 따라서 고객의 지불의사 금액을 높이는 동시에 기업도 부가가치를 높이고, 제공가치를 높여 소비자잉여와 생산자잉여가 동시에 높아질 수 있는 새로운 가치 창출이 필요하다.

중요한 것은 디지털 자본주의하에서 변화된 사업 개념이 소유에서 이용 및 효용에 대한 개념으로의 변화라는 사실이다. 예컨대 지금까지 자동차는 소비자가 구매를 통한 소유를 통해 자신이 원하는 시간에 원하는 장소로 이동할 수 있었다. 하지만 최근 카쉐어링, 우버 Uber 등을 통해 자동차가 없어도 이동이 용이해졌다. 더욱이 앞으로 전기자동차가 본격적으로 상용화되면 개인의 이동 편이성에 대한 옵션은 더 많아질 것이다. 최근에는 코로나19로 인해 이러한 공유경제가 타격을 받고 있기는 하지만 유사한 개념으로 제품을 판매하거나 구매하지 않고 기업이 소비자에서 이용과 효용을 위한 서비스 개념을 제공하여 부가가치를 높이는 것은 더욱 중요해질 것이다.

이런 상황을 차치하고서라도 디지털 자본주의하에서 자동차 회사는 고객에게 자동차라는 물건을 파는 것이 아니라 이동에 의해, 혹은 이동 중 소비자가 어떤 가치를 얻고 싶은지에 대한 니즈를 파악해 최적의 수단을 최적의 타이밍에 제공해야만 한다. 갑작스런 비에도 젖지 않고 이동하고 싶은지, 가족의 추억을 만들고 싶은지, 아니면 지금의 비대면 상황에서 대중교통이 아닌 독립적인 이동을 원하는지와 같이 소비자가 자동차를 구매하는 이유가 무엇이고, 소비자의 니즈에 충족시키고 있는지를 살피는 것이다. 어떤 차를 선호하는지, 어떤 차가 많이 판매되는지가 아니라 왜 차가 필요한지, 무엇을 기대하는지에 기반하여 접근하는 방식이 소비자잉여의 부가가치를 높이는 길이다. 소유에서 이용 그리고 효용의 가치 개념 변화에 의해 기존의 제품 판매 중심의 사업을 검토하고 고객의 어떤 과제에 무엇을 제공하는지 다시 정의해야 한다.

서비스형 비즈니스모델의 본격화

한편 소비자는 너무 많은 정보와 옵션으로 무엇이 최적의 이동 조합인지에 대한 결정을 내리기 어렵다. 이러한 소비자의 니즈에 대응하여 소비자의 니즈에 맞는 공급자를 연결해주는 것이 플랫폼 사업이다. 앞으로 기업은 이러한 소비자의 니즈와 노력에 대응하는 플랫폼이 되는 동시에 소비자에게 지속적으로 서비스를 제공할 수 있는 비즈니스모델을 갖춰야 한다. 그 대안의 하나가 현재 다양한 분야에서 등장하고 있는 서비스형As a Service 모델이다. 구독형이라고도 불리는 이 모델은 제품을 판매하거나 일회성으로 서비스를 제공하는 것이 아닌 서비스를 제공하는 구독형으로 전환하는 방식이다.

이러한 서비스형으로의 전환에 성공한 사례로 어도비를 들 수 있다. 어도비는 기존 패키지 중심의 소프트웨어 판매모델에서 크리에이티브 서비스Creative as a Service라는 개념으로 마케팅 크리에이터Marketing Creator를 위한 마케팅 정량 데이터 분석 및 인사이트 등 고객 데이터와 연계한 광고 플랫폼으로서의 서비스화를 구현하였다. 이를 통해 어도비는 2014년 비즈니스 변화 이후, 2016년부터 매출 및 영업이익률 개선, 특히 운영 현금흐름이 매년 2배씩 성장하면서 기업가치도 급상승하였다.

이외에도 핀란드의 마스글로벌MaaS Global이 운영하는 윔Whim 서비스는 정액으로 최적의 이동경로 추천 서비스 및 교통기관 무제한 이용이 가능한 모빌리티 서비스화Mobility as a Service를 구현하고 있다. 월 정액 499유로를 지불하면 택시, 렌터카, 버스나 지하철 등의 대중교통을 무제한으로 승차할 수 있으며, 교통 정보와 목적에 맞춰 최적의 경로를 제안해준다.

이외에도 브릿지 스톤은 타이어를 판매하던 비즈니스모델에서 타이어의 회수 및 재생부터 이를 이용한 연비 제한 및 운영관리 제안까지 수행하는 타이어 서비스화Tire as a Service를 제공하고 있다. 시스템 에어컨을 판매하던 다이킨은 공기 서비스화Air as a Service를 통해 빌딩 공조시스템을 안정적으로 가동하고 건물 내 공기 질을 관리하는 서비스를 제공하고 있다.

● 도표 6-6 비즈니스모델 시프트 구조

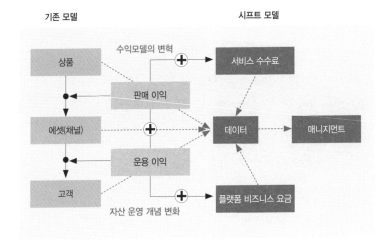

출처 : 노무라종합연구소 작성.

스마트시티의 서비스형 모델

이러한 서비스화는 소비자 및 사업 단위에 국한되지 않고 범위가
확대되고 있다. 스마트 시티 사업이 한 예이다. 단순히 데이터 및 새로
운 기술을 활용하여 도시에 적용하는 것에서 나아가 도시 운영에 필
요한 서비스를 제공하는 모델이다. 지금까지는 스마트 시티 사업에
민간 기업이 진출하기 어려웠는데 이는 사업성 때문이었다. 기존에
는 단순히 스마트 시티를 구축하는 데 필요한 제품과 기술을 정부로
부터 수주 받는 사업모델이었다. 때문에 구축 단계 이후, 관리 및 운
영 단계에서 정부 단가에 맞춰 사업을 진행하기에는 사업성이 나오

기 힘들었다. 이러한 상황에서 최근 도시의 효율적인 관리 운영을 통한 서비스를 제공하는 모델이 나오기 시작하고 있다. 시스코는 키네틱Kinetic이라는 스마트 생태 도시를 위한 폐기물 관리 솔루션을 공급하고 있다. 도시의 폐기물 수거와 관련하여 보유한 네트워크 기술을 활용하여 지역 내 쓰레기통에 센서 및 IoT 디바이스를 부착, 사용량 및 상태에 대한 데이터를 수집하여 연동·분석한 뒤 우선 수거 지역과 최적 경로를 제안하여 쓰레기 수거 사업을 효율화시키는 모델이다. 이 외 루미넥스트Luminext의 조명 솔루션은 지역의 가로등 관리에 있어 자동제어기술을 기반으로 불필요한 시간대에 조도를 최소화하여 최대 70%의 에너지를 절약할 수 있도록 한 모델이다.

이러한 스마트시티 모델의 변화는 도시의 관리 및 운영에 대한 서비스화로 민간이 보유한 디지털 및 운영 관리 솔루션을 통해 도시 문제 개선하고 효율을 높여 절감되는 비용의 일부를 정부와 같이 셰어하는 형태이다. 코로나로 사태로 인해 도시의 위기 관리, 위생 및 안전망 관리에 대한 필요성이 더욱 대두되었다. 정부가 주도적으로 모든 것을 책임지고 관리하기보다는 민간과 함께 도시 운영 및 관리에 대한 부분을 연계하여 관리한다면 정부의 예산 지출 및 관리에 있어서도 효율을 기대할 수 있으며 민간 기업도 장기적으로 안정적인 새로운 비즈니스모델을 창출할 수 있을 것이다.

05

언택트 소비시대의
기회와 전략

자라ZARA로 잘 알려진 스페인의 인디텍스Inditex는 300개의 자라 매장을 폐점한다고 발표했다. 코로나로 인해 인디텍스의 2020년 2~4월 매출은 전년 동기 대비 약 45% 감소하였고, 순이익 또한 적자로 전환되었다. 한편 온라인 매출은 전년 동기 대비 50%로 4월 매출 기준 전년 대비 95% 증가되었다고 한다. 이러한 결과에 따라 향후 3년간 디지털화 강화에 투자를 집중하고, 현재 운영되고 있는 약 7,000개 점포 중 자라(300개 매장)를 포함하여 매장 1,200곳 정도를 폐쇄할 것이라고 발표했다. 인디텍스의 목표는 오프라인 매장과 e커머스의 완전한 통합이다.

인디텍스는 디지털 시대에 어울리는 미래형 매장을 모색하고 6년

전부터 점포 네트워크의 재편에 착수해왔다. 인터넷으로 주문하고 매장에서 받는 '클릭 & 콜렉트'나 점포에서 반품할 수 있는 등 서비스 기능을 더한 전략을 대형 점포를 중심으로 수립하였다. 소형 점포를 통합하여 재고를 간소화하고 인력 운영을 축소하여 운영 효율화를 도모했다. 고객은 오프라인 매장에서 진열되어 있는 상품 태그의 QR코드나 바코드를 읽어 온라인 사이트로 연결, 다른 색이나 사이즈를 찾을 수 있고 매장과 온라인을 구매자가 자유롭게 오가면 연결할 수 있도록 하여 고객이 구매하는 데 느끼는 어려움과 들이는 노력을 줄였다. 즉 오프라인 매장이 판매 공간이 아닌 구매를 지원하는 공간으로서의 역할을 하고 있는 것이다.

대형 디지털 사이니지Digital Signage*를 통해 다양한 제품의 이미지와 영상, 메시지 등을 제안할 수 있어 매장에서의 고객 경험을 향상시키는 것은 이제 오프라인 사업자의 필수 요건이다. 점포의 상품기획을 개편하고, 서비스를 강화하고, 시설 투자를 늘려 집객시설을 만들어 오프라인 점포의 매력도를 높인다고 해도 결국은 니즈에 대응하는 데에는 한계가 있다. 따라서 고객의 편이성 니즈, 정보 탐색 니즈 등 고객의 노력과 수고에 집중하여 판매방식을 변화시키는 것이 필요하다.

---

* 디지털 정보 디스플레이DID, digital information display를 이용한 옥외광고로, 관제센터에서 통신망을 통해 광고 내용을 제어할 수 있는 광고판을 말한다.

이러한 변화는 온라인 침투도가 낮다고 평가되는 일본에서도 본격적으로 전개되고 있다. 유니클로로 잘 알려진 패스트리테일링Fast Retailing의 자회사인 GU는 2019년 하라주쿠에 상품을 팔지 않는 차세대 점포인 GU스타일스튜디오를 오픈했다. 초대형 매장 대비 면적은 작지만 상품 구색은 거의 동일하다. 재고 공간을 두지 않는 피팅 전문 매장이기 때문이다. 고객은 본인의 ID로 로그인하여 점포에서 마음에 드는 옷을 선택하고 QR코드를 앱으로 스캔하여 그 자리에서 주문, 결제할 수 있다. GU는 풍부한 구색, 코디의 자유, 편리함 3가지를 콘셉트로 GU스타일스튜디오를 전개하였다. 온라인과 오프라인을 연계하고 오프라인 및 온라인을 통해 모인 고객 정보 및 데이터는 제품 개발·생산·물류 등에 활용하여 고객이 보다 원하고 갖고 싶어 하는 제품을 제공하는 데 활용하고 있다.

마루이 또한 업의 재정의를 통해 오프라인 매장을 혁신시키고 있다. 신주쿠 마루이 점포에는 전자펜 회사인 와콤의 직영점을 유치하였다. 이곳에서는 상품은 살 수 없고, 단지 전자펜을 체험할 수 있을 뿐이다. 제품은 인터넷으로 판매하거나 다른 상점에서 구입할 수 있는데 와콤은 마루이에 접객을 위탁하여 마루이의 직원이 매장을 운영하고 있다. 지금까지 일본의 백화점은 한국의 백화점과 유사한 형태로 직매입보다는 특정매입을 통해 입점한 브랜드의 제품 판매 금액에 대해 일정 수수료를 징수하는 방식으로 운영되었다. 때문에 고급 브랜드나 수수료율이 높은 패션, 화장품 중심으로 매장이 운영되었다. 마루이 역시 이런 방식의 사업모델로 운영되었다. 물론 자체 PB 패션 브랜드를 만드는 등 자체 매출과 수익을 높여보려고 시도하기도 했으나 더 이상 의류나 신발, 화장품 등에 의존하는 현재의 방식으로는 한계가 있다고 생각하고 2014년부터 대대적인 전략의 전환을 시작했다. 제품을 판매하는 백화점 모델에서 임대료 수익을 추구하는 쇼핑몰 개념으로 전환한 것이다. 2019년에는 계획했던 대로 모든 점포를 임대 수익형으로 전환하였다. 44%를 차지하고 있던 의류 매장 면적은 29%로 줄이고 고객의 니즈가 높았던 식음 매장은 18%에서 29%로 확대하였다. 그 결과 2014년 1.8억 명이던 입점객수는 2019년 21억 명으로 17% 증가했다. 구입 고객도 8,000만 명에서 1억 명으로 25% 증가했다. 마루이는 여기에 만족하지 않았다. 디지털화가 본격화되고 코로나 상황처럼 비대면 사업 환경이 지속되는 한 임대형 방식으로 전환하는 것만으로는 미흡하다고 판단했다. 오프라인 매출은 떨어지고 온라인 시장의 성장은 분명하다는 점에서 매장에서의 역할을 재정의해야 한다는 필요성을 느낀 것이다.

마루이는 디지털을 전제로, 실제 매장을 생각할 필요가 있다고 판단하였다. 즉 경쟁적인 디지털 환경에서 오프라인 매장이 온라인 구매를 이길 수 없다는 인식을 가지고 오프라인 매장은 디지털을 지원하는 형태라고 재정의하였다. 그 결과 새로운 변화를 겨냥한 디지털 네이티브 스토어라는 개념을 만들었다. 디지털 네이티브 스토어는 인터넷 판매를 전제로 실제 매장에서 제품을 판매한다. 제품 체험과 고객이 모이는 커뮤니티의 장을 제공하여 오프라인에서의 고객 데이터를 축적하고, 이렇게 모인 데이터는 각 브랜드 및 입점 기업에게 솔루션으로 제공하는 것이다. 이러한 변화를 도모하기 위해 점포 평가 기준도 달라졌다. 백화점형 매출 및 매출 총이익과 쇼핑몰형 임대 수익을 추구하는 대신에, 방문 고객수를 늘려 양질의 고객 경험을 제공하고 테넌트 기업의 성공률·객단가·유지율을 올려 고객이 장래에 가져올 이익, 즉 고객 평생 가치를 극대화하는 것을 추구한다. 실제 매장은 부가가치 제공의 장이 된다는 것이다.

티사이트T site로 유명한 츠타야는 2019년 츠타야 가전플러스를 오픈했다. 츠타야 가전플러스는 마케팅 조사 목적의 쇼윈도우이다. 새로운 상품이 팔릴지 여부는 실제 상품을 출시해보지 않으면 알 수 없는 일이다. 고객의 니즈는 매우 세분화되고 있기 때문에 소비자의 욕구와 니즈에 맞춰 특화시키지 않으면 상품은 팔리지 않는다. 제조사나 브랜드가 잘 팔릴 것이라고 내놓은 제품이 실제로 판매되지 않거나 의외의 제품이 잘 팔리는 경우도 있다. 이처럼 실제로 제품을 시판해보지 않으면 고객의 반응을 알 수 없다는 것은 브랜드나 제조사에 있어 가장 큰 딜레마인데 츠타야 가전플러스는 이런 기업의 딜레마를 해결해보고자 만든 모델이다.

츠타야 가전플러스는 직원에게 판매 할당량을 부여하지 않는다. 직원의 주요 역할은 실제 고객과 접하면서 고민과 니즈를 발견하는 것이다. 상품을 설명하고 고객과 대화를 나누면서 고객이 무엇을 원하는지 찾아내는 것이다. 온라인 판매는 Q&A를 통해 고객의 니즈를 찾아내고자 하지만 실제 만나서 대화하는 것과 비교하면 깊이와 질이 다르다. 또한 매장 내 설치되어 있는 AI 카메라를 통해 고객이 제품을 보고 시착, 사용해보는 행동 데이터와 내점 고객의 니즈를 데이터화하여 브랜드 및 제조사와 공유를 한다. 제조사들이 가장 원하는 데이터인 고객 마케팅 데이터를 제공하는 것이다.

이러한 모델을 선행적으로 전개하고 있는 기업이 미국의 b8ta(베타)이다. b8ta의 미션은 발견을 위한 디자인된 리테일Retail designed for discovery이다. 매장은 제품의 판매를 위한 테스트 공간이다. 매장에서는 드론, 전기스케이트 보드와 같은 신생 기업이 개발한 첨단 제품을 전시하고 방문 고객은 제품을 체험하고 주문한다. b8ta도 제품 판매는 부차적인 활동이다. 창업자는 실제로 제품을 만지고 체험하는 것으로 고객의 반응을 볼 수 있는 것은 실제 매장이라고 판단하여 오프라인 매장을 확대하고 매장 내 카메라를 통해 고객의 행동 데이터를 수집하여 업체에 피드백하고 있다. 이러한 사업모델은 오프라인 매장을 판매 공간으로 사용하는 것이 아니라 제조사 및 브랜드를 위한 고객의 행태 및 니즈 데이터를 수집 및 분석하여 마케팅 솔루션을 제공하기 위한 도구로 활용하는 것이다.

즉 판매를 위한 오프라인 매장은 직접 판매를 목표로 하는 곳이 아닌 온라인 판매를 지원하는 공간, 상품의 체험을 통해 고객의 행태 및 니즈 데이터를 확보할 수 있는 마케팅 플랫폼으로서 재정의되어야 한다. 판매 수수료 및 임대료가 아닌 제조사와 브랜드의 신제품 개발 및 마케팅 전략을 지원할 수 있는 공간 솔루션으로서 오프라인 매장에 대한 기능 설계 및 비즈니스모델의 재정의가 필요하다. 이러한 사업모델 재구축을 위해서는 앞서 살펴본 마루이처럼 점포와 매장 직원을 평가하는 기준을 새로 정립해야 하며, 매장의 재고 부담과 직원 수 축소로 줄어든 비용 만큼 공간 플랫폼, 매장에 대한 디지털 투자와 지원이 동시에 이루어져야 한다.

비대면 활동으로의 접객과 영업 활동의 전환

오프라인 매장의 기능 및 역할의 재정립에 대해서 얘기했지만, 함께 변화되어야 하는 부분이 접객과 영업 활동에 대한 부분이다. 백화점 및 고급 브랜드의 경우, 특정 부유층 및 VIP 고객에 대한 대면 접객 서비스를 중시해왔다. 부유층에 대한 접객 서비스는 온라인으로 대체되기 힘들다는 의견이 아직까지는 많다. 하지만 지금의 트렌드는 명품 브랜드까지 확산되어 까르띠에, 프라다, 구찌, 에르메스 등 명품 브랜드들도 온라인 전용몰을 구축하고 있다. 명품 브랜드의 경우, 정품에 대한 신뢰도 및 차별화된 브랜드 경험 제공 등을 기반으로 소수의 백화점 및 오프라인 매장을 통해 부유층 고객을 타깃으로 전통적인 마케팅 및 판매방식을 고수해왔다. 하지만 코로나 사태를 계기로 디지털화의 필요성을 직감하면서 디지털 비대면 판매, 전용 온라인몰 구축에 나서고 있는 것이다. 온라인 구매에 익숙한 1020대의 명품 구매가 늘어나고 코로나로 인해 오프라인 매장의 임시 휴업 등이 증가하면서 온라인 강화 전략에 탄력이 붙은 것이다. 또한 온라인 이용 비중이 낮았던 중장년층도 이번 코로나19로 인해 온라인 구매를 경험하면서 향후 이용 확대가 예상되는 것도 하나의 요인으로 작용했다.

그렇다면 이러한 명품 브랜드, 백화점 등 고급 채널의 VIP 고객들 대상으로 제공되었던 접객 서비스는 어떻게 일반 고객들과 차별화시켜 제공할 것인가? 비공개 계정을 통해 한정 고객들을 대상으로 프라이빗한 큐레이션 서비스를 1대 1로 제공하는 것이 하나의 대안이 될 것이다. 명품 매거진 편집장이나 스타일리스트가 신상품 및 트렌드 정보를 제공하고 고객의 스타일에 맞춰 큐레이션을 해주는 서비스이다.

국내에서도 명품 스타일링 클래스 및 시크릿 라이브 방송 등을 통해 진행하는 사례들이 증가하는 추세이다. 구찌 또한 구찌라이브 Gucci Live라는 라이브 방송을 통해 비대면 형식으로 고객들과 소통하는가 하면 고객과 개별로 약속을 하고 디지털 영상통화를 통해 숙련된 직원과 15분 또는 30분 정도 무료로 맞춤형 개인 큐레이션 서비스를 제공하고 있다.

이렇듯 비대면 영업 및 접객 서비스는 현재 라이브 커머스 중심으로 차별화된 콘텐츠 제공 및 1대 1 큐레이션 서비스를 통해 확대되고 있다. 라이브 커머스의 차별화 포인트는 쌍방향으로 실시간 고객과 커뮤니케이션이 가능하다는 점이고, 진행자의 재미 요소와 스킬, 콘텐츠가 주요하다.

오프라인에서 온라인으로 구매패턴이 바뀌자 기존 오프라인 기업은 온라인 채널의 챗봇을 도입해 고객과의 커뮤니케이션을 도모하였으나 현재는 실시간으로 쌍방향 커뮤니케이션이 가능한 라이브 방송 쪽으로 트렌드가 변화하고 있는 상황이다. 그만큼 시대의 흐름이 빠르게 변화하고 있다는 뜻이기도 하다. 온라인 전용몰을 만들고 고객과의 커뮤니케이션을 위해 챗봇을 도입하는 데에도 몇 년의 시간과 대규모 자본이 투자되었음에도 불구하고 아직 그 성과가 가시화되지 않은 상태에서 온라인, 비디오 커머스에서 라이브 커머스로 급변하고 있는 것이다.

이러한 변화에 규모와 조직이 큰 국내 대기업들이 빠르게 대응할 수 있을까? 라이브 커머스가 성공하려면 브랜드 인지도와 스토리 등의 콘텐츠와 브랜드 커뮤니티 그리고 고객을 응대하는 스태프의 역량 등이 중요하다. 개인별 차별화된 큐레이션 서비스를 제공하기 위해서는 고객의 선호와 취향, 구매 스타일에 대한 데이터 분석과 큐레이션을 위한 알고리즘 개발, 분석 결과, 그리고 접객 및 영업의 노하우를 가진 큐레이터의 역량이 중요하다. 또한 앞서 얘기했듯이 오프라인 매장에서의 고객 행태 데이터와 서비스 연계가 필수적이다.

판매 및 수익모델의 진화

결국 기업은 오프라인 매장, 온라인 플랫폼 내 라이브 커머스를 통해 개인에게 차별화된 큐레이션 서비스를 제공할 수 있어야 한다. 현재 라이브 커머스는 진행자의 인지도 및 SNS 활동 인지도가 높은 인플루언서 역량에 의존하고 있다. 기업 측면에서는 오프라인 매장에서 고객 행태 데이터 취득을 위한 투자 및 온라인, 라이브 커머스 진행을 위한 투자 이외에 유명 인플루언서를 유치하기 위한 마케팅 비용을 지불해야 한다. 그만큼 많은 투자를 동반해야 하기 때문에 수익을 확보하기란 좀처럼 쉽지 않을 것이다. 그렇다면 판매 및 영업을 기반으로 하는 기업은 어떻게 생존해야 할 것인가? 생존을 위해서는 지금까지의 비즈니스모델과 수익 개념을 전면적으로 바꾸어야 한다.

2015년 5월에 설립된 중국 기업 윈지의 사례는 시사점이 많다. 윈지는 창업 4년 만인 2019년 5월 미국 나스닥에 상장했다. 윈지는 S2B2C Supplier to Business to Customer 모델로 제조·공급사로부터 개인 판매자가 일반 소비자에게 상품을 유통하는 플랫폼이다. 상품은 제조·공급사가 직접 소비자에게 배송한다. 윈지는 개인 판매자들과 공급사들의 중개를 위한 플랫폼을 제공하고, 개인 판매자들의 판매 지원을 위한 공급망, IT, 콘텐츠 제작, 물류, 고객 관리 등의 서비스를 제공한다. 개인 판매자들은 판매 실적에 따라 제조·공급사로부터 수수료를 받고 윈지는 회원제 운영을 통해 개인 판매자들에게 회원비를 받는 모델이다. 개인 판매자들은 대부분 소셜네트워크에서 인지도가 높은 인플루언서 등이다. 한때 피라미드식 다단계 판매방식이라는 논란으로 많은 비난을 받았지만 실제 판매방식은 매우 현실적이고 효율적이다. 제조사 및 공급자들 입장에서는 유통망과 마케팅 비용 없이 효율적으로 개인 인플루언서들이 대신 마케팅과 판매를 해주는 것이기 때문이다.

미국의 스톨storr 또한 S2B2C 모델로 각각의 브랜드들이 레츠밥스Lets babs라는 쇼핑몰에 상품을 올리면 개인 인플루언서들이 마음에 드는 제품을 마케팅하고 판매해주는 비즈니스모델을 가지고 있다. 개인 셀러는 15~30%의 판매 수수료를 받고, 스톨은 판매자에게서 5~10%의 수수료를 취득하는 구조로 운영된다.

여기서 생각해야 하는 것은, 기업이 지금까지는 제조, 유통, 판매라는 각 각의 사업 공정에 따른 수익모델을 기반으로 사업을 영위해왔지만 디지털과 기술 변혁과 코로나 등으로 급변하는 사업 환경 속에서 기존의 사업모델과 사업방식을 통한 대응은 한계에 이르렀다는 사실이다. 앞서 제시한 디지털 자본주의의 개념에서도 더 이상 생산성을 기반으로 한 비즈니스모델이 아닌 데이터 투하량에 의한 지식 생산성으로 비즈니스모델이 변화된다고 밝힌 것처럼 기업의 비즈니스모델도 데이터에 의한 비즈니스모델로 변화해야 한다. B2B 관련 기업은 상품 개발에서 재고 관리, 물류 체계 관리 등 경영 전반을 데이터를 통해 프로세스 및 업무방식을 효율화해야 하고 B2C 관련 기업

● 도표 6-7 **S2B2C 플랫폼 운영구조**

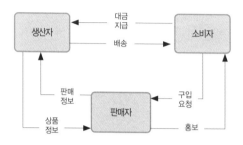

생산자 – 소비자 간 D2C 판매 구조에서
개인 등의 셀러를 홍보 · 판매 기능으로 활용

출처 : 노무라종합연구소 작성.

도 오프라인 자산을 데이터를 수집하는 플랫폼으로서 제조사와 소
비자에게 구매를 촉진하고 지원하는 서비스 산업으로 업을 재정의해
야 한다. 단순히 상품을 판매하는 것에 그치지 않고 앞서 제시한 서
비스형 모델로 제공 가치를 서비스화시키는 모델로 변화해야 한다.
또한 판매방식에 있어서도 비대면 판매, 소비자를 판매자로 활용할
수 있는 S2B2C형 모델에 대한 적용 및 연계도 고려해야 한다. 이에
따라 수익모델도 제조마진, 유통마진, 판매마진에 대한 개념에서 데
이터, IT, 물류서비스 제공 가치를 통한 비즈니스 인프라 개념의 서비
스 개념으로 전환하는 시도가 필요하다.

　또한 지금의 사업모델은 각각의 기업이 독자적으로 사업을 영위

하기보다는 오픈형 비즈니스로 사업 관련 다양한 이해관계자들과 시너지를 낼 수 있는 연계형 사업모델 구축이 필요하다. 사회, 기업, 소비자가 데이터와 디지털로 연계되고 하나의 에코시스템을 구축하여 지금의 코로나 환경을 극복하고 도시 및 사회 문제 해결과 사업을 연계하면서 기업과 소비자의 효율성을 지원하는 새로운 사업모델로의 시프트가 필요하다.

사업모델 시프트를 위한 전제 조건

이러한 사업모델 구축을 위해서는 디지털 전환 추진은 생존의 필요 요건이자 전제 조건이다. 많은 기업이 디지털 전환을 추진하지만 좀처럼 안되는 이유는 동일하다. 문제의 핵심은 디지털 전환을 추진하는 목적과 디지털 전환을 추진하는 사람이다. 디지털 전환을 성공적으로 이루기 위해 필요한 것을 다시금 정리해보자.

데이터, 디지털 전환 추진의 목적을 명확히 하라

디지털 전환의 성과가 나지 않는 이유는, '우선 보유한 데이터로 무엇이든 해보자', '디지털 전환 조직을 만들고 관련 인재를 충원해야 한다', '성장하는 기업을 따라 해보자' 등 디지털 전환을 추진하는 목적이 불분명한 상태로 '우선 해보자'라는 태도로 시행하는 경우가 많기 때문이다. 국내 많은 그룹과 기업이 디지털 전환 관련 조직을 만들고 사업을 추진하지만, 결국 '우리가 보유한 데이터는 쓸 만한 데이터가 없다', '관련 인력의 역량이 부족하다', '시간이 더 필요하다'는 등의 과제만 남기고 추진되지 않는 경우가 많다. 해당 과제는 일본 기업들도 동일하게 나타나고 있다. 노무라종합연구소는 디지털 전환을 추진하고 있는 일본 기업 대상으로 디지털 전환 관련 업무 성과 및 사업 추진에 있어 애로 사항에 대한 설문을 실시하였다. 조사 결과 상당 수의 기업이 성과를 내지 못하고 있으며, 성과가 나지 않는 이유로 가장 많이 꼽은 것이 도입 목적이 불명확하다는 점이었다. 또한 경영진 및 의사결정자의 데이터에 대한 이해도가 낮아 사업을 추진하기 어렵다는 것도 추진의 어려움으로 나타났다. 국내 기업들과 유사한 문제의식을 가지고 있는 것이다.

데이터, 디지털 전환 추진을 위해 가장 먼저 전제되어야 하는 것은 도입 목적을 명확히 하는 것이다. 먼저 내부 효율을 위한 것인지, 외부 효율을 위한 것인지에 대한 방향성을 정의하고, 내부 효율이라면 어떤 업무의 비효율을 제거할 것인지에 대한 과제부터 명확히 해야 한다. 외부 효율도 동일하게 어떤 사업의 어떤 부분의 과제를 해결할 것인지, 아니면 사업 확장, 마케팅 및 판매 효율의 개선 등 어떤 부분의 무엇을 해결하기 위한 디지털 전환인지를 정의해야 한다. 단순할 것 같지만 좀처럼 디지털 전환의 추진 목적을 정의하기가 어렵다. 단순한 효율 개선이 아닌 무엇을 위한 디지털 전환이고 어떤 효율을

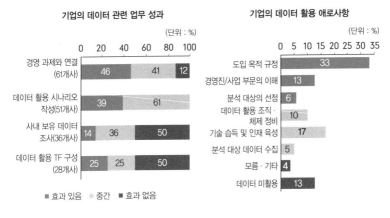

● 도표 6-8 **일본 기업의 데이터 활용 성과**

기업의 데이터 관련 업무 성과

(단위 : %)

	효과 있음	중간	효과 없음
경영 과제와 연결 (61개사)	46	41	12
데이터 활용 시나리오 작성(51개사)	39	61	
사내 보유 데이터 조사(36개사)	14	36	50
데이터 활용 TF 구성 (28개사)	25	25	50

■ 효과 있음   ■ 중간   ■ 효과 없음

기업의 데이터 활용 애로사항

(단위 : %)

도입 목적 규정	33
경영진/사업 부문의 이해	13
분석 대상의 선정	6
데이터 활용 조직·체제 정비	10
기술 습득 및 인재 육성	17
분석 대상 데이터 수집	5
모름·기타	4
데이터 미활용	13

출처 : 일본 정보시스템유저협회 자료를 토대로 노무라종합연구소 작성.

먼저 개선할 것인지에 대한 정의가 필요하다.

필요한 데이터를 정의하고 만들어라

다음으로 꼽는 과제는 디지털 전환 추진을 위한 데이터 문제이다. 보유 데이터가 부족하다거나, 데이터의 질이 낮아 이용할 수 없다는 등의 한계를 지적한다. 하지만 목적이 명확해지면 이를 추진하기 위한 데이터를 정의할 수 있고, 어떤 데이터를 어떻게 확보할 수 있을지에 대한 방법을 설계할 수 있다. 데이터가 없어서 못한다는 것은 추진을 하지 못하는 사람들의 핑계이다. 이미 많은 데이터가 존재하고 아직 인지하지 못한 데이터가 주변에 산재되어 있어 데이터와 정보의 과잉시대라고 얘기할 정도이다. 즉 데이터가 없는 것이 아니라 어떤 데이터를 어떻게 활용할지에 대한 큰 그림이 없기 때문에 활용을 못 하는 것뿐이다. 설사 데이터가 부족하다고 해도 이는 데이터를 수집할 방법을 찾거나 연계를 통해 확장할 수 있다.

기업에서 필요한 디지털 전환 추진 인력을 육성하라

디지털 전환 추진에 있어 목적의 불명확, 데이터 이슈 등과 더불어 가장 중요한 부분은 누가 추진할 것인가이다. 대부분의 디지털 전환 책임자는 기존 사업에 수십 년간 경험을 가진 사람이거나 기업의 시스템 구축 관련 인력, 또는 고객관계관리CRM,Customer Relationship Management 관련 경험을 가진 인력들이 대부분이다. 여기서의 문제는 기존 사업 기반의 책임자는 데이터 및 분석 관련 지식이 없기 때문에 관련 부서에서 보고를 해도 해당 내용을 이해하지 못하거나 과거의 사업방식으로 내용을 보기 때문에 의사결정을 내리기가 어렵다. 또한 SI나 CRM 기반의 디지털 전환 책임자는 시스템 및 통계적 관점에서 디지털 전환을 추진하기 때문에 사업과 연계된 부문에서 원하는 방향을 그리기 어렵다. 또한 사용하는 언어 자체가 해당 분야의 전문 용어이기 때문에 사업 관련 부서 관점에서 무엇을 말하는지, 무엇을 하고자 하는지 이해하기 어렵다. 때문에 사업에 대한 이해와 경험을 바탕으로 디지털 전환 관련 언어를 이해할 수 있는 비즈니스 프로듀서Business Producer가 필요하다. 구체적인 스킬이나 분석 방법은 몰라도 그들의 언어를 이해하고 해당 내용이 무엇인지를 이해할 수 있는 인력이다. 현재 대부분의 기업에서는 데이터 애널리스트Data Analyst, 데이터 사이언티스트Data Scientist 등을 중심으로 인력을 보강하고 확대하고 있지만, 가장 먼저 필요한 것은 비즈니스와 데이터 양쪽 측면을 모두 이해할 수 있는 내부적인 인력을 양성하는 일이다. 단순히 기술 인력뿐만 아니라 향후 확대될 큐레이션 서비스를 위해서도 신속히 육성되어야 한다. 또한 기존의 매장 및 현장에서의 접객 및 영업 노하우를 커머스와 연계하기 위해서 중장년층 판매 전문 인력에 대한 디지털 활용 방법 교육 및 지원 체계도 정비되어야 한다.

지금과 같이 불확실성 속에서의 기업은 혁신해야만 생존할 수 있기 때문에 사업모델을 시프트하고 일하는 방식과 판매하는 방식을 바꾸고 디지털 전환을 보다 신속하게 목적을 가지고 추진해야 한다고 제언하였다. 이렇듯 기업이 혁신을 추진하는 만큼 개인도 변화해야 한다. 로봇, 기술 발전으로 자동화가 진전되면 자연스럽게 업무를 로봇이 대체하거나 자동화될 것이고 기존의 일자리는 축소될 것이다. 이러한 상황에서 개인은 대체될 수 없는, 해당 분야 전문가로서 자리를 선점해야 한다. AI 및 로봇으로 대체될 수 없는 창의성을 기반으로 한 브레인형 인재가 되어야 한다. 남들과 다른 아이디어, 다른 시각에서 새로운 문화와 트렌드를 창조하는 능력, 즉 콘텐츠를 만들 수 있는 능력을 갖춰야 한다. 콘텐츠는 플랫폼과 커머스 시대에 있어 차별화 요인이 되기 때문에 중요성이 더욱 부각될 것이다. 다음으로는 자동화, 효율화를 통해 잉여되는 시간에 무엇을 할 것인지에 대한 대안으로 건전한 심신의 놀이 및 케어 서비스형 인재도 주목받을 것이다. 이러한 트렌드는 인문학과 심리학 등에 대한 관심도가 높아질 수 있다. 그리고 디지털 전환 추진을 위한 데이터형 인재(비즈니스를 이해하고 데이터를 활용할 수 있는)와 창의적 인재, 브레인형 인재를 관리할 수 있는 조직의 관리 역량도 중요해질 것이다. 기존의 인재와 확실히 다른 MZ세대의 사고를 이해하고 그들을 관리할 수 있는 리더십 및 조직관리 능력도 경쟁력이 될 것이다. 바이오, 안전한 먹거리, 의료, 환경 관련 분야도 성장세를 이어갈 것이다.

저자 소개

Part 1 코로나 시프트 시대의 경제 전망

사사키 마사야 _ Senior Economist

와세다대학교 경제학연구과 석사. 노무라 종합연구소의 경제 및 전략 연구기관인 미래창발센터에서 미국, 유럽, 아시아, 일본 등 주요 국가의 거시경제 동향 및 금융시장 연구를 통해 객관적이고 인사이트 있는 글로벌 경제 전망 및 국내 시장 전망에 대한 내용을 제시하고 있다.

Part 2 코로나 시프트 시대의 미래 전략

● 라이프스타일 시프트

박정민 _Senior Consultant

한동대학교 경영·경제학부 졸업 후 연세대학교 경제대학원 석사 과정 재학 중. 현재 노무라종합연구소 서울 시니어 컨설턴트로 재직 중이다. 유통·서비스·인사조직 관련 분야에 대한 기업 중장기 성장 전략, 리포지셔닝·사업 혁신 전략, 신사업전략 등을 수행하고 있다. 기업의 리브랜딩 전략 및 재생 계획, 사업 혁신 전략 및 구조조정 등 최근 성장 기업의 사업 및 HR 전략 관련 연구 및 프로젝트 수행 중이다.

● 워크스타일 시프트

서준원 _Senior Manager/이사

서울대학교 공과대학 지구환경시스템공학부 박사. 현재 노무라종합연구소 서울 이사로 부동산·유통·소비재·데이터 분야를 담당하고 있다. 국내 대기업·공기업·정부기관 대상으로 부동산 개발사업, 사업전략 및 신규 사업 발굴 프로젝트 및 그레이필드 리포지셔닝, 데이터 비즈니스, 스마트시티 등의 프로젝트를 수행하고 있다. 데이터 기반의 기존 사업 효율화 및 데이터 비즈니스 사업전략, 자산 밸류업, 이노베이션 기업 연구 등 데이터 기반의 사업, 자산 효율화 관련 전략 수립 등의 프로젝트를 수행 중이다.

● 비즈니스모델 시프트

최자령 _Partner

연세대학교 공학박사. 현재 노무라종합연구소 파트너로 부동산, 유통·서비스·데이터 사업 중심의 사업전략, 중장기 전략, 기업 보유 자산 및 사업의 구조조정, M&A, 조직·인사 관련 전략 컨설팅을 수행하고 있다. 그룹 보유 자산의 리포지션 전략 및 리츠 성장 전략, 그룹 내 에코시스템 전략 구축 등 부동산과 유통, 디지털 관련 사업모델 구축을 기반으로 사업과 운영, 조직과 인력 관련 비즈니스 혁신 및 신사업 전개 등 다양한 분야에서 프로젝트 수행 중이다.

코로나 대전환

1판 1쇄 인쇄 2020년 11월 16일
1판 1쇄 발행 2020년 11월 20일

지은이 노무라종합연구소 사사키 마사야, 최자령, 서준원, 박정민

발행인 양원석 **편집장** 최두은
디자인 이창욱, 허선희 **영업마케팅** 양정길, 강효경

펴낸 곳 ㈜알에이치코리아
주소 서울시 금천구 가산디지털2로 53, 20층 (가산동, 한라시그마밸리)
편집문의 02-6443-8844 **도서문의** 02-6443-8838
홈페이지 http://rhk.co.kr
등록 2004년 1월 15일 제2-3726호

ISBN 978-89-255-8944-2 03320

CORONA SHiFT